Kohlhammer

Godehard Brüntrup

Das Leib-Seele-Problem

Eine Einführung

Vierte, durchgesehene Auflage

Verlag W. Kohlhammer

Vierte, durchgesehene Auflage 2012

Umschlag: Gestaltungskonzept Peter Horlacher
Gesamtherstellung:
W. Kohlhammer Druckerei GmbH + Co. KG, Stuttgart
Printed in Germany

ISBN 978-3-17-022383-7

Inhaltsverzeichnis

Vorwort zur 4. Auflage

Dieses Buch richtet sich an alle Leser und Leserinnen, die Interesse an genuin philosophischen Fragen haben. Das Leib-Seele-Problem ist eine der zentralen und hartnäckigsten Fragestellungen der Philosophie. Obwohl Fortschritte in den Biowissenschaften, der Medizin und der Informationstechnologie einiges zur Klärung des Problems beigetragen haben, entzieht es sich bisher einer einfachen Lösung durch die empirische Forschung. Auch wer es gewohnt ist, die Frage von der empirischen Seite anzugehen, wird von der Sache her immer wieder mit ungeklärten philosophischen Aspekten der Problematik konfrontiert. Man stößt in einen Grenzbereich unseres Verständnisses vor, in dem es mitunter schon schwer ist, die eigentlich zur Debatte stehende Frage klar zu formulieren. Daß die Philosophie ihren Teil zur Präzisierung der Problemstellung beitragen kann, will dieses Buch unter Beweis stellen.

In diesem Buch soll eine „geführte Tour" durch das Terrain dieser Debatte versucht werden. Die wesentlichen Positionen werden jeweils exemplarisch an ausgewählten Argumenten einflußreicher Philosophen dargestellt und diskutiert. Wer das Buch ganz durcharbeitet, sollte am Ende eine Art „geistiger Landkarte" im Kopf haben, welche die Orientierung in der gegenwärtigen argumentativen Auseinandersetzung erleichtert. Vielleicht wird man dennoch am Ende mit mehr Fragen als Antworten dastehen, was nicht einmal ein schlechtes Ergebnis für ein philosophisches Buch wäre.

Seit der dritten Auflage enthält der Band ein neues Kapitel über ein „Alternatives Bild der Materie". Am Ende der ersten Auflage hatte ich konstatiert, daß es das Erbe des kartesischen Materiebegriffes ist, welches dem Fortschritt im Verständnis des psychophysischen Verhältnisses am meisten entgegensteht. Diese Ergänzung ist dadurch gerechtfertigt, daß meine damals noch eher isolierte These heute von einer Reihe prominenter Denker verteidigt wird. (vgl. dazu auch: www.geiststaub.de und den Eintrag „Panpsychismus" in der deutschsprachigen Wikipedia.)

Dank gebührt inbesondere meinem Lehrer Peter Bieri für die Anregung, dieses Buch zu schreiben. Viele inspirierende Weggefährten wären zu nennen. Ich beschränke mich auf David Chalmers, Gregg Rosenberg, Peter van Inwagen, Dean Zimmerman, Robert Adams und Galen Strawson. Besonderer Dank gilt meinen Studierenden in München und New York, Matthias Rugel, Ludwig Gierstl und Ludwig Jaskolla seien namentlich erwähnt.

Godehard Brüntrup

I

Dualität in der Erfahrung – Eine erste Systematisierung

Unsere Welt ist ein komplexes physikalisches System, dessen Grundstrukturen von der Physik und den auf ihr aufbauenden Naturwissenschaften beschrieben werden. Wo ist der Ort des Geistes in diesem System? Wie verhalten sich Geist und Natur zueinander? Spielt der Geist eine bestimmte kausale Rolle in unserer Welt? Bevor man beginnt, diese Fragen systematisch zu klären, bietet es sich an, der Unterscheidung von Geist und Materie, von Psychischem und Physischem in unseren alltäglichen Erfahrungen nachzugehen. Gibt es dort zwei Phänomenbereiche, die sich deutlich voneinander abgrenzen lassen?

Eine alltagssprachliche Problembeschreibung

In unserer Alltagswelt gibt es tatsächlich eine charakteristische Dualität der Erfahrung. Einerseits erfahren wir uns als Körper, umgeben von vielen anderen physischen Objekten, andererseits erfahren wir uns als Zentrum eines Stromes von Erlebnissen, Gefühlen, Wünschen und Vorstellungen. Ein Beispiel: Keine noch so exakte Beschreibung eines Fußballspieles in rein physikalischer Terminologie sagt etwas aus über die Gedanken, Hoffnungen, Wünsche und Emotionen der beteiligten Spieler und Zuschauer. Die physikalische Sprache beschreibt nur Körper in Bewegung. Das gesamte mentale Leben in all seiner Vielschichtigkeit bleibt unberücksichtigt. Die mentale und die physische Beschreibung handeln jeweils von einem ganz anderen Thema.

Als Gedankenexperiment können wir versuchen, jeweils eines dieser beiden Elemente unserer Alltagswelt absolut zu setzen und das andere weitmöglichst zu verdrängen. Wir können uns vorstellen, es gäbe gar keine physischen Objekte. Die ganze Welt wäre nur ein Gedanke, ein Traum. Es gäbe nichts außer meinem Bewußtsein. Selbst mein eigener Körper wäre nur eine meiner Vorstellungen, ein mentales Bild. Erst so kann sich überhaupt die erkenntnistheoretische Frage aufdrängen, ob sich die vom Denken unabhängige Existenz der Außenwelt beweisen lasse. Auf der anderen Seite können wir uns aber auch eine Welt ohne

Bewußtsein, Gedanken und Gefühle denken. In dieser Welt gäbe es keine geistigen oder mentalen Phänomene, sondern nur rein physische Gegenstände. Kein Beobachter würde diese Welt jemals wahrnehmen. Wir können das Gedankenexperiment sogar noch plastischer machen und uns eine Welt vorstellen, die der unseren detailgetreu gleicht, außer daß in dieser Welt kein Wesen irgendwelche Erlebnisse hätte. Auch die „Menschen" in dieser fiktiven Welt wären eine Art von bewußtlosen Robotern.

Solche Gedankenspiele erscheinen dem gesunden Menschenverstand als abwegig. In der Philosophie sind sie jedoch manchmal ein Hilfsmittel, um die Konturen eines Problems stärker herauszuheben. In diesem Fall zeigt uns das Gedankenexperiment die radikale Andersartigkeit der beiden Phänomenbereiche auf. Beide scheinen nicht aufeinander angewiesen zu sein. Der eine scheint ganz ohne den anderen existieren zu können. Zumindest aber müßte man folgern, daß die Begriffe, mit denen wir die beiden Bereiche beschreiben, so grundsätzlich voneinander unabhängig sind, daß beispielsweise die Vorstellung eines körperlosen Geistes keinen logischen Fehler darstellt.

Eine absolute Unabhängigkeit der beiden Phänomenbereiche steht aber gleichzeitig im Widerspruch zu unserer Alltagsauffassung. Eine unserer fundamentalen Erfahrungen ist, daß wir aufgrund eines willentlichen Entschlusses eine Veränderung in der Welt der physischen Gegenstände bewirken können: ich kann meinen Körper bewegen, ich kann nach meinen Möglichkeiten in die Welt der physischen Objekte eingreifen. Der Begriff des Handelns beruht auf der Voraussetzung der Möglichkeit psychophysischer Wechselwirkung. Auch ist jeder mit der Tatsache vertraut, daß psychische Zustände unmittelbare Auswirkungen auf körperliche Funktionen haben. Die psychosomatische Medizin beschreibt eine Vielzahl solcher Einflüsse. Umgekehrt verändern die physischen Gegenstände ihrerseits die geistigen Zustände. Der einfachste Fall ist gegeben, wenn ein wahrgenommener Gegenstand in uns einen Sinneseindruck hinterläßt. Aus dem Alltag sind uns noch viele andere Beispiele geläufig: Die Aufnahme von Nahrung erzeugt das Gefühl der Sättigung. Das Trinken von Alkohol kann ein Gefühl gelöster Heiterkeit und das Schwinden von Hemmungen bewirken. Schwere degenerative Erkrankungen des Gehirns (wie z. B. die Alzheimersche Krankheit) führen zum Zusammenbruch elementarer geistiger Funktionen und zum Verfall der Persönlichkeit. Daß wir die Bereiche des Physischen und des Psychischen also einerseits radikal trennen, andererseits aber in engster Wechselwirkung denken, deutet auf eine Spannung in unserem alltäglichen Weltbild hin. Manche Kritiker der Philosophie haben die Meinung vertreten, das Leib-Seele-Problem sei ein künstliches Produkt metaphysischer Reflexion, das in der alltäglichen Welt überhaupt nicht entstehe. Der philosophisch unverbildete Mensch lebt aber nicht in einer unproblematischen Einheit von Körper und Geist. Schon die ganz allgemein menschliche Erfahrung, daß oft der „Geist zwar willig, das Fleisch aber schwach" ist, reißt eine Kluft zwischen dem Physischen und dem Psychischen auf. Viele andere Beispiele ließen sich leicht anführen.

Die beschriebene Dualität der Erfahrung gehört zum Grundbestand menschlicher Existenz. Sie drückt sich auch aus in einer weiteren elementaren Dualität der Beschreibungen der Welt und unseres Platzes in ihr, die vermutlich den meisten Menschen in der einen oder anderen Form schon einmal zum Problem geworden ist. Einerseits können wir die Welt so beschreiben, daß wir selbst in ihr nur ein raum-zeitliches Objekt unter vielen anderen sind. Wir versuchen dabei die Welt gleichsam „von außen" und ohne Berücksichtigung unseres eigenen Standpunktes zu sehen. Angesichts der Weiten von Zeit und Raum schrumpft die Bedeutung meiner eigenen Existenz dann auf ein verschwindendes Maß zusammen. Meine Vernichtung würde an der Welt als Ganzer kaum etwas ändern. Auf der anderen Seite erlebe ich mich aber nicht nur als einen solchen Gegenstand in der Welt. Ich betrachte die Welt aus der subjektiven Warte meines Bewußtseins. Weil ich einen Standpunkt in der Welt einnehme, habe ich eine Welt. Diese Sicht aus meiner Perspektive ist einzigartig und unvertretbar. Mit meinem Ende geht daher in diesem Sinne auch eine ganze Welt zu Ende: die Welt meiner Empfindungen, Erlebnisse und vieler anderer geistiger Zustände, die einen unauflösbar subjektiven Charakter haben.

Für den gebildeten Menschen der Moderne zeigt sich dieses Dilemma noch in einer etwas abstrakteren Form. Einerseits bin ich als materieller Körper ein Teil der physischen Welt und unterliege daher den gesetzesmäßigen Notwendigkeiten, welche die Naturwissenschaften beschreiben. Ins Netz der Kausalketten eingebunden bin ich nur ein Spielball der fundamentalen Kräfte, die den mechanischen Ablauf unserer Welt bestimmen. Andererseits erlebe ich mich als autonom und als kausalen Ursprung meiner Handlungen. Seinen zentralen Ausdruck findet dieses Selbstbild in der Erfahrung der sittlichen Verantwortung und der Schuld. Zwischen beiden Perspektiven können wir wie bei einem Vexierbild hin- und herschwanken. Beide Perspektiven sind uns vertraut, beide haben für uns ein hohes Maß an Plausibilität. Das Problem ergibt sich dadurch, daß sie sich – zumindest auf den ersten Blick – zu widersprechen scheinen. Welches der beiden Selbstbilder auch wahr sein mag, das jeweils andere scheint auf einem Irrtum zu beruhen. Wer sich fragt, wie man den Widerspruch beseitigen kann, der beginnt, philosophisch über das Leib-Seele-Problem nachzudenken.

Klassifikation der Phänomene

Im folgenden will ich versuchen, die eben skizzierte Dualität der Phänomenbereiche etwas systematischer zu beschreiben, damit auf diese Weise langsam ein philosophisches Problem herausgearbeitet wird. Dies soll geschehen, ohne bereits explizit eine bestimmte philosophische Theorie heranzuziehen. Allerdings wäre es naiv zu meinen, man könne sich dem Phänomen ganz unbelastet von Theorien nähern. Zum einen enthält die Sprache, die wir zur Beschreibung verwenden, bereits eine große Anzahl von ontologischen Vorentscheidungen durch die Weise, wie sie die Welt in Gegenstände und Eigenschaften gliedert. Zum anderen stellt sich in jeder Epoche das Leib-Seele-Problem im Kontext des gesamten Netzwerks ihrer Überzeugungen auf jeweils verschiedene Weise. In unserer Zeit ist beispielsweise ein Dualismus, der eine gewisse Verwandtschaft zur Philosophie von Descartes aufweist, zu einem Teil des alltäglichen Selbstverständnisses und dadurch auch zu einem bedeutenden Referenzpunkt für die philosophische Debatte und Kritik geworden. Ob dies schon in früheren Zeiten so war, läßt sich mit sehr guten Gründen bezweifeln.

Bei Aristoteles, dessen Werk über die Seele die Grundlage der westlichen Philosophie des Geistes darstellt, findet sich keine Trennung zwischen Physischem und Psychischem, die sich mit der heute üblichen Zweiteilung in Einklang bringen ließe. Für Aristoteles ist die Seele nichts im heutigen Sinne Psychisches. Sie ist für ihn die Form des Organismus, wobei mit „Form" nicht die äußere Gestalt gemeint ist, sondern das, was heutige Philosophen vielleicht die „funktionale Organisation" nennen würden. Die so verstandene Seele ist daher auch für Prozesse wie Verdauung oder Fortpflanzung verantwortlich, die aus der Sicht des modernen Menschen eindeutig dem physischen Bereich zugeordnet werden müssen. Die meisten antiken und mittelalterlichen Denker betrachteten den Nous (die Vernunft, den Intellekt) als das charakteristisch Geistige. Selbst die Sinneswahrnehmungen rechneten sie dem Bereich des Körperlichen zu. Für eine moderne Strömung wie den Britischen Empirismus hingegen waren Sinneswahrnehmungen geradezu die Paradefälle des Geistigen. Wie sehr sich die Intuitionen über die Natur des Geistes unterscheiden, läßt sich noch deutlicher veranschaulichen, wenn man den vertrauten Boden der eigenen Kultur verläßt. In der klassischen Sankhya-Philosophie Indiens wird fast alles, was wir heute als typisch geistig betrachten würden, dem Materiellen zugeordnet. Gedankliche und phänomenale Gehalte sind materiell, allein das reine Bewußtsein ist nicht Teil der materiellen Welt.

In der gegenwärtigen analytischen Philosophie betrachtet man im Gefolge Brentanos meist die *Intentionalität* als das Fundament des geistigen Bereichs. Damit ist unter anderem die Tatsache gemeint, daß geistige Zustände einen Gehalt haben, sich auf etwas beziehen, etwas repräsentieren oder zum Ausdruck bringen. Rein physische Gegenstände hingegen haben keinen derartigen Gehalt. Den kausalen Beziehungen, durch die sie mit anderen Gegenständen in Verbindung stehen, fehlt dieses Moment von innerer Repräsentation, von Darstellung und Bezugnahme.

Diese divergierenden Auffassungen machen deutlich, daß es nicht einmal bei der Aufteilung der grundlegenden Phänomene einen auch nur annähernden Konsens gibt. Es ist daher auch sinnlos, hinter diesen hier nur beispielhaft erwähnten Anschauungen eine allgemeine Charakterisierung des Geistigen und des Materiellen zu suchen, die über alle Kulturen und Epochen hin unverändert gültig bliebe. Jede Klassifikation ist unvermeidlich bezogen auf eine Zeit und eine bestimmte Denktradition. Die vorliegende Einführung hat vor allem die jüngste Debatte in der analytischen Philosophie zum Gegenstand und will bewußt aus der Perspektive dieser Strömung argumentieren. Der Grund dafür liegt zunächst darin, daß vornehmlich in dieser Denktradition in den letzten Jahrzehnten eine wirklich systematische Philosophie des Geistes entstanden ist. Angesichts des heute notwendig interdisziplinären Charakters des Themas bieten zudem die Methoden der analytischen Philosophie die besten Chancen für einen fächerübergreifenden Dialog, der Naturwissenschaftler mit Philosophen ins Gespräch bringen kann.

Da es sich in der analytischen Philosophie so eingebürgert hat, soll im folgenden meist der Ausdruck „mental" oder „das Mentale" für geistige und psychische Phänomene gebraucht werden. Da dieser Ausdruck im Deutschen weniger gebräuchlich ist, ist er auch unbelasteter als Ausdrücke wie „Geist" oder „Seele". Gelegentlich werden allerdings auch traditionellere Begriffe Verwendung finden, wenn dies durch den sachlich-historischen Zusammenhang oder das Sprachgefühl nahegelegt wird. Letzteres ist z. B. der Fall, wenn geläufige Ausdrücke wie die „Einheit von Körper und Geist" oder die „psychophysische Identitätsthese" benutzt werden.

Ein begriffliches Raster

Die erste Systematisierung soll auf einer möglichst breiten Basis die beiden Phänomenbereiche des Mentalen und des Physischen voneinander abgrenzen. Zu diesem Zweck sollen zunächst einige Begriffspaare erläutert werden, die die bereits beschriebene Dualität in der Erfahrung auf klare Alternativen zurückführen. Die Auswahl wurde so getroffen, daß einige zentrale Problemfelder der gegenwärtigen Auseinandersetzung bereits angesprochen werden. Bei den später im Detail zu behandelnden einzelnen philosophischen Theorien wird zu klären sein, wie sie auf verschiedene Weise die mit den Begriffspaaren beschriebene Dualität zu verstehen oder als irreführend zu beseitigen versuchen. Der erste Begriff eines jeden Paares wird jeweils dem mentalen, der zweite Begriff dem physischen Bereich zugeordnet.

Subjektiv – objektiv: Wenn wir versuchen, das Erleben eines Wesens von einer äußeren, einer objektiven Warte aus zu beschreiben, dann gerät der subjektive Gehalt dieses Erlebens aus dem Blickfeld. Das Ziel der Naturwissenschaften ist eine möglichst objektive Beschreibung, die weitestgehend von allen subjektiven Standpunkten abstrahiert. Daher bleibt dieser Beschreibungsweise der Aspekt des Erlebens fast völlig verschlossen. Wenn wir beispielsweise wissen wollen, was eine andere Person erlebt, so ist es nur von begrenztem Nutzen, ihr Gehirn zu untersuchen. Selbst wenn wir empirisch herausgefunden hätten, welche Gehirnaktivitäten mit welchen Erlebnissen korreliert wären, so müßten wir uns doch selbst anhand unserer eigenen Erfahrung in das subjektive Erleben des anderen hineinversetzen, um einen Zugang zum Gehalt des Erlebens zu gewinnen. Bei andersartigen Wesen, in deren Erleben wir uns nicht hineinversetzen können (z. B. Fledermäuse oder auch Bewohner einer anderen Galaxis) bleibt uns die Weise, wie sie die Welt erleben, noch mehr verschlossen. Natürlich können wir vom Aufbau ihres Gehirns her Rückschlüsse darauf ziehen, ob sie beispielsweise gut sehen können. Wenn wir uns dann aber vorstellen, auf welche Weise sie eventuell die Welt visuell erleben, so müssen wir wieder auf unsere eigenen Seherlebnisse als Ausgangspunkt der Analogie zurückgreifen.

Privat – öffentlich: Diese Unterscheidung hängt eng mit der vorausgehenden zusammen. Es ist für uns unmöglich, das mentale Innenleben eines anderen Menschen von außen direkt wahrzunehmen. Wir können keine Gedanken lesen. Selbst wenn dies in ganz seltenen Ausnahmefällen möglich wäre, so würden wir solche Phänomene gerade wegen ihres Ausnahmecharakters als paranormal oder parapsychologisch bezeichnen. Mentale Gehalte und Zustände wie Gedanken, Gefühle und Stimmungen sind in diesem Sinne privat. Öffentlich sind hingegen alle beobachtbaren körperlichen Zustände einer anderen Person. Natürlich können wir aufgrund des beobachtbaren Verhaltens Rückschlüsse auf die mentalen Zustände ziehen. In einem einfachen Fall teilt uns die betreffende Person mittels einer gemeinsamen Sprache ihre Gedanken oder Gefühle mit. Aber auch ohne solche direkte Kommunikation können wir z. B. durch ein typisches Schmerzverhalten auf ein Schmerzerleben schließen. Allerdings sind Schlüsse dieser Art nicht zwingend. Die betreffende Person könnte ein Lügner sein. Sie könnte uns über ihre wahren Gedanken täuschen, sie könnte sogar ein Gefühl nur simulieren. Als Extremfall können wir uns einen Menschen vorstellen, dessen gesamte äußere Muskulatur durch ein Medikament vollständig gelähmt wäre, so daß er auf keine Weise mehr Zeichen geben könnte. Das mentale Innenleben dieses Menschen wäre für seine Umwelt verschlossen.

Unkorrigierbar – korrigierbar: In unseren Meinungen über die Welt sind wir grundsätzlich fehlbar. Sinnestäuschungen, mangelndes Wissen oder logische Fehler führen dazu, daß wir falsche Meinungen vertreten. Wir sind daher nur allzu leicht bereit, andere in ihren Auffassungen zu korrigieren. Grundsätzlich, wenn auch meist mit weniger Bereitschaft, lassen wir uns auch von anderen über unsere eigenen Irrtümer aufklären. Der Bereich unserer mentalen Zustände macht hier eine Ausnahme. Wenn ich beispielsweise eine starke Schmerzempfindung habe, dann kann mich niemand überzeugen, daß ich in Wirklichkeit gar keine Schmerzen habe. Meine Gewißheit über die Schmerzempfindung ist in diesem Sinne unkorrigierbar.

Allerdings gilt dies nicht für den ganzen Bereich mentalen Lebens, vor allem wenn man unbewußte Vorgänge einbeziehen will. Man kann beispielsweise im Rahmen einer Psychotherapie seit langem wirksame Motive im eigenen Handeln entdecken, die bisher nicht ins Bewußtsein gedrungen waren. Die bisherige Auffassung über die eigenen Motivationen muß dann korrigiert werden. Es ist hingegen schwer vorstellbar, daß man ganz bewußt einen mentalen Zustand bei sich selbst wahrnimmt und gleichzeitig daran zweifeln kann, daß man sich in diesem Zustand befindet. Zu einigen unserer eigenen mentalen Zustände scheinen wir einen privilegierten Zugang zu haben, der es uns erlaubt, sie unmittelbar und ohne Irrtum zu erkennen. Zweifeln kann man allenfalls an einer bestimmten Interpretation dieses Zustands. Wenn ich beispielsweise den Schmerz als eine Folge meiner ungesunden Lebensführung interpretiere, so mag ich mich darin irren. Kann ich mich aber darin irren, daß ich überhaupt einen Schmerz verspüre? Es geht hier nicht um die Behauptung, daß wir über eine besondere oder gar magische Fähigkeit der Introspektion verfügten, die grundsätzlich von allen anderen Erkenntnisfähigkeiten unterschieden wäre. Vielmehr geht es darum, daß unsere Erkenntnisfähigkeit in Bezug auf den eng begrenzten Bereich unserer aktuellen und bewußten mentalen Zustände in ganz spezifischer Weise zuverlässig ist. Der viel weitere Bereich der physischen Gegenstände der Außenwelt ist uns nicht in gleicher Weise direkt zugänglich.

Temporal – spatio-temporal : Jeder physische Gegenstand hat einen definiten Ort in Raum und Zeit. Allenfalls in bestimmten Deutungen der Quantenmechanik kann sich ein physisches Partikel nicht an einem klar angebbaren Ort befinden. In der makroskopischen Welt jedoch läßt sich jedes physische Objekt eindeutig in ein Koordinatensystem von Raum und Zeit einordnen. Die physische Welt ist daher von raum-zeitlicher Struktur. Für den mentalen Bereich gilt dies nicht in gleicher Weise. Gedanken werden zwar in einer zeitlichen, nicht aber in einer räumlichen Ordnung gedacht. Es hat keinen Sinn zu behaupten, ein Gedanke oder eine Wahrnehmung sei eine bestimmte Anzahl von Zentimetern lang. Auch hat es keinen Sinn, die mentalen Gehalte im Raum anordnen zu wollen, so daß sich beispielsweise ein bestimmter Gedanke um eine Anzahl von Zentimetern von einem anderen Gedanken entfernen könnte. Philosophiehistorisch bedeutsam wurde die Formulierung, daß physische Objekte ausgedehnt seien, mentale Zustände jedoch keine Ausdehnung hätten. Vorsichtiger formulierend wurde auch behauptet, daß unser Erkenntnisvermögen für unsere eigenen mentalen Zustände nur zeitlich und nicht räumlich verfaßt sei, während wir alle Wahrnehmung von äußeren Objekten notwendig in Raum und Zeit anordneten.

Intentional – nichtintentional : Wie bereits erwähnt wurde, ist diese eigentlich sehr alte Unterscheidung vor allem in der Gegenwart einflußreich. Intentionale Zustände haben einen Gehalt. Vermutlich sind nahezu alle bewußten Zustände auf einen Inhalt bezogen. Wir können nicht denken, ohne an etwas zu denken; wir können nicht wahrnehmen, ohne etwas wahrzunehmen; wir können nicht begehren, ohne etwas zu begehren. Die wesentlichsten weiteren Eigenschaften intentionaler Zustände lassen sich beispielhaft durch eine Analyse unserer Überzeugungen darstellen. Überzeugungen haben satzhafte Gehalte. Sie lassen sich in die Form bringen: „X glaubt, daß p". Man sagt daher auch, daß sie eine Proposition ausdrücken oder sich auf eine Proposition beziehen. Überzeugungen müssen daher nicht notwendig auf in der aktuellen Welt existierende Gegenstände Bezug nehmen. Man kann Überzeugungen über nichtexistierende Gegenstände haben. Intentionalität kann daher auch auf bloß Mögliches gerichtet sein. Weiter kann man sagen, daß ein Wesen mit Überzeugungen etwas versteht. Verstehen und Intentionalität hängen zusammen. Propositionale Gehalte haben zudem Erfüllungsbedingungen. Ob eine bestimmte Überzeugung wahr oder falsch ist, hängt davon ab, ob sie von unserer Welt erfüllt wird. Intentionalität hängt also auch mit Wahrheit zusammen. Das Netz unserer Überzeugungen kann außerdem epistemisch bewertet werden. Man kann beispielsweise fragen, ob es kohärent oder inkohärent ist. Überzeugungen können untereinander in Folgerungsbeziehungen stehen. Eine Überzeugung kann aus der anderen logisch folgen. Ein Wesen, das solche Folgerungsbeziehungen anerkennt, verhält sich rational. Deshalb ist die Domäne der Intentionalität auch die Domäne der Rationalität.

Betrachtet man den Bereich der von der Physik beschriebenen Objekte, so findet man dort zunächst nichts, was dem Phänomen der Intentionalität gleich käme. Es gibt dort keine Gehalte, keinen Bezug auf Propositionen. Es gibt dort nur Wirkliches, das Mögliche existiert nicht. Rein physische Objekte verstehen nichts. Ebenso erfüllt kein physischer Zustand einen anderen physischen Zustand in dem Sinne, daß er diesen wahr macht. Man kann der Welt der physischen Gegenstände und Zustände keine Rationalität zuschreiben. Wenn wir einer Person Rationalität zuschreiben, dann deshalb, weil ihre Überzeugungen logisch stimmig sind und sie diese Überzeugungen zur Ursache ihres Handelns werden läßt. Ein Gegenstand des physischen Bereichs hingegen ist weder rational noch irrational, auch handelt er nicht. Es ist daher unsinnig, beispielsweise einem subatomaren Teilchen ein rationales Verhalten zuschreiben zu wollen. Es bewegt sich entsprechend der Naturgesetze. Diese Unterscheidung führt uns zu einem letzten Begriffspaar.

Frei – determiniert: Der gesamte physische Bereich unterliegt gesetzesartiger Notwendigkeit. Es ist zunächst zu unterscheiden, ob diese Naturgesetze deterministisch sind, d. h. jedes einzelne Ereignis eindeutig bestimmen, oder ob sie nur statistisch gelten, d. h. für einzelne Ereignisse nur bestimmte Wahrscheinlichkeiten angeben. Wenn wir den schwierigen und umstrittenen Bereich der Quantenmechanik an diesem Punkt zunächst nicht berücksichtigen, dann muß man feststellen, daß die physischen Objekte im makroskopischen Bereich sogenannten deterministischen Sukzessionsgesetzen unterliegen. Solche Gesetze stellen einen Zusammenhang zwischen mehreren Zustandsgrößen her, wobei eine Abhängigkeit der späteren Zustände von den früheren vorliegt. Ein Beispiel: Die beim freien Fall auftretende Bahnbeschleunigung, die man als Fallbeschleunigung bezeichnet, ist konstant. Deshalb kann man mit einem relativ einfachen Gesetz, dem Fallgesetz, die Geschwindigkeit eines frei fallenden Körpers für jeden beliebigen Zeitpunkt errechnen. Die Geschwindigkeit des Körpers zu einem gegebenen Zeitpunkt ist durch seine zeitlich vorhergehenden Zustände determiniert. Kausalgesetze sind nun – zumindest nach einer weitverbreiteten Auffassung – solche deterministischen Sukzessionsgesetze.

Obwohl unser Organismus ebenfalls ein Körper in der makroskopischen Welt ist, widerspricht es doch unserem intuitiven Selbstbild, daß die Bewegungen dieses Körpers genauso determiniert sind wie die Bewegung des fallenden Gegenstands. Ein wichtiger Unterschied besteht darin, daß wir nicht nur durch äußere Krafteinwirkung bewegt werden können, sondern über innere Kontrollmechanismen verfügen. Man kann unterscheiden, ob etwas meinen rechten Arm angehoben hat, oder ob ich selbst meinen rechten Arm willentlich angehoben habe. Aber diese Unterscheidung löst das Problem noch nicht. Die philosophisch interessante Frage ist, ob die innere Kontrolle wiederum nur ein komplexer physischer Zustand ist, der ebenfalls deterministischen Gesetzen unterliegt. Ein Wesen mit erheblich mehr Wissen, als wir es besitzen, könnte dann mit Hilfe von Sukzessionsgesetzen z. B. vorhersagen, daß ich zu einem bestimmten zukünftigen Zeitpunkt willentlich meinen rechten Arm anheben werde. Unser intuitives Selbstbild sträubt sich auch gegen diese Vorstellung. Wir erleben unser Handeln so, als ob es nicht schon vollständig vorherbestimmt wäre. Wir glauben, daß unsere Entscheidungen einen Unterschied im Ablauf der Dinge machen. Wir glauben, daß Menschen für ihre Handlungen verantwortlich sind. Für den Begriff des Handelns scheint die Unterstellung von Willensfreiheit unerläßlich zu sein. Für den Begriff der Natur hingegen scheint der Begriff gesetzmäßiger Determination unerläßlich zu sein. Auch hier begegnen wir also wieder der oben erwähnten Dualität in unserer Erfahrung. Eine Dualität, die nicht einfach eine Zweiheit ist, sondern auch ein Zwiespalt, der sogar eine Widersprüchlichkeit im Netzwerk unserer Überzeugungen vermuten läßt. Eine zentrale Aufgabe der Philosophie des Geistes ist es, diese Inkonsistenz in einer logisch exakteren Form herauszuarbeiten und dann gegebenenfalls aufzulösen. Mit dieser Aufgabe verläßt man aber das Gebiet der Phänomenbeschreibung und betritt ganz explizit den Bereich philosophischer Theoriebildung.

Eine Standardformulierung des Problems

Der physische Bereich ist gesetzmäßig strukturiert. Strenge Gesetzesaussagen sind Allaussagen, d. h. Aussagen mit allgemeinem und ausnahmslosen Geltungsanspruch. Die Formulierung der grundlegenden Gesetze des Physischen darf nicht auf bestimmte Zeitpunkte, Orte oder individuelle Gegenstände Bezug nehmen. Ein Zusammenhang zwischen physikalischen Größen, der nur unter speziellen Bedingungen (z. B. an bestimmten Orten und Zeiten) gilt, ist kein strikter gesetzmäßiger Zusammenhang. Gesetzesaussagen haben die Form: „Alle Objekte mit der Eigenschaft F sind Objekte mit der Eigenschaft G". Für jedes beliebige Objekt gilt also, daß wenn es die Eigenschaft F hätte, so hätte es auch die Eigenschaft G. Wenn ein allgemeiner Zusammenhang von physischen Eigenschaften in bestimmten Bereichen nicht gültig wäre, so handelte es sich nicht um ein striktes Gesetz, sondern um eine gesetzesartige Verallgemeinerung mit bestimmten einschränkenden Klauseln. Man kann dem oben beschriebenen Problem also nicht dadurch entgehen, daß man unsere Körper aus den allgemeinen Gesetzen des Kosmos irgendwie „herausnimmt". Wegen ihrer Universalität gelten die fundamentalen, strikten Gesetze überall. Sie können nicht außer Kraft gesetzt werden, nicht einmal lokal begrenzt. Daraus folgt weiter, daß gesetzmäßige Zusammenhänge lückenlos sind. Die Gültigkeit von strikten Gesetzen wird durch keinerlei „Pausen" in Raum und Zeit unterbrochen.

Die Hintergrundannahme der Naturwissenschaft ist die grundsätzlich gesetzmäßige Struktur aller Naturvorgänge. Mehr noch: Will die Naturwissenschaft die Kausalerklärung der physischen Naturvorgänge leisten, so scheint sie die Gültigkeit von Kausalgesetzen (also deterministischen Sukzessionsgesetzen) annehmen zu müssen. Unter dieser Annahme läßt sich dann jedes physische Ereignis allein unter Rekurs auf die zugrundeliegenden allgemeinen Kausalgesetze erklären. Man benötigt für die Erklärung eines Ereignisses in der physischen Welt keine weiteren Ursachen. Der physische Bereich ist kausal abgeschlossen. Diese These hat man auch die These des „methodologischen Physikalismus" genannt. Mit „methodologisch" ist gemeint, daß die leitenden Hintergrundannahmen artikuliert werden, die in die Methoden der Naturwissenschaften eingehen. Dort gilt normalerweise jede Erklärung eines physischen Ereignisses, die nicht wieder auf physische Ursachen zurückgreift, als mißlungen. Der methodologische Physikalismus ist keine harmlose Annahme. Man kann und muß die in ihm verborgenen Annahmen genau analysieren. Manche Autoren meinen, daß er für die moderne nichtklassische Physik nicht mehr gilt. Darauf wird im folgenden Kapitel zurückzukommen sein. An dieser Stelle geht es jedoch darum, das philosophische Problem zunächst nur zu formulieren. Dazu genügt es, dieses weithin akzeptierte methodologische Prinzip der Naturwissenschaften einfach aufzugreifen. Wenn die Annahme, daß der physische Bereich kausal geschlossen ist, richtig ist, dann gibt es keine nichtphysischen Ursachen, die physische Ereignisse bewirken. Also kann das Mentale keine kausale Rolle in der physischen Welt einnehmen. Dem methodologischen Physikalismus widerspricht aber eine Auffassung, die man als das methodologische Prinzip unserer alltäglichen Handlungstheorie auffassen könnte. Nach dieser Auffassung bewegen mentale Gehalte (Wünsche, Meinungen, ...) unseren Körper. Der Geist interagiert mit dem Körper. Man kann daher auch von einem „methodologischen Interaktionismus" in unserem Alltagsweltbild reden. Wir gelangen also zu folgenden drei Prinzipien:

> [I] Die physische Welt ist kausal lückenlos geschlossen.
> [II] Aus der kausalen Geschlossenheit der physischen Welt folgt die kausale Wirkungslosigkeit mentaler Entitäten.
> [III] Mentale Entitäten sind kausal wirksam.

Die unspezifische Rede von „mentalen Entitäten" soll das Argument offen halten für verschiedene Ontologien. Damit können beispielsweise mentale Eigenschaften, Ereignisse oder Zustände gemeint sein.

Zwei Gliederungen

Diese drei Prinzipien schließen einander aus. Ohne Widerspruch können sie nicht alle zusammen wahr sein. Verneint man jeweils eines der drei Prinzipien, dann können die verbliebenen beiden ohne Widerspruch für wahr gehalten werden. Mit diesem Trilemma wurde für das philosophische Problem, das sich aus der beschriebenen Dualität in unserer Erfahrung ergibt, eine präzise Formulierung gefunden. Dies ist keineswegs die einzig mögliche begriffliche Fassung des Leib-Seele-Problems. Man könnte beispielsweise auch an dem Gegensatz von Subjektivität und Objektivität ansetzen. Das obige Trilemma fragt nach der kausalen Rolle des Mentalen in der Welt. Es stellt damit auf indirekte Weise die Frage nach der Existenz des Mentalen, da etwas, um eine kausale Rolle einnehmen zu können, existieren muß. Da diese Fassung direkt am Kausalitätsbegriff ansetzt, stellt sie zudem das Problem in den großen Zusammenhang anderer metaphysischer Problemstellungen, die direkt oder indirekt mit dem Begriff der Ursache oder der gesetzmäßigen Notwendigkeit zu tun haben.

Philosophische Theorien, die das Problem des Verhältnisses von Körper und Geist lösen wollen, müssen jeweils eines der drei Prinzipien des Trilemmas negieren. Damit ergibt sich zugleich ein Gliederungsschema, mit dessen Hilfe man die Vielfalt der Positionen aufteilen kann. Diese Aufteilung in drei Hauptstrategien ist natürlich noch sehr grob und muß weiter differenziert werden. Sie bietet aber ein hilfreiches Raster, auf das im Verlaufe der Darstellung immer wieder zurückgegriffen werden wird. Wie bei jeder Schematisierung werden allerdings auch hier bestimmte Aspekte auf Kosten von anderen hervorgehoben. Um möglichst viele Aspekte der gegenwärtigen Debatte zu beleuchten, soll daher das Trilemma nicht das einzige Ordnungsschema für die folgende Darstellung sein. Eine etwas andere Einteilung erhält man, wenn man ohne Bezug auf den Kausalitätsbegriff direkt nach der Existenz und dem ontologischen Status des Mentalen in der Welt fragt. Hier kann man zunächst unterscheiden zwischen Positionen, die behaupten, daß es Mentales (bzw. Geistiges, Psychisches) gibt, und solchen, die dessen Existenz verneinen. Unter denjenigen, die die Existenz des Mentalen annehmen, muß man weitere Unterscheidungen vornehmen, was ihre Auffassung von der Natur des Mentalen angeht. Es ergibt sich folgende Einteilung der Hauptpositionen:

> [A] Es gibt mentale Entitäten. Sie gehören einem vom Bereich physischer Entitäten unabhängigen Bereich an.
> [B] Es gibt mentale Entitäten. Sie gehören nicht einem vom Bereich physischer Entitäten unabhängigen Bereich an. Sie sind abhängig von ihnen zugrundeliegenden physischen Entitäten, ohne jedoch vollständig auf diese reduzierbar zu sein.
> [C] Es gibt mentale Entitäten. Sie gehören nicht einem vom Bereich physischer Entitäten unabhängigen Bereich an. Sie sind abhängig von ihnen zugrundeliegenden physischen Entitäten und können vollständig auf diese reduziert werden.
> [D] Es gibt keine mentalen Entitäten.

Diese zweite Gliederung baut direkt auf der fundamentalen ontologischen Frage auf: „Was gibt es überhaupt?", „Was sind die Bausteine des Universums?" Gemäß der ersten Position [A] existieren mentale Entitäten. Der mentale Bereich ist zudem getrennt vom physischen Bereich. Er stellt eine eigene Domäne der Wirklichkeit dar. In einem hier noch nicht weiter vertieften Sinn sind solche Positionen dualistisch, weil sie zwei Wirklichkeitsbereiche (mental - physisch) annehmen. Der Begriff „Dualismus" wird im folgenden Kapitel noch genauer geklärt werden. Die Positionen [B] und [C] sind hingegen (in einem hier ebenfalls noch nicht vertieften Sinne) Formen des materialistischen Monismus. Es gibt keine letzte Dualität. Alles, was es gibt, ist physischer Natur, weil alle Entitäten letztlich nur aus elementaren physischen Bausteinen zusammengesetzt sind. Mentale Entitäten sind eine spezielle Art von physischen Entitäten, die dann entstehen, wenn die fundamentalen physischen Bausteine auf hinreichend komplexe Art zusammengesetzt werden. Deshalb charakterisiert man diese Theorien als „physikalistisch". Sie unterscheiden sich voneinander darin, ob sie den mentalen Entitäten innerhalb des Bereichs des Physischen eine besondere, irreduzible Rolle zumessen oder nicht. Es handelt sich dann dementsprechend um die Positionen des reduktiven und des nichtreduktiven Physikalismus. Vertreter der Position [D] sind ebenfalls Monisten, bestreiten aber ganz radikal die Existenz von allem, was wir „mental", „psychisch" oder „geistig" nennen. Dies ist vor allem die Auffassung des eliminativen Physikalismus. Diese verschiedenen Spielarten des Physikalismus werden in den folgenden Kapiteln noch genauer definiert.

Auch diese zweite Einteilung ist noch sehr grob und müßte noch erheblich differenziert werden. Aber sie deckt vier sehr wichtige Positionen in der aktuellen Debatte ab. Diese Untergliederung ist nicht deckungsgleich mit derjenigen, die sich aus dem Trilemma ergibt. Schon allein weil das eine Gliederungssystem drei, das andere vier Hauptpositionen unterscheidet, lassen sie sich nicht so einander zuordnen, daß eines das andere überflüssig machen könnte. Beide Gliederungen werfen jeweils ein etwas anderes Licht auf die Debatte und lassen dementsprechend andere Konturen hervortreten. Ein Beispiel: Unter den Positionen, die Prinzip [II] verneinen, gibt es sowohl reduktive als auch nichtreduktive physikalistische Ansätze. Im folgenden möchte ich daher auf beide gegebene Einteilungen zurückgreifen. Diejenige, die in der Form eines Trilemmas nach der kausalen Rolle des Mentalen fragt und auch diejenige, die direkt vier Antworten auf die Frage nach der Existenz und Natur des Mentalen unterscheidet. Der Hauptteil dieses Buches wird gemäß der letzteren Gliederung eine Struktur von vier Unterteilen (Dualismus, reduktiver, nichtreduktiver und eliminativer Physikalismus) erhalten. Innerhalb der einzelnen Kapitel wird dann wiederholt auf das erste Gliederungsschema zurückgegriffen. Bei jeder behandelten Position wird im Detail zu prüfen sein, welches der drei Prinzipien des Trilemmas verneint wird.

Auch beide Gliederungschemata zusammen genügen nicht, um wirklich alle zu behandelnden Positionen klar voneinander abzugrenzen. Es werden daher noch eine Reihe weiterer Unterscheidungen angebracht werden müssen. Eine der ersten Aufgaben der Philosophie ist es zu ordnen, Unterscheidungen zu treffen, Grenzen abzustecken. In den folgenden Kapiteln soll also versucht werden, die bedeutendsten Positionen in der gegenwärtigen Philosophie des Geistes genau zu bestimmen, ihre Konturen hervortreten zu lassen und die zentralen Alternativen herauszuarbeiten.

2

Körper-Geist-Dualismus – Die Kritik der Identitätsthese

Eine mögliche und intuitiv naheliegende Interpretation der beschriebenen Dualität der Erfahrung ist der ontologische Dualismus. Dem Unterschied in der Erfahrung entsprechen unterschiedliche Bereiche in der Wirklichkeit. In einem weiten Sinne ist jede Auffassung dualistisch, die gleichzeitig die Existenz von Körper und Geist sowie ihre Verschiedenheit (Nichtidentität) behauptet. Wenn man den Dualismus aber so allgemein definiert, fallen viele so unterschiedliche Theorien unter diesen Begriff, daß der Nutzen dieser Klassifikation fraglich wird. Das Schema, das durch die Negation jeweils eines der drei Prinzipien des Trilemmas gegeben wird, wäre kaum noch geeignet, um den Dualismus von anderen Positionen abzugrenzen. Unter jedem der drei Äste ließen sich Formen eines derart weit verstandenen Dualismus auffinden. Dies sei im folgenden kurz verdeutlicht:

– Die Annahme der kausalen Wirkungslosigkeit des Mentalen (Negation von Prinzip [III]) steht nicht im Widerspruch zu dualistischen Thesen. Zwei Beispiele: Der Epiphänomenalismus, wie er von Thomas Huxley und anderen Autoren vertreten wurde, erkennt die volle Realität des Mentalen an, billigt ihm aber keine kausale Wirkmächtigkeit zu. Physische Ursachen bringen demnach mentale Phänomene hervor, diese wirken aber nicht in die physischen Kausalketten zurück. Der von Leibniz entwickelte Parallelismus bestreitet ebenfalls die kausale Bestimmung der Materie durch den Geist. Hier gibt es aber überhaupt keine Wechselwirkung zwischen den beiden Bereichen. Auch der physische Bereich hat keinen Einfluß auf den mentalen Bereich. Die beiden Domänen sind lediglich perfekt parallelisiert wie zwei synchron laufende Uhren.

– Positionen, welche die Geschlossenheit des physischen Bereichs zusammen mit der kausalen Wirkmächtigkeit des Mentalen behaupten (Negation von Prinzip [II]) sind hauptsächlich Theorien, welche die Identität von Körper und Geist annehmen. Diese können nicht dualistisch sein, da Dualität Verschiedenheit voraussetzt. Identitätsthesen können aber eingegrenzt werden. Wenn die Identität beispielsweise nur in Bezug auf Ereignisse behauptet wird, so bleibt immer noch Raum für einen Dualismus in Bezug auf Eigenschaften. Manche Positionen, die Prinzip [II] negieren, stellen überhaupt keine Identitätsthese auf. Sie halten daher zumindest auf den ersten Blick an einer – schwierig zu interpretierenden – Dualität von Mentalem und Physischem fest. Bestimmte später noch darzustellende Theorien der psychophysischen Supervenienz und Emergenz fallen unter diese Kategorie.

– Wenn die kausale Geschlossenheit des physischen Bereichs verneint wird (Negation von Prinzip [I]), ist eine dualistische Position kaum mehr vermeidbar. Wenn nämlich etwas von außerhalb in den physischen Bereich hineinwirkt, dann gibt es nichtphysische kausale Kräfte. Die Verneinung der kausalen Geschlossenheit des physischen Bereichs ist also ohne Zweifel die beste Grundlage für den Dualismus. Einen solchen Dualismus, der eine kausale Wechselwirkung vom Mentalen zum Physischen und umgekehrt annimmt, nennt man einen „interaktionistischen Dualismus".

Der interaktionistische Dualismus

Um mit einem engeren und schärfer definierten Begriff des Dualismus arbeiten zu können, soll im folgenden allein der interaktionistische Dualismus betrachtet werden. Die Negation von Prinzip [I] wird also ein integrativer Bestandteil der dargelegten Positionen sein. Diese Eingrenzung genügt aber immer noch nicht, um die dualistische Position hinreichend präzise zu bestimmen. Ein Blick auf die zweite Gliederung hilft, einen noch konturenreicheren Begriff des Dualismus zu entwickeln. Dualisten vertreten die These [A]. Sie behaupten, daß mentale Entitäten von ganz anderer Art sind als physische Entitäten und nicht aus physischen Bestandteilen zusammengesetzt sind. Damit kann der psychophysische Dualismus exakt abgegrenzt werden von nichtreduktiven physikalistischen Positionen. Letztere behaupten, daß alles, was es gibt, aus physischen Bausteinen zusammengesetzt ist. Einige höherstufige Eigenschaften in der Welt lassen sich aber nicht auf die grundlegenden von der Physik beschriebenen Eigenschaften reduzieren. Mentale Eigenschaften sind solche irreduzible höherstufige Eigenschaften. Obwohl mentale und physische Entitäten also unterschieden werden können, liegt im vorgeschlagenen Sinne kein Dualismus vor, da eine substantielle Eigenständigkeit des Mentalen geleugnet wird. Der Dualismus behauptet hingegen, daß mentale und physische Entitäten von ganz verschiedener Art sind. Das Mentale ist nicht bloß eine Eigenschaft komplexer physischer Systeme. In seiner ontologisch stärksten Form behauptet der Dualismus eine substantielle Verschiedenheit von Körper und Geist in folgendem Sinn: Das Mentale und das Physische bedürfen einander nicht für ihre Existenz. Eine menschliche Person ist aus dualistischer Sicht eine Kombination von Körper und Geist. Ein starker Substanzdualismus impliziert daher auch die These, daß unser mentales Leben auch ohne jeden Körper weiterbestehen könnte. Es gibt jedoch auch schwächere Formen des Dualismus, welche die Möglichkeit einer absolut körperlosen Existenz des (menschlichen) Geistes ablehnen. In der aristotelisch-thomistischen Tradition der christlichen Philosophie ging man meist davon aus, daß die menschliche Seele irgendeiner materiellen Grundlage bedürfe. Eine dualistische Position im hier eingeführten Sinne muß also nicht unbedingt eine prinzipielle Unabhängigkeit des Mentalen von jeder materiellen Grundlage behaupten. Sie muß aber zumindest daran festhalten, daß mentale Phänomene nicht nur Eigenschaften eines ausschließlich aus physischen Teilen bestehenden Systems sind. Der Dualismus bestreitet die These, daß alle konkreten Individuen in der Welt rein physischer Natur sind.

Die These des Dualisten, daß geistige und körperliche Entitäten von ganz verschiedener Art sind, ist interessanterweise nicht schon in der Negation von Prinzip [I] des Trilemmas enthalten. Die Negation der kausalen Geschlossenheit der physischen Welt allein wäre ein notwendiges, aber kein hinreichendes Kriterium für eine dualistische Position im hier vorgeschlagenen starken interaktionistischen Sinne. So hat beispielsweise F. von Kutschera eine Position vorgeschlagen, die sowohl die These von der kausalen Geschlossenheit der physischen Welt wie auch den Dualismus ablehnt. Die Welt zerfällt danach nicht in eine Dualität, sondern ist ein bipolares Kontinuum. Ähnlich wie es keine Dualität von hell und dunkel gibt, sondern ein Kontinuum zwischen diesen Polen, so ist auch unsere Welt ein Kontinuum zwischen dem physischen und dem psychischen Pol. Diese Polarität läßt sich weder in eine Richtung auflösen (Monismus) noch auseinanderdividieren (Dualismus). Dieser nicht ganz leicht verständliche Ansatz, der schon Vorgänger im Deutschen Idealismus hat, wurde in der gegenwärtigen Debatte allerdings bisher kaum weiterentwickelt (von Kutschera 1981, 394f.). Um den Dualismus zu charakterisieren, bedarf es also mehr als nur des Hinweises auf die Negation von Prinzip [I]. Der Dualist behauptet, daß Mentales und Physisches so verschieden sind, daß sich eine klare Grenze zwischen ihnen ziehen läßt. Geist und Körper sind von ganz anderer Art. Abschließend kann man also sagen, daß der Dualist (im hier vorgeschlagenen Sinne) folgende Thesen für wahr hält:

(1) Alles Reale ist physischer oder mentaler Natur.
(2) Das Mentale und das Physische sind völlig verschieden.
(3) Zwischen Mentalem und Physischem gibt es eine bidirektionale kausale Interaktion.

Auch wenn man den Begriff des Dualismus so präzisiert, deckt er philosophiegeschichtlich gesehen noch immer eine Reihe sehr verschiedener Entwürfe ab. Selbst in der Gegenwart präsentiert der Dualismus sich keineswegs uniform. Ein entscheidender Unterschied liegt darin, daß manche Autoren unabhängig von der Erfahrung einen rein begrifflichen Beweis (*a priori*) für den Dualismus, bzw. einige seiner Kernthesen, vorlegen wollen. Andere Autoren hingegen versuchen, Ergebnisse der empirischen Wissenschaften (*a posteriori*) als Begründung für den Dualismus heranzuziehen. Oft umfaßt ein dualistisches System beide Elemente: Für ein wesentliches Kernstück – die Widerlegung der psychophysischen Identitätstheorie – wird eine Begründung *a priori* geliefert. Für ein anderes wesentliches Kernstück – die Erläuterung des genauen Ablaufs der psychophysischen Wechselwirkung – wird eine empirische These vorgelegt. Im folgenden soll auf beide Strategien exemplarisch eingegangen werden. Den Ausgangspunkt bildet die Darstellung und Analyse von A-Priori-Argumenten gegen die Identitätsthese, die sich in der kartesischen Tradition herausgebildet haben.

Kartesische A-Priori-Argumente für den Dualismus

Der Dualist muß zunächst zeigen, daß das Mentale und das Physische nicht identisch sind. Dazu zieht man gewöhnlich ein Prinzip heran, dessen heute gebräuchliche Standardformulierung auf Leibniz zurückgeht: das Prinzip der Ununterscheidbarkeit von Identischem. Es lautet: Wenn A identisch ist mit B, dann hat A jede Eigenschaft, die B hat, und umgekehrt hat B jede Eigenschaft, die A hat.

Daraus ergibt sich folgende wichtige Konsequenz: Wenn A eine andere Eigenschaft hätte als B, dann könnte A nicht mit B identisch sein. Im vorliegenden Falle: Wenn das Physische z. B. räumlich ist, alles Mentale aber nicht räumlich ist, dann können beide nicht identisch sein. Wenn also gezeigt werden kann, daß das Mentale und das Physische jeweils verschiedene Eigenschaften haben, dann wäre ihre Nichtidentität bereits bewiesen. Der Dualist muß also belegen, daß dem Mentalen ganz andere Eigenschaften zukommen als dem Physischen. Im folgenden sollen ausgehend von der Theorie René Descartes' (1596 – 1650) einige zentrale dualistische Argumente dargestellt werden. Der historische Rückgriff auf Descartes begründet sich dadurch, daß der Begriff „kartesischer Dualismus“ in der zeitgenössischen Debatte eine große Rolle spielt. Es geht hier deshalb auch nicht um eine Exegese der kartesischen Position, sondern um eine Darstellung einiger maßgeblicher Grundintuitionen in seiner Widerlegung der Identitätsthese, die auch in modernen Varianten noch immer als „kartesisch“ bezeichnet werden. Descartes' Lösung des Leib-Seele-Problems findet sich vor allem in seinen *Meditationes de prima philosophia* (1641) und seinem *Discours de la méthode* (1637).

Descartes zieht in seiner Abgrenzung des Mentalen vom Physischen Unterscheidungen heran, die im vorigen Kapitel bei der intuitiven Einführung in das Leib-Seele-Problem bereits ausführlich dargestellt wurden. Es wurde dort auch bereits darauf hingewiesen, daß heute weit verbreitete Alltagsauffassungen eine Reihe von kartesischen Intuitionen enthalten. Besonders folgende schon erwähnte Gegenüberstellungen finden sich auch bei Descartes: privat – öffentlich, temporal – spatio-temporal, unkorrigierbar – korrigierbar. Der kartesische Dualismus impliziert, daß solche Begriffspaare das Mentale und das Physische exakt voneinander trennen. Das Mentale ist rein privat und nicht öffentlich, es ist rein zeitlich und nicht räumlich ausgedehnt, zudem haben wir einen direkten und unfehlbaren, epistemischen Zugang zu unseren mentalen Zuständen, den wir zur physischen Welt nicht haben. Was weiter oben vorsichtig eine Dualität in der Erfahrung genannt wurde, deren Interpretation offen blieb, wird von Descartes als eine präzise begriffliche und auch sachliche Grenze interpretiert. Somit vertritt er eine philosophisch wesentlich stärkere These. Die Rede von einer Dualität in der Erfahrung läßt die Frage unbeantwortet, ob sich „hinter“ ihr eine entsprechende Dualität oder aber eine Einheit in der erfahrungsunabhängigen Realität verbirgt. Es bleibt offen, ob die Begriffswelten, die aus der erfahrungsmäßigen Dualität gewonnen wurden, nicht sogar eine glatte Fehlrepräsentation der Wirklichkeit darstellen. Vielleicht gibt es z. B. für die mentale Begrifflichkeit keinen sachlichen Bezug in der Wirklichkeit.

Descartes verteidigt dagegen explizit einen ontologischen Dualismus auf der Grundlage der erfahrungsmäßigen und begrifflichen Unterscheidungen zwischen Mentalem und Physischem. Seine Theorie ist also explizit eine *metaphysische*. Descartes will nicht nur Thesen über unseren Begriffsapparat oder unsere Erfahrungen, sondern über die Grundstrukturen der Wirklichkeit aufstellen. Ob ihm dieser Überstieg gelingt, ist die zentrale Frage der Interpretation. Zunächst soll jedoch die Kernstruktur der Argumentation dargestellt werden; beginnend mit einem intuitiven Überblick, dann in einer präziseren Rekonstruktion ausgewählter Argumente.

Die Grundstruktur des kartesischen Gedankengangs

Wenn Descartes aus begrifflichen Unterscheidungen auf Verschiedenheit in der Sache schließen will, muß er den Realitätsbezug der verwendeten Begriffe sicherstellen. Seine Lehre von „klaren und distinkten Ideen" dient genau diesem Zweck. Nach seiner Auffassung ist es das zentrale Wahrheitskriterium, ob man etwas klar und deutlich erfassen kann. Wenn man klar und deutlich erfaßt, daß der Begriff des Mentalen unterschieden ist vom Begriff des Physischen, dann können beide Begriffe sich nicht auf dasselbe beziehen. Klare Unterschiedenheit in den Begriffen entspricht klarer Unterschiedenheit in der Sache. Da ich nach Descartes eine klare und distinkte Idee von mir als einer denkenden und unausgedehnten Entität habe und auf der anderen Seite eine klare und distinkte Idee von meinem Körper als einer ausgedehnten und nicht denkenden Entität habe, ist es gewiß, daß mein Geist verschieden ist von meinem Körper. Dieser kartesische Gedankengang ist bis heute charakteristisch für viele dualistische Theorien. Aus der Tatsache, daß die mentale Begrifflichkeit logisch unabhängig ist von der physischen Begrifflichkeit, wird auf die Existenz zweier distinkter Substanzen geschlossen. Die Begründung, die Descartes anbietet, ist aufschlußreich. Er argumentiert, daß das, was ich klar und deutlich begreife, von Gott so geschaffen werden kann, wie ich es begreife. Wenn ich also eine Sache *a* ohne eine andere Sache *b* klar und deutlich begreife, dann kann Gott *a* und *b* unabhängig voneinander schaffen. Also kann *a* ohne *b* existieren. In moderner Terminologie: Es gibt eine mögliche Welt, in der nur *a*, nicht aber *b* existiert.

Neben den bereits genannten Unterscheidungen von Mentalem und Physischem spielt bei Descartes eine weitere Differenzierung eine zentrale Rolle: *bezweifelbar – unbezweifelbar.* Dieses Begriffspaar liefert aber keinen ganz neuen Aspekt. Unbezweifelbarkeit als Charakteristikum des Mentalen hängt eng zusammen mit der direkten und irrtumsfreien Gegebenheit mentaler Zustände. Wenn wir über unsere mentalen Zustände nicht zweifeln können, so heißt das, daß wir in Bezug auf sie eine unmittelbare Gewißheit haben. Was bezweifelbar ist, ist ungewiß, was unbezweifelbar ist, ist gewiß. Diese Unterscheidung macht sich Descartes bei seinem methodischen Zweifel zunutze. Der radikale philosophische Zweifel hatte ihn gelehrt, daß er alles (sogar die Existenz der Außenwelt) bezweifeln konnte. Eines konnte er aber nicht bezweifeln: Wenn er dachte, dann mußte er auch existieren. Im Zweifel als einem Denken wird sich der Zweifelnde als ein Denkender bewußt. Indem ich denke, bin ich. Der Gedanke „Ich existiere" ist somit aus der Perspektive der 1. Person gesprochen notwendig wahr, denn um diesen Gedanken zu denken, muß ich existieren. Allerdings sagt die Erkenntnis, *daß* ich bin, zunächst nichts darüber aus, *was* ich bin. Descartes fragt sich, welche seiner Eigenschaften notwendig sind. Um dies herauszufinden, unternimmt er ein Gedankenexperiment: Welche meiner Eigenschaften kann ich anzweifeln? Dabei kommt er zu dem Schluß, daß er alle seine körperlichen Eigenschaften und letztlich sogar die Existenz seines eigenen Körpers anzweifeln kann. Einen Körper zu haben, wäre dementsprechend für ihn nicht wesensnotwendig.

Eine Eigenschaft kann er jedoch nicht in einem Gedankenexperiment von sich ablösen oder „wegdenken": die Eigenschaft, daß er ein denkendes Wesen ist. Descartes meint mit „Denken" (cogitatio) nicht nur begriffliches Denken, sondern die ganze Mannigfaltigkeit unseres bewußten mentalen Lebens. Natürlich kann man sich selbst als traumlos schlafend und damit nicht denkend (d. h. ohne jedes mentale Leben) vorstellen. Aber das ist nicht der Fall, von dem Descartes ausgeht. Gemeint ist, daß man nicht bezweifeln kann, daß man denkt, solange man denkt. Wenn er nicht mehr dächte, könnte es sein, daß er gar nicht existierte. Descartes zieht daraus einen weitreichenden Schluß: Es ist eine notwendige Wahrheit, daß ich ein denkendes Wesen bin. Das Denken ist für ihn wesensnotwendig. Man kann auch sagen, daß ihm die Eigenschaft, ein denkendes Wesen zu sein, essentiell zukommt. Wenn das Denken eine essentielle Eigenschaft ist, dann kommt sie ihrem Träger notwendig zu. Descartes geht sogar noch einen Schritt weiter. Wenn nur das Denken für ihn notwendig ist, alle physischen Eigenschaften hingegen nicht, dann kann er auch ohne seinen Körper existieren. Damit macht er den entscheidenden Schritt zu einem Substanzdualismus, denn Descartes definiert eine Substanz als eine Entität, die für ihre Existenz keiner anderen Entität bedarf. Für jede Substanz gibt es spezielle Eigenschaften, die ihr Wesen ausmachen und ihr notwendig zukommen.

Ganz im Sinne der Tradition versteht Descartes Substanzen als Träger von Eigenschaften. Eine Substanz kann nicht direkt, sondern nur über ihre Eigenschaften erkannt werden. Wenn wir eine Eigenschaft beobachten, können wir auf eine zugrundeliegende Substanz schließen. Substanzen werden durch ihre essentiellen Eigenschaften oder Attribute als eigenständig erkannt und scharf voneinander abgegrenzt. Bei der physischen Substanz ist die räumliche Ausdehnung das grundlegende Attribut, bei der mentalen Substanz das bewußte Denken. Räumliche Ausdehnung kommt der mentalen Substanz nicht zu, der physischen Substanz kommt kein bewußtes Denken zu.

Zwei Argumente in kartesischer Tradition

Schon diese sehr geraffte Darstellung des kartesischen Dualismus spricht bedeutend mehr philosophische Probleme an als in diesem Einführungstext behandelt werden können. Im folgenden werde ich mich auf diejenigen Argumente konzentrieren, die in der zeitgenössischen Debatte besondere Beachtung fanden. Descartes' an klassischen Vorbildern orientierte Substanzmetaphysik hat im gegenüber der Metaphysik kritisch gesinnten Umfeld der Gegenwart wenig Anklang gefunden. Die exakte logische Analyse seiner Widerlegung der Identitätsthese hat hingegen viele zeitgenössische Philosophen beschäftigt. Es sollen nun ausgehend von Descartes zwei Kernargumente rekonstruiert werden, die so – oder in ähnlicher Form – bis heute diskutiert werden. Ich werde das eine als das *Wissensargument*, das andere als das *Modale Argument* bezeichnen. Dabei halte ich mich nicht strikt an die kartesischen Texte, sondern bemühe mich um eine möglichst typische Argumentation in kartesischer Tradition. Es ist klar, daß man solche Argumente, die auf zunächst recht vagen Intuitionen *a priori* aufbauen, in eine einigermaßen feste logische Form fassen muß, um sie überhaupt diskutieren zu können. Da dieser Einführungstext eine Vertrautheit mit der formalen Logik aber nicht voraussetzen kann, soll auf eine strenge Formalisierung verzichtet werden. Als Kompromiß werden die Argumente als informelle Ableitungen wie bei Beckermanns Rekonstruktion (BECKERMANN 1986) dargestellt.

Das Wissensargument:

(W_1) (1) Ich bin mir absolut sicher (= ich kann nicht daran zweifeln), daß mir die Eigenschaft „ist denkend" zukommt.
(2) Ich bin mir nicht absolut sicher (= ich kann daran zweifeln), daß mir die Eigenschaft „ist ausgedehnt" zukommt.
(3) Also ist die Eigenschaft „ist denkend" verschieden von der Eigenschaft „ist ausgedehnt".

Mit diesem Argument soll gezeigt werden, daß die mentalen Eigenschaften („Denken" steht für das ganze mentale Leben) nicht identisch sind mit den physischen Eigenschaften. In einer in der aktuellen Debatte verbreiteten Variante kann man das Argument z. B. so finden:

(W_2) (1) Ich bin mir absolut sicher (= ich kann nicht daran zweifeln), daß mir die Eigenschaft „hat Schmerz" zukommt.
(2) Ich bin mir nicht absolut sicher (= ich kann daran zweifeln), daß mir die Eigenschaft „hat Gehirnzustand S" zukommt.

(3) Also ist die Eigenschaften „hat Schmerz" verschieden von der Eigenschaft „hat Gehirnzustand S".

Nach dem erwähnten Prinzip der Identität von Ununterscheidbarem sind Entitäten dann identisch, wenn sie identische Eigenschaften haben. Zur Begründung seines Leib-Seele-Dualismus sollte der kartesische Dualist also beweisen können, daß unsere mentalen Eigenschaften nicht identisch sind mit unseren physischen Eigenschaften. Das Wissensargument will aufweisen, daß die Eigenschaft „denkend" nicht identisch ist mit der Eigenschaft „körperlich-ausgedehnt".

Ein Problem dieser Argumentation liegt in der Verwendung von Ausdrücken wie „ich bin mir absolut gewiß" oder „ich kann nicht zweifeln". Solche unseren epistemischen Zustand betreffenden Ausdrücke bewirken, daß die Sätze unter semantischer Rücksicht Besonderheiten aufweisen. Es entstehen sogenannte „intensionale Kontexte". In solchen Kontexten Unterscheidbares kann in Wirklichkeit identisch sein. Das liegt daran, daß in Sätzen, in denen Verben wie „glauben", „zweifeln", „vorstellen", „gewiß sein", etc. vorkommen, der Bezug der Sprache auf die Wirklichkeit auf eine spezielle Weise undurchsichtig wird. Man spricht davon, daß diese Kontexte „referentiell undurchsichtig" sind. Dasselbe gilt übrigens für Kontexte, in denen modale Ausdrücke wie „es ist notwendig, daß" vorkommen.

Ein einfaches Beispiel: Der König mischt sich in Bettlerkleidung unter die Menschen, um unerkannt „Volkes Stimme" wahrzunehmen. Für einen beliebigen seiner Gesprächspartner – nennen wir ihn Hans – gilt: Hans ist sich sicher, daß der Mann in den Bettlerkleidern nicht reich ist. Gleichzeitig ist sich Hans aber sicher, daß der König reich ist. Hans schreibt dem Mann in den Bettlerkleidern und dem König verschiedene Eigenschaften zu. Daraus folgt aber nach dem Leibnizschen Gesetz die Nichtidentität des Bettlers und des Königs. Nun ist aber der Mann in den Bettlerkleidern in Wirklichkeit identisch mit dem König. Daraus folgt, daß in derartigen intensionalen Kontexten das Leibnizsche Gesetz nicht anwendbar ist. Descartes argumentiert, daß er die Existenz seines Körpers *bezweifeln* kann, die Existenz seines Geistes hingegen sei ihm absolut *gewiß*. Er folgert daraus Nichtidentität von Physischem und Mentalem. Wenn hier aber ein intensionaler Kontext vorliegt, dann ist die Gültigkeit von Descartes' Schluß nicht mehr garantiert.

Man kann das Problem auch folgendermaßen ausdrücken: Was wir bezweifeln können, ist eine *epistemische* Angelegenheit, Identität jedoch ist eine *metaphysische* Angelegenheit. Was uns verschieden erscheint (epistemische Ebene), mag in Wirklichkeit identisch sein (metaphysische

Ebene). Bei Descartes findet sich ein anderes Argument, das man das „Modale Argument" nennen und folgendermaßen rekonstruieren werde.

Das Modale Argument:

(M_1) (1) Es ist widerspruchsfrei denkbar (also logisch möglich), daß ich nur mit der Eigenschaft „ist denkend" und ohne die Eigenschaft „ist ausgedehnt" existieren könnte.
(2) Wenn ich ohne die Eigenschaft „ist ausgedehnt" existieren könnte, dann kommt mir diese Eigenschaft nicht wesentlich zu.
(3) Allen Körpern kommt die Eigenschaft „ist ausgedehnt" wesentlich zu.
(4) Also bin ich nicht mit meinem Körper identisch.

Die Annahme (3) ist ein bereits erklärter Grundpfeiler des kartesischen Systems, der hier jetzt nicht weiter problematisiert werden soll. Auch die Annahme (2) ist auf dem Hintergrund dessen, was weiter oben über wesentliche Eigenschaften von Substanzen gesagt wurde, ziemlich klar. Sie beruht auf einer plausiblen Intuition über wesentliche oder essentielle Eigenschaften, die nahezu die gesamte metaphysische Tradition geteilt hat: Eine Eigenschaft *F* kommt einem Gegenstand *a* genau dann wesentlich zu, wenn *a* ohne *F* nicht existieren kann. Sehr problematisch erscheint dagegen Annahme (1). Eine erste Frage drängt sich hier sofort auf: Können wir uns wirklich vorstellen, ohne Körper zu existieren? Eine zweite, noch schwierigere Frage drängt sich ebenfalls auf. Wie gelingt der Übergang von (1) auf (2)? Darf man von logischer Möglichkeit auf reale Möglichkeit schließen? Ist alles, was man sich widerspruchsfrei vorstellen kann, auch real möglich? Descartes argumentiert, daß, wenn etwas logisch möglich ist, Gott eine Welt hätte schaffen können, in der diese Möglichkeit realisiert wäre. Dieser Gedankengang setzt die Existenz eines allmächtigen Gottes voraus. Ist es ohne diese äußerste starke Hintergrundannahme möglich, die Annahme (1) zu begründen?

Was die erste Frage anbelangt, so hatte Descartes aus der Tatsache, daß man die Existenz seines Körpers bezweifeln kann, darauf geschlossen, daß man sich eine körperlose Existenz vorstellen kann. Nach meiner Auffassung kann man Descartes zustimmen, daß wir es uns in einem sehr abstrakten Sinne vorstellen können, ohne einen Körper zu existieren. In unserer Zeit hat der Philosoph Saul Kripke diese kartesische Intuition in seiner Rekonstruktion des Modalen Argumentes gegen Kritiker verteidigt (Kripke 1980, 144-55). Nach seiner Auffassung können wir uns vorstellen, daß ein mentaler Zustand (z. B. Schmerz) ohne einen bestimmten physischen Zustand (z. B. Erregung der neuronalen C-Fasern) existieren kann. Umgekehrt kann man sich auch vorstellen, daß beispielsweise Aktivität der C-Fasern vorliegt, ohne als Schmerz empfunden zu werden. Wir können keinen *notwendigen* Zusammenhang zwischen dem qualitativen Erlebnisgehalt von Schmerz und einer bestimmten materiellen Konfiguration erkennen.

Im weitesten Sinne besagt diese kartesische Intuition, daß einem Gegenstand eine Eigenschaft nicht notwendig zukommt, wenn wir uns *denselben* Gegenstand auch ohne diese Eigenschaft vorstellen können. Wenn wir danach fragen, ob eine Eigenschaft einer Entität wesentlich zukommt, so versuchen wir uns Situationen („mögliche Welten") auszudenken, in denen diese Entität ohne diese Eigenschaft existiert. Wenn wir z. B. fragen, ob dem Aristoteles die Eigenschaft „ist der Lehrer von Alexander" wesentlich zukommt, so fragen wir, ob es eine mögliche Welt gibt, in der Aristoteles nicht der Lehrer Alexanders ist. Eine solche Situation können wir uns ohne Widerspruch denken. Aristoteles hätte sich z. B. entscheiden können, Seemann und nicht Philosoph zu werden. Dagegen können wir uns nicht denken, daß Aristoteles in einer anderen möglichen Welt ein absolut nichtdenkendes Ding (z. B. ein Stein) wäre. Aristoteles kann nicht zu einem bewußtlosen Stein werden, ohne aufzuhören, Aristoteles zu sein. Die Eigenschaft „ist denkend" kommt Aristoteles wesentlich zu.

Obwohl uns bei der Frage, ob wir ohne Körper existieren könnten, unsere im Alltag erprobten Intuitionen im Stich lassen, so ist doch der Gedanke, daß ich in einer anderen möglichen Welt als körperloses Wesen existieren könnte, durchaus nachvollziehbar. Zum einen ist er nicht logisch widersprüchlich, zum anderen verträgt er sich mit unseren tiefsitzenden Intuitionen über uns selbst. Wir können uns hingegen schwer vorstellen, ein völlig bewußtloses Objekt zu werden und gleichzeitig unsere Identität zu wahren. Wir können uns aber vorstellen, unseren Körper zu verlieren und trotzdem der- oder dieselbe zu bleiben. Der Grund dafür liegt darin, daß wir spontan unsere Identität bei unserem bewußten Erleben festmachen. Der kartesische Zweifel in seiner ganzen Radikalität beruht darauf, daß wir es uns (im Extremfall) vorstellen können, die ganze Körperwelt sei nichts anderes als eine Illusion, die uns ein diabolischer Geist vorspiegelt. Das eigentliche Problem der Argumentation wird von der zweiten oben gestellten Frage aufgeworfen: Folgt aus der Tatsache, daß man sich vorstellen kann, daß etwas bestimmte Eigenschaften hat oder nicht hat, etwas darüber, ob diese Eigenschaften dem fraglichen Gegenstand auch in Wirklichkeit möglicherweise zukommen oder nicht zukommen? Von diesem Übergang hängt es ab, ob das modale Argument wirklich ein metaphysisches Argument über die unabhängig von uns existierenden Dinge ist.

De re und de dicto

Mit einem von Hilary Putnam eingeführten philosophischen Science-Fiction-Beispiel kann man das Problem verdeutlichen. Nehmen wir an, Forscher von der Erde landen auf einem fremden, der Erde aber zum Verwechseln ähnlichen Planeten (eine Zwillingserde). Dort beobachten sie eine Flüssigkeit, die äußerlich in jeder Beziehung Wasser gleicht. Sie vermuten daher spontan, daß es sich auch um Wasser handelt. Als gute Chemiker wissen sie aber, daß man sich durch Äußerlichkeiten nicht täuschen lassen darf. Es könnte sich herausstellen, daß die molekulare Struktur der Flüssigkeit eventuell von der des Wassers (H_2O) unterschieden ist. Könnten sie jetzt folgendermaßen schlußfolgern?

> (1) Es ist widerspruchsfrei denkbar, daß diese Flüssigkeit kein Wasser ist.
> (2) Wenn diese Flüssigkeit kein Wasser sein könnte, dann kommt ihr die molekulare Struktur H_2O nicht notwendig zu.
> (3) Wasser kommt die molekulare Struktur H_2O notwendig zu.
> (4) Also ist diese Flüssigkeit nicht mit Wasser identisch.

Diese Schlußfolgerung ist für jedermann offensichtlich ungültig. Sie entspricht aber in der Form dem oben dargestellten kartesischen Modalen Argument. Es ist damit aus demselben Grunde ungültig wie diese. Warum genau ist die Schlußfolgerung fehlerhaft? Letztlich aus dem gleichen Grund wie das Wissensargument. Es findet ein unzulässiger Übergang von der epistemischen auf die metaphysische Ebene statt. Für (1) gibt es nämlich zwei Lesarten: die epistemische und die metaphysische. In der epistemischen Lesart lautet (1):

> (1_e) Gemäß unseres jetzigen Wissens über diese Flüssigkeit wäre es möglich, daß sie nicht mit Wasser identisch ist.
> Die metaphysische Lesart lautet:
> (1_m) Diese Flüssigkeit dort (ganz unabhängig von unserem Wissen über sie) könnte möglicherweise kein Wasser sein.

Nehmen wir an, die Flüssigkeit sei wirklich Wasser. Dann ist (1_m) offensichtlich falsch, denn Wasser kann nicht möglicherweise kein Wasser sein. (1_e) redet aber nicht direkt über diese Flüssigkeit. Deshalb ist (1_e) auch unter der Annahme, daß diese Flüssigkeit in Wirklichkeit mit Wasser identisch ist, nicht falsch. Der Forscher will eigentlich sagen: „Ich wäre in der gleichen epistemischen Situation, wenn sich dort drüben kein Wasser, sondern ein Stoff befände, der nur so aussieht wie Wasser". In der Logik und Sprachphilosophie unterscheidet man zwei Weisen, Aussagen zu interpretieren: *De re* und *de dicto*.

Nehmen wir folgenden Satz: „Peter behauptet, das höchste Hochhaus in Manhattan sei niedriger als ein gewisses anderes Hochhaus in Manhattan."

De dicto (als Satz betrachtet) ist die Behauptung Peters widersprüchlich. Man würde mit Recht an seiner Rationalität zweifeln. Man kann den Satz aber auch *de re* (von den intendierten Gegenständen her) lesen. Nehmen wir an, Peter habe sich auf das Empire State Building und das Chrysler Building bezogen. *De re* hat er also behauptet, daß das Empire State Building niedriger sei als das Chrysler Building. Diese Behauptung ist zwar falsch, unter gewissen Umständen (aus einer bestimmten optischen Perspektive) kann allerdings diese Fehleinschätzung naheliegen. Der Irrtum läßt uns nicht an der Rationalität des Sprechers zweifeln. Die Lesart *de dicto* eines Satzes unterscheidet sich also erheblich von der Lesart *de re* eines Satzes.

Im obigen Argument ist nun folgender Fehler unterlaufen: Es wurde von einer Möglichkeit *de dicto* auf eine Möglichkeit *de re* geschlossen. Anders ausgedrückt: Daraus, daß etwas unter bestimmten epistemischen Bedingungen gesagt oder gedacht werden konnte, wurde darauf geschlossen, was in Wirklichkeit möglich ist. Der erste Schritt (1) spricht nicht *de re* über diese konkrete Flüssigkeit. Er sagt vielmehr, daß die Aussage „Diese Flüssigkeit ist kein Wasser" eine Denkmöglichkeit darstellt. Unter bestimmten Bedingungen ist die Annahme von (1) durchaus gerechtfertigt. Im Schritt (2) wird jedoch *de re* über die möglichen Eigenschaften dieser Flüssigkeit gesprochen. Es ist genau dieser Übergang, der das Argument ungültig macht. Unter der Annahme, daß diese Flüssigkeit wirklich Wasser ist, gibt es keine Möglichkeit, daß ihr die Molekularstruktur H_2O nicht zukommt. Stärker noch: Diese Flüssigkeit ist identisch mit H_2O. Es gibt keine mögliche Welt, in der diese Flüssigkeit nicht H_2O wäre. Daß Wasser mit H_2O identisch ist, ist ein Faktum, das wir durch empirische Analysen herausfinden können. Die strikte Notwendigkeit dieser Identitätsrelation ist jedoch unabhängig von unserem Wissen. Es könnte nun auch in paralleler Weise der Fall sein, daß mentale Zustände mit physischen Zuständen identisch sind, obwohl hier der empirische Beweis dafür noch aussteht. Daß wir uns vorstellen können, die mentalen Zustände könnten auch ohne physische Zustände existieren, schließt die Möglichkeit der Identität nicht zwingend aus. Was möglich ist bezüglich einer Entität in unserem Universum, ist keine Frage unserer modalen Intuitionen, sondern eine Frage der inneren Strukturen der Welt, die durch wissenschaftliche Analyse erkannt werden. Dieser Einwand (man nennt ihn auch den „Einwand des wissenschaftlichen Essentialismus“) trifft auf den ersten Blick alle Varianten des Modalen Argumentes, nicht nur die kartesische Argumentation, die hier vorgestellt wurde. Es scheint also so, als könnte weder das Wissensargument noch das modale Argument eine Grundlage zur Widerlegung der psychophysischen Identitätsthese abgeben. Die Argumente wären dann nur von historischem Interesse.

Diese Schlußfolgerung sollte aber nicht zu schnell gezogen werden. Es ist nämlich nicht klar, ob Argumente, die für natürliche Arten wie „Wasser“ gelten, auch auf mentale Zustände zutreffen. Außerdem bieten beide Argumente Raum für Verbesserungen. Im folgenden soll im Sinne dieser Einführung in die zeitgenössische Debatte paradigmatisch ein aktueller Rekonstruktionsversuch vorgestellt werden, der von George Bealer (Bealer 1994) entwickelt wurde. Bealer verbindet auf originelle Weise beide oben diskutierten Argumentationsstrukturen zu einem Argument. Obwohl die hier von mir entwickelte Darstellung so informell wie nur möglich erfolgt, sind für das Verständnis diesen letzten Abschnitts des Kapitels basale Kenntnisse in formaler Logik sehr hilfreich.

Eine Rekonstruktion der kartesischen Argumente

In der gegenwärtigen Debatte wird unter dem „Modalen Argument“ ein Gedankengang der folgenden Form verstanden. Es ist leicht zu sehen, daß er die kartesische Grundintuition wiedergibt.

(M_2) (1) Es ist möglich, daß jemand in einem bestimmten mentalen Zustand M ist, ohne in einem bestimmten physischen Zustand *P* zu sein.
(2) Wenn die Eigenschaft, im Zustand M zu sein, identisch ist mit der Eigenschaft, im Zustand *P* zu sein, dann gilt für alle *x*: *x* ist im Zustand M genau dann, wenn *x* im Zustand *P* ist.
(3) Also ist die Eigenschaft, im Zustand M zu sein, nicht identisch mit der Eigenschaft, im Zustand *P* zu sein.

Die Kernthese ist also: Wenn es möglich ist, daß eine Eigenschaft gegeben ist, ohne daß auch die andere gegeben ist, dann können beide Eigenschaften nicht identisch sein, da Identität eine Beziehung ist, die mit strikter Notwendigkeit gilt. Wenn zwei Eigenschaften identisch sind, dann gibt es in keiner möglichen Welt ein Individuum, das nur eine der beiden Eigenschaften hat.

Bealer greift für sein Rekonstruktionsverfahren eine einfache und verbreitete Formulierung des Modalen Argumentes auf:

(M_3) (1) Es ist möglich, daß jemand Schmerzen hat, ohne daß seine neuronalen C-Fasern aktiv sind.
(2) Wenn die Eigenschaft „hat Schmerzen" und die Eigenschaft „hat aktive neuronale C-Fasern" identisch sind, dann gilt für alle x: x hat Schmerzen genau dann, wenn x aktive neuronale C-Fasern hat.
(3) Also kann die Eigenschaft „hat Schmerzen" nicht identisch sein mit der Eigenschaft „hat aktive neuronale C-Fasern".

Es ist hilfreich, an dieser Stelle kurz zurückzublicken: Die oben entwikkelte Gegenargumentation gegen das modale Argument basierte auf der Intuition der wissenschaftlichen Essentialisten, die anhand des Beispiels von der Zwillingserde dargestellt wurde. Demnach ist es keine Frage philosophischer Spekulation, sondern die Aufgabe *empirischer Forschung* herauszufinden, ob (1) wahr ist. Es könnte sich herausstellen, daß die beiden fraglichen Eigenschaften identisch sind (wie im Wasser-H_2O-Beispiel). In diesem Fall wäre (1) falsch und damit das Argument entkräftet. Daß wir dennoch starke Intuitionen im Sinne von (1) haben, wurde dadurch erklärt, daß (1) eine Lesart hat, in der es völlig unproblematisch ist. Im Wasser-H_2O-Beispiel war die Intuition diese: Es könnte sich herausstellen, daß das, was wir Wasser nennen, nicht H_2O ist.

Genaugenommen meint diese Intuition aber folgendes: Es könnte (in einer anderen möglichen Welt) eine Gruppe von Sprechern geben, die sich in einer epistemischen Situation befindet, die mit der unseren qualitativ identisch ist, die aber mit dem Wort „Wasser" auf einen anderen Stoff (z. B. XYZ) Bezug nehmen als wir.

Im Zusammenhang des Leib-Seele-Problems ließe sich die (1) zugrundeliegende Intuition dann so formulieren:

Es ist möglich, daß es eine Population von Sprechern gibt, die sich in einer epistemischen Situation befindet, die mit der unseren qualitativ identisch ist, in deren Welt aber der Ausdruck „Schmerz" auf etwas anderes Bezug nimmt.

So umformuliert stellt (1) aber keine Bedrohung für die Identitätsthese dar. Der Dualist kann auf dieser Grundlage kein Argument aufbauen. Bealer greift diese Kritik an zwei Schlüsselstellen an:

Der erste Einwand stellt die angenommene Parallele zwischen Ausdrücken wie „Wasser" einerseits und Ausdrücken wie „Schmerz" andererseits in Frage. Die Kritik beruhte auf der Annahme dieser Parallele. Bei genauem Betrachten wird diese Annahme jedoch zweifelhaft. Wenden wir das Gedankenexperiment mit der Zwillingserde auf Schmerz an. Auf der Erde gilt, daß ein Wesen dann und nur dann Schmerz empfindet, wenn seine neuronalen C-Fasern aktiv sind. Auf der Zwillingserde gibt es dasselbe typische Schmerzverhalten wie auf der Erde. Die Menschen dort beschreiben die Eigenschaften von Schmerz genauso wie wir. Man kennt den Einsatz von Medikamenten gegen Schmerz, das bewußte Zufügen von Schmerz und all die anderen Kontexte, in denen diese Empfindung in das kausale Netz der Welt eingebunden ist. Trotzdem sind in der Zwillingswelt bei der Schmerzempfindung nicht die C-Fasern, sondern die C*-Fasern aktiv, die aus einer bei uns unbekannten chemischen Verbindung bestehen. Wie verhält es sich jetzt mit unseren Intuitionen? Würden wir sagen, daß die Menschen auf der Zwillingserde keine Schmerzen haben? Bezieht sich das Wort „Schmerz" dort nicht auf Schmerzen?

Eine Bejahung dieser Frage wäre schwer zu verteidigen. Die intuitive Antwort wäre sicherlich, daß unsere Zwillinge Schmerzen haben, auch wenn die chemische Grundlage eine andere ist. Im Falle von Wasser verhielt es sich anders. Dort war die Intuition, daß eine Flüssigkeit auf der Zwillingserde, die nicht H_2O ist, auch nicht Wasser sein kann. Der Ausdruck „Schmerz" scheint sich nicht in gleicher Weise *starr* auf eine physische Substanz zu beziehen wie der Ausdruck „Wasser". Der oben entwickelte Einwand des wissenschaftlichen Essentialisten übersieht diesen Unterschied. In einem Sinne, der bei der Darstellung des Funktionalismus noch diskutiert werden wird, könnten Ausdrücke des mentalistischen Vokabulars sich eher auf funktionale Zusammenhänge (z. B. Verhaltensmuster) beziehen als auf bestimmte physische Stoffe in der Welt. Vielleicht bezieht sich „Schmerz" auch auf einen bestimmten qualitativen Erlebnisgehalt, der ebenfalls nicht identisch ist mit einer bestimmten materiellen Entität. Die Generalisierung von Ausdrücken wie „Wasser" zu Ausdrücken wie „Schmerz" ist also nicht statthaft. Erinnern wir uns an den ersten Schritt des Modalen Argumentes.

(1) Es ist möglich, daß jemand Schmerzen hat, ohne daß seine neuronalen C-Fasern aktiv sind.

Unter der Voraussetzung, daß sich „Schmerz" nicht starr auf C-Faser-Aktivität bezieht, ist (1) nicht mehr der Kritik des wissenschaftlichen Essentialisten unterworfen. Eine Reformulierung im Sinne der epistemischen Lesart scheint nicht mehr nötig. Der wissenschaftliche Essentialist könnte aber einwenden, daß immerhin der Ausdruck „hat aktive C-Fasern" einen starren Bezug hat. Deshalb könne es noch immer der Fall sein, daß Sprecher in einer Situation, die mit der unseren unter epistemischer Rücksicht identisch ist, mit „hat aktive C-Fasern" in Wirklichkeit etwas anderes meinen, d. h. sich auf etwas anderes beziehen (wie im Fall von H_2O und XYZ). Wenn das ausgeschlossen werden soll, muß man (1) wiederum rein epistemisch lesen. Diese Reformulierung in eine rein epistemische Lesart wird aber die ontologische Aussagekraft der ursprünglichen modalen These unterhöhlen. Der zweite Einwand gegen die essentialistische Kritik des Modalen Argumentes besteht in der These, daß sich eine *notwendige Bedingung* für die Aktivität von C-Fasern angeben läßt, die identisch bliebe in jeder Population von Sprechern, die sich in einer mit der unseren identischen epistemischen Situation befinden. Mit Hilfe dieser Bedingungen ließe sich das Argument dann so reformulieren, daß es gegen die Kritik des wissenschaftlichen Essentialisten immun ist.

C-Fasern haben eine bestimmte innere Struktur, durch die ihre Funktionalität bestimmt wird. Betrachten wir diese auf dem Niveau der zugrundeliegenden molekularen Mechanismen, so erhalten wir einen ungeheuer komplexen funktionalen Zusammenhang von abertausenden unbewußten Teilen. Aus wievielen solchen Teilen muß eine funktionierende C-Faser bestehen? Nehmen wir an, es seien mindestens 74.985.263 Teile. Ein Wesen x kann dann eine aktive C-Faser nur in dem Falle als einen Teil von sich haben, wenn es einen Teil hat, der seinerseits mindestens 74.985.263 funktional aufeinander bezogene unbewußte Teile hat. Der Ausdruck „hat 74.985.263 funktional aufeinander bezogene Teile" bezieht sich aber offensichtlich nicht starr auf irgendeine bestimmte Substanz oder natürliche Art. Daher kann man sagen, daß jede Population in einer epistemischen Situation, die mit der unseren qualitativ identisch ist, mit diesem Ausdruck dasselbe meint (unter der Voraussetzung, daß die darin verwendeten Wörter wie „Teil" auf gleiche Weise benutzt werden). Das modale Argument kann man dann folgendermaßen reformulieren:

(M_4) (1) Es ist möglich, daß ein Wesen Schmerzen haben kann aber keine Teile besitzt, die 74.985.263 oder mehr funktional aufeinander bezogene, unbewußte Teile haben.
(2) Wenn die Eigenschaft „hat Schmerzen" und die Eigenschaft „hat aktive neuronale C-Fasern" identisch sind, dann gilt notwendig für alle *x*: *x* hat Schmerzen genau dann, wenn *x* aktive neuronale C-Fasern hat.
(3) Es gilt notwendig für alle *x*: Wenn *x* aktive neuronale C-Fasern hat, dann hat x einige Teile, die 74.985.263 oder mehr funktional aufeinander bezogene, unbewußte Teile haben.
(4) Also kann die Eigenschaft „hat Schmerzen" nicht identisch sein mit der Eigenschaft „hat aktive neuronale C-Fasern".

Das Argument ist logisch gültig. Der im Originalargument problematische erste Schritt unterliegt in der reformulierten Fassung nicht mehr der Kritik der wissenschaftlichen Essentialisten. Die Aufspaltung in zwei Lesarten, die beim Beispiel „Wasser" dazu führte, daß die modale Intuition in der epistemischen Lesart korrekt, in der ursprünglichen aber inkorrekt war, führt hier *nicht* zu einer solchen Unterscheidung. Die Sprecher einer anderen Population würden nämlich mit ihrer Aussage genau dasselbe meinen, was auch wir damit meinen. Alles hängt jetzt von der reformulierten Fassung des ersten Schrittes (1) ab. Der erscheint aber intuitiv unangreifbar. Ohne jede empirische Forschung, d. h. rein *a priori*, scheint es klar, daß auch ein Wesen Schmerzen haben kann, das nur aus Teilen besteht, die ihrerseits weniger als 74.985.263 funktional aufeinander bezogene, unbewußte Teilen haben. Der Gegner des Modalen Argumentes kann nun folgendermaßen vorgehen: Es kann sein, daß es Wesen mit Schmerzen gibt, die nicht die beschriebene funktionale Struktur mit 74.985.263 oder mehr unbewußten Teilen besitzen. Schmerz ist auf vielfache Weise durch unbewußte Strukturen realisierbar. Schmerz ist aber identisch mit der ganzen Liste dieser Alternativen (Zustand$_1$ oder Zustand$_2$, ... oder Zustand$_n$). Man nennt eine solche Liste mit einer Oder-Verbindung eine „Disjunktion". Wenn das modale Argument gegen diese Idee der multiplen Realisierbarkeit gerüstet sein soll, muß es verstärkt werden. Es muß als erste Prämisse z. B. folgenden Satz enthalten:

Es ist möglich, daß ein Wesen Schmerzen hat, ohne daß es eine Mannigfaltigkeit funktional miteinander verbundener nichtmentaler Teile hat.

Bealer versucht, das Modale Argument auch in dieser stärkeren Form zu verteidigen. Er benutzt eine verbesserte Form des Wissensargumentes, um diese stärkere Prämisse herzuleiten. Die verbesserte Form des Wissensargumentes lautet so (zur Abkürzung steht „S“ für „Schmerz“ und „T“ für „eine Mannigfaltigkeit funktional miteinander verbundener nichtmentaler Teile“):

(W_3) (1) Es ist möglich, daß es ein Wesen gibt, das *a priori* weiß, ob es möglich ist, daß etwas *S* hat und nicht *T*.
(2) Es ist möglich, daß es ein Wesen gibt, das weiß, daß es S hat, allein aufgrund der Tatsache, daß es gegenwärtig S hat.
(3) *WENN* es möglich ist, daß es ein Wesen gibt, das *a priori* weiß, daß es nicht möglich ist, daß etwas *S* hat und nicht *T* hat, und es möglich ist, daß es ein Wesen gibt, das weiß, daß es *S* hat, allein aufgrund der Tatsache, daß es gegenwärtig *S* hat, *DANN* ist es möglich, daß es ein Wesen gibt, das weiß, daß es *T* hat, allein aus Vernunftgründen und aufgrund der Tatsache, daß es gegenwärtig *S* hat.
(4) Es ist nicht möglich, daß es ein Wesen gibt, das weiß, daß es *T* hat, allein aus Vernunftgründen und aufgrund der Tatsache, daß es gegenwärtig *S* hat.
(5) Also: Es ist möglich, daß etwas *S* hat und nicht *T* hat.

Die Konklusion (5) ist aber genau die Prämisse, die man für die stärkere Version des Modalen Argumentes braucht. Ohne eine gewisse Erfahrung in formaler Logik sieht man vermutlich nicht sofort ein, warum (W_3) ein gültiges Argument ist. Deshalb hierzu zunächst einige Hinweise zum Verständnis. Wenn man die Negation der Konklusion (5) annimmt, müßte sich aus den Prämissen ein Widerspruch ableiten lassen. Nehmen wir also an: Es ist *nicht* möglich, daß etwas *S* hat und nicht *T* hat. Aus (1) folgt dann, daß es ein Wesen gibt, das *a priori* weiß, daß dies in der Tat nicht möglich ist. Zieht man jetzt noch (2) heran, so ist das erste Glied der Wenn-Dann-Beziehung in (3) gegeben. Es folgt dann das zweite Glied: Es ist möglich, daß es ein Wesen gibt, das weiß, daß es *T* hat, allein aufgrund der Tatsache, daß es gegenwärtig *S* hat. Das aber widerspricht (4). Ein Widerspruch liegt vor. Damit folgt die Negation unserer Annahme, das heißt die ursprüngliche Konklusion (5), aus den Prämissen.

Wenn die Argumentation in diesem reformulierten Wissensargument also in der Tat korrekt wäre, dann ergäbe sich aus ihr der erste Schritt eines sehr starken Modalen Argumentes. Der Unterschied zur oben gegebenen Fassung des reformulierten Modalen Argumentes ist, daß es nicht nur den Fall mit mindestens 74.985.263 funktional aufeinander bezogenen unbewußten Teilen abdeckt, sondern für jeden Fall aus der Liste möglicher physischer Realisierungen von Schmerz gilt. Nach dem Muster des oben gegebenen reformulierten Modalen Argumentes ließe sich dann unter dieser allgemeinen Prämisse jeder physische Zustand einsetzen, der aus einer Mannigfaltigkeit funktional aufeinander bezogener nichtmentaler Teile besteht. Man könnte so jeden einzelnen Fall aus der langen Liste möglicher physischer Realisierungen von Schmerz einsetzen, die der Vertreter der These der multiplen Realisierbarkeit vorgelegt hat. Wenn sich jeder Fall aus der Liste ausschließen läßt, dann kann auch die gesamte Disjunktion (die Liste (Z_1 oder Z_2 oder Z_3, ...)) nicht mit Schmerz identisch sein. Die Identitätsthese wäre dann in ihrer allgemeinsten Form in Frage gestellt. Hier ist die generelle Struktur des Argumentes:

(M_5) (1) Es ist möglich für alle *x*, daß *x* Schmerz hat und *x* nicht eine Mannigfaltigkeit funktional miteinander verbundener nichtmentaler Teile hat.
(2) Wenn die Eigenschaft Schmerz identisch ist mit einer disjunktiven Liste D von verschiedenen neuronalen Zuständen, dann gilt notwendig für alle *x*: *x* hat *Schmerz* genau dann wenn, *x* einen Zustand aus *D* hat.
(3) Es gilt notwendig für alle *x*: Wenn *x* einen Zustand aus *D* hat, dann hat *x* eine Mannigfaltigkeit funktional miteinander verbundener nichtmentaler Teile.
(4) Deshalb ist die Eigenschaft, Schmerz zu haben, nicht identisch mit der disjunktiven Liste *D*.

Die Grenzen unserer Begriffe

Ob man diese Argumentation akzeptiert, hängt vor allem davon ab, ob man (1) akzeptiert. Dieser erste Schritt war aber durch die Reformulierung des Wissensargumentes gewonnen worden (W_3) . Wir müssen also zu diesem Argument zurückgehen. Auch hier war gleich der erste Schritt besonders problematisch. Er lautete: Es ist möglich, daß es ein Wesen gibt, das *a priori* weiß, ob es möglich ist, daß etwas Schmerz hat und nicht eine Mannigfaltigkeit funktional miteinander verbundener nichtmentaler Teile hat.

Wie läßt sich diese Annahme begründen? Erinnern wir uns an den Fall der weniger generellen Annahme, daß etwas Schmerzen haben kann, das nicht einen Teil hat, der seinerseits aus mindestens 74.985.263 funktional aufeinander bezogenen unbewußten Teilen besteht. Hier nahmen wir an, daß wir *a priori* wissen könnten, daß diese Annahme wahr ist. Es scheint uns nämlich ohne jeden empirischen Beweis möglich, daß auch ein etwas weniger komplexes Wesen Schmerz haben kann. Wenn wir diese spezifische These *a priori* als wahr anerkennen, könnte dann nicht ein Wesen, das uns weit überlegen ist, auch die generellere These (über den allgemeinen Zusammenhang von Schmerz und einer Mannigfaltigkeit funktional miteinander verbundener nichtmentaler Teile) entscheiden? Das ist die Intuition, die der ersten Annahme des reformulierten Wissensargumentes zugrunde liegt. Können wir uns aber von einem uns überlegenen Wesen wirklich einen Begriff machen? Auch Descartes hatte seine Bestimmung dessen, was möglich ist, unter Rückbezug auf ein uns überlegenes Wesen geleistet. Für ihn war alles real möglich, was Gott hätte erschaffen können. Die Perspektive eines allwissenden Geistes ist uns jedoch verschlossen. Es ist fragwürdig, ob Argumente, die über das menschliche Maß hinaus spekulieren, wirklich nachvollziehbar sind. Solche Argumente, die rein *a priori* entscheiden wollen, was möglich oder unmöglich ist, haben nicht zuletzt wegen dieses Mangels an Verifizierbarkeit einen problematischen erkenntnistheoretischen Status.

Wenn man die erste Annahme trotz ihres problematischen Status akzeptiert, ist das Argument noch keineswegs gerettet. Es besteht eine Spannung zwischen Annahme (1) und Annahme (4), die meines Erachtens das ganze reformulierte Wissensargument unterhöhlt. Annahme (4) besagt: Es ist nicht möglich, daß es ein Wesen gibt, das weiß, daß es *T* hat, allein aus Vernunftgründen und aufgrund der Tatsache, daß es gegenwärtig *S* hat. Aber warum sollen wir (4) annehmen? Bealer geht in kartesischer Tradition davon aus, daß ein Wesen, das nur über reine Vernunftargumente und die phänomenale Gegebenheit des Schmerzes verfügt, nicht wirklich wissen kann, ob es eine bestimmte nichtmentale Konstitution (einen Körper) hat. Es würde zusätzliche Informationen benötigen. Das ist auf den ersten Blick plausibel. Nach der starken Annahme (1) des reformulierten Wissensargumentes ist es aber möglich, daß es ein Wesen gibt, das *a priori* weiß, ob es möglich ist, daß etwas *S* hat und nicht *T*. Könnte dieses Wesen nicht auch allein aus der Tatsache, daß es Schmerz hat, *plus seinem A-Priori-Wissen* erkennen, daß es *T* hat? Dann wäre (4) falsch. Bealer muß davon ausgehen, daß diese Möglichkeit ausgeschlossen ist. Es kann also nicht sein, daß das Wesen *a priori* erkennt, daß *S* und *T* notwendig zusammengehören. Sonst könnte es mit diesem Wissen und der Tatsache, daß es *S* hat, auf *T* schließen. Viel hängt also von der intuitiven Plausibilität von (4) ab. Läßt sich (4) wirklich überzeugend begründen? Um diese Frage zu diskutieren, müßte man sich auf jeden Fall erneut auf das Gebiet vager und unüberprüfbarer Intuitionen über die Fähigkeiten aller *möglichen* Wesen begeben.

Das Wissensargument und das Modale Argument hängen also auch in dieser weiterentwickelten Form noch von problematischen und mitunter umstrittenen Intuitionen ab, die entscheiden sollen, was möglich und was unmöglich ist. Genau hier liegt der zentrale schwache Punkt, den keine verfeinerte Variante dieser Argumente ganz beseitigen konnte. Sind wir wirklich in der Lage aufgrund rein begrifflicher Analyse zu entscheiden, was möglich und was unmöglich ist? Sind unsere philosophischen Intuitionen verläßlich? Vielleicht spiegeln unsere Begriffe nur bestimmte interne Strukturen und Grenzen unseres begrenzten Erkenntnisapparates wider. Problematisch ist es, wenn man auf dieser Grundlage Schlüsse darüber zieht, was *wirklich* ist. Schon gegen Descartes wurde argumentiert, daß aus der Tatsache, daß ich mir meine körperlose Existenz ohne logischen Widerspruch denken kann, nicht zwingend folgt, daß ich tatsächlich von meinem Körper metaphysisch unabhängig bin. Hinter dieser Kritik steht die Ansicht, daß das Leib-Seele-Problem durch Spekulationen *a priori* nicht zu lösen ist. Wenn es überhaupt eine für den menschlichen Intellekt zugängliche Lösung gibt, so wird argumentiert, dann müßte durch *empirische* Forschung geklärt werden, ob es in unserer Welt eine mentale und eine physische Substanz gibt.

3

Körper-Geist-Dualismus – Das Problem der Psychophysischen Wechselwirkung

Bei der Diskussion des Wissensargumentes und des Modalen Argumentes ging es in erster Linie um den Versuch der Widerlegung der psychophysischen Identitätsthese. Das ist ein zentraler Schritt für jeden Dualismus. Ein interaktionistischer Dualismus muß darüber hinaus jedoch positiv aufzeigen, daß es eine Wechselwirkung zwischen dem mentalen und dem physischen Bereich gibt. Es gibt *empirische* Gründe, eine solche Wechselwirkung anzunehmen. Eines der stärksten Argumente für eine psychophysische Interaktion gewinnt man aus der Darwinschen Evolutionstheorie, d. h. einer empirischen Theorie. Dieses Argument besagt, daß es nicht einzusehen ist, warum sich das Bewußtsein und die Gesamtheit der mentalen Phänomene entwickelt haben sollen, wenn der mentale Bereich keine eigenständigen kausalen Wirkungen ausüben kann. Im Laufe der Evolution werden beispielsweise bestimmte vorteilhafte Verhaltensweisen mit Lustempfindungen verbunden. Das ist nur dann sinnvoll, wenn diese angenehme Empfindung und das Verlangen nach weiteren angenehmen Empfindungen auch wirklich das Verhalten des Lebewesens kausal beeinflussen kann.

Psychophysische Wechselwirkung

Das eigentliche empirische Kernproblem des Dualismus ist es, das Wie (*modus operandi*) dieser Wechselwirkung aufzuklären, da gemäß der dualistischen Grundannahme mentale und physische Entitäten von ganz unterschiedlicher Art sind. In der Alltagswelt kennen wir sowohl Einflüsse von physischen Prozessen auf unser mentales Leben (z. B. Schmerzen aufgrund von Verletzungen), als auch den Einfluß mentaler Gehalte auf unsere Körperbewegungen (z. B. Handlungen aufgrund von Wünschen oder Entscheidungen). Innerhalb der physischen Welt ist es kein prinzipielles Problem, die Wechselwirkungen zwischen zwei Körpern aufzuklären. Zu Descartes' Lebzeiten wurde die Wechselwirkung zwischen

Körpern hauptsächlich nach dem einfachen mechanischen Modell des Stoßes begriffen. Aber auch nachdem wir heute von einem primitiven mechanistischen Bild Abschied genommen haben, ist die Wechselwirkung zwischen Körpern keineswegs etwas Rätselhaftes. Wie verhält es sich aber mit der Wechselwirkung zwischen dem Mentalen und dem Physischen? Wenn man annimmt, daß es sich um zwei Substanzen völlig verschiedener Art handelt, so kann man sich nicht mehr erklären, auf welche Weise sie interagieren können. Der *modus operandi* der Interaktion bleibt rätselhaft. Die mentale Substanz, die Seele, ist reines Denken. Sie hat keinerlei körperliche Eigenschaften. Wie kann etwas ohne jede körperliche Eigenschaft einen Körper beeinflussen? Umgekehrt: Die ausgedehnte Materie denkt nicht, sie ist absolut geistlos. Auch der Körper des Menschen ist eine reine Maschine, die nach der Art eines mechanischen Uhrwerks abläuft. Wie kann also die physische Substanz, die überhaupt keine mentalen Eigenschaften hat, auf das Denken Einfluß nehmen? Dieses Problem entsteht ganz unabhängig davon, ob man ein einfaches mechanistisches Bild der physischen Welt annimmt oder ein wesentlich subtileres zeitgenössisches physikalisches Weltbild voraussetzt. Es entsteht also nicht nur deshalb, weil Descartes den Körper nach einem simplen mechanischen Modell begriff. Descartes selbst hat für dieses Problem niemals eine befriedigende Lösung gefunden. Er entwickelte eine eigenwillige *empirische* Theorie. Ein kleines Organ im Gehirn, die Zirbeldrüse, ist nach seiner Auffassung die Schnittstelle zwischen Körper und Geist. Er entwirft damit eine aus heutiger Sicht empirisch unhaltbare Theorie über diese Verbindung. Sie gibt keinen verständlichen *modus operandi* der Wechselwirkung an.

Um dieses Problem genauer zu analysieren, soll beispielhaft ein in der Gegenwart vielzitierter dualistischer Ansatz vorgestellt werden, der ganz bewußt empirisch orientiert ist: Die Theorie von John Eccles. Der Anspruch einer empirischen Theorie ist schwächer als der eines umfassenden metaphysischen Substanzdualismus. Letzterer vertritt einen Dualismus über alle möglichen Welten hinweg. Wo immer es mentales Leben gibt, muß es auch nichtmaterielle Substanzen geben. Als empirische These besagt der Dualismus zunächst nur, daß in unserer *aktuellen Welt* die mentalen Entitäten nicht dem physischen Bereich zugehören, sondern ontologisch eigenständig und ihrer Natur nach nichtmateriell sind. Insofern sie interaktionistisch ist, muß die Theorie dann aufzeigen, wie diese nichtmateriellen Entitäten mit ihrem jeweiligen physischen Gegenüber in kausale Beziehung treten können. Gerade weil sich die Analyse auf die konkreten und kontingenten Fakten unserer aktuellen Welt beschränkt, muß sie auf empirisches Material und nicht auf Spekulation *a priori* aufgebaut sein. Deshalb muß in den folgenden Abschnitten kurz auf einige empirische Daten und Experimente eingegangen werden. Damit verlassen wir aber nur temporär das Gebiet der Philosophie. Es wird sich nämlich an entscheidender Stelle zeigen, daß die empirischen Daten mehrdeutig sind. Eine prinzipielle *Unterbestimmtheit* kann nicht beseitigt werden, da man diesselbe Datenmenge in sehr verschiedenen Ontologien interpretieren kann. Der Übergang von einer strikt empirischen zu einer philosophischen Ebene der Argumentation wird daher nicht immer trennscharf gezogen. Spätestens wenn man aus experimentell gewonnenen Resultaten generelle ontologische Konsequenzen zieht, hat man die Ebene der empirischen Argumentation verlassen.

Eccles hat seine Auffassungen, teilweise in Zusammenarbeit mit Karl Popper, vom Beginn der 50er Jahre an bis zur jüngsten Vergangenheit in einer Reihe von Veröffentlichungen immer weiter entwickelt (Popper / Eccles 1977, Eccles 1989). Die Kernthese seiner Theorie ist, daß Geist und Gehirn zwei eigenständige Entitäten sind, die verschiedenen ontologischen Bereichen (Welten) angehören, und daß sie über die Quantenmechanik eine Wechselbeziehung aufnehmen. Beide ontologische Sphären haben eine Grenze, über die sie Information (nicht Energie) austauschen, ohne daß dabei die Gesetze der Physik verletzt werden. Eccles bemerkt (Eccles 1994, 35), daß es heute leicht sei, die simple kartesische Erklärung der psychophysischen Wechselwirkung zu kritisieren. Descartes hatte keine wissenschaftlichen Erkenntnisse zur Verfügung, die mehr als ein grobes, mechanistisches Modell erlaubt hätten. Die moderne Naturwissenschaft habe es Eccles aber erlaubt, eine angemessene Erklärung für das Phänomen der psychophysischen Wechselwirkung vorzulegen. Doch bevor Eccles' Theorie detaillierter dargestellt wird, ist es sinnvoll, zunächst die Problematik der Annahme einer psychophysischen Wechselwirkung präziser darzulegen. Erst auf diesem Hintergrund wird deutlich, was genau das Problem ist, das Eccles lösen will.

Die kausale Geschlossenheit des Physischen

Wenn man „Wechselwirkung" nicht alltagssprachlich, sondern als Fachausdruck verwendet, bewegt man sich im Bereich der Physik. In der modernen Physik werden meist vier fundamentale Wechselwirkungen beschrieben, die durch Felder entstehen: die schwache, die starke, die elektromagnetische und die Gravitation. Jede Wechselwirkung hat ihre Träger. Die schwache Wechselwirkung hat alle Elementarteilchen als Träger, die starke Wechselwirkung hat die sogenannten Hadronen als Träger, die elektromagnetische Wechselwirkung wird von elektrischen

Ladungen getragen, die Gravitation schließlich hat Massen als Träger. Alle Wechselwirkungen zwischen physischen Gegenständen lassen sich auf diese Weise detailliert darstellen. Wenn ein großer, sichtbarer Körper auf einen anderen einwirkt, so läßt sich dieser Prozeß auf die fundamentalen Wechselwirkungen zurückführen. Mit Hilfe der relevanten physikalischen Gesetze läßt sich der *modus operandi* der Wechselwirkung genau beschreiben. Natürlich stößt die empirische Forschung oft an grundsätzliche Grenzen. Auf die Frage, warum es gerade *diese* fundamentalen Wechselwirkungen gibt und nicht noch eine beliebige Anzahl von anderen, wird man kaum eine befriedigende empirische Antwort finden. Gewisse Grundstrukturen des Universums nimmt man als vorgegebene Tatsache hin. Wenngleich es also auch offene Fragen gibt, so ist doch grundsätzlich das Phänomen der Wechselwirkung zwischen physischen Objekten gut aufklärbar. Von dieser Feststellung ist es anscheinend nur noch ein kleiner Schritt zu folgender, äußerst folgenreichen Annahme:

Wenn man kleinteilig alle Wechselwirkungen angibt, die zu einem bestimmten Ereignis geführt haben, dann hat man die vollständige Ursache dieses Ereignisses angegeben.

Stillschweigend hat man dabei jedoch von der bereits in der Einleitung erwähnten Hintergrundannahme Gebrauch gemacht, daß jedes physische Ereignis vollständig durch die Angabe seiner physischen Ursachen erklärt werden kann. Wir sprachen dort von der Annahme der *kausalen Geschlossenheit des physischen Bereichs*. Die physischen Phänomene unterliegen ausschließlich physischen Kausalgesetzen, es gibt keine Intervention von außen. Diese Hintergrundannahme liegt aber zumindest methodologisch der naturwissenschaftlichen Forschung zugrunde. Man nennt diese Einstellung auch „methodologischen Physikalismus“:

> *Prinzip des methodologischen Physikalismus*: Eine Kausalerklärung eines physischen Ereignisses p_1 gilt dann und nur dann als gelungen, wenn sie nur physische Ereignisse p_2, p_3, ... p_n identifiziert, die p_1 verursacht haben.

Wenn also beispielsweise die Bewegung eines Glases auf dem Tisch durch eine Intervention von Geisterhand erklärt wird, so gilt diese Kausalerklärung als mißlungen. Das Prinzip bewährt sich in diesem Falle. Wie verhält es sich aber bei den Bewegungen meines Körpers? Sind hier alle Kausalerklärungen, die nichtphysische Ursachen heranziehen, ebenfalls mißlungen? Ein Prinzip, das diese Konsequenz erzwingen würde, erscheint uns auf den ersten Blick kontraintuitiv. Dennoch gibt es gute Gründe, die das Prinzip des methodologischen Physikalismus höchst plausibel machen. Würde man zulassen, daß nichtphysische Eingriffe in den physischen Bereich möglich wären, dann würde das ganze Projekt einer strengen Wissenschaft des Physischen in Frage gestellt.

Der Begriff der kausalen Wechselwirkung ist in der meistverbreiteten Interpretation wesentlich mit dem Begriff der *gesetzmäßigen* Verknüpfung verbunden. Das ist gerade mit Rücksicht auf das Leib-Seele-Problem keine harmlose Annahme, da wir uns in unserem alltäglichen Selbstbild sowohl als Ursache von Handlungen wie auch als frei von gesetzmäßiger Determination erleben. Dennoch hat es sich seit der Neuzeit weithin durchgesetzt, echte Verursachung von bloß zufälliger zeitlicher Abfolge durch das Kriterium der gesetzmäßig notwendigen Verknüpfung zu unterscheiden. Man spricht vom „nomologischen Charakter" der Kausalrelation und auch der Kausalerklärung. Eine Kausalbeziehung zwischen zwei Ereignissen liegt nur dann vor, wenn ihre Beziehung unter den generellen Zusammenhang eines Naturgesetzes fällt. Eine gelungene Kausalerklärung ordnet den partikulären Kausalzusammenhang zwischen zwei Ereignissen immer einem generellen Gesetz unter. Das ist die Kernintuition des bekannten Hempel-Oppenheim-Schemas der Erklärung. Strikte Gesetze beanspruchen aber höchste Allgemeinheit. Sie lassen keine Ausnahmen zu. Gesetzesaussagen sind generalisierte Wenn-Dann-Beziehungen, die alle Fälle abdecken sollen (Allaussagen). Zumindest auf den fundamentalen Ebenen der Physik werden strikte, deterministische Generalisierungen dieser Art gesucht. Auch die Möglichkeit eines begrenzten Indeterminismus im Mikrobereich würde zunächst nichts an der grundlegenden gesetzmäßigen Bestimmung der Wirklichkeit ändern. Auf diese mit der Interpretation der Quantenmechanik zusammenhängende Frage wird aber noch zurückzukommen sein.

Wenn aber in die physischen Kausalketten – zumal auf der Makroebene – auf eine erhebliche und sich gänzlich dem Zugriff der Physik entziehende Weise interveniert werden könnte – wie dies bei mental verursachten Körperbewegungen der Fall zu sein scheint – dann wäre die Idee von verläßlichen physikalischen Gesetzen außer Kraft gesetzt. Die Vorstellung von Naturgesetzen, die alle physischen Ereignisse miteinander auf strengste Weise verknüpfen, wäre unterhöhlt. Wenn man also annimmt, daß beispielsweise im Gehirn nichtphysische Kräfte einen kausalen Einfluß nehmen könnten, dann wäre es unmöglich, alle Hirnprozesse aus physikalischen Ursachen zu erklären. Die physische Kausalität hätte dann Lücken, was den Begriff und die Formulierung der relevanten Naturgesetze selbst gefährdete. Auch der Hinweis, daß eine solche Durchbrechung des Gesetzeszusammenhangs nur an wenigen ausgezeichneten Stellen (z. B. im Gehirn) möglich sei, vermöchte das

Problem nicht zu entschärfen. Zum einen wäre der Gesetzescharakter aufgrund seiner Allgemeinheit im Vollsinne nicht mehr aufrechtzuerhalten. Zum anderen wäre auch dann nicht völlig auszuschließen, daß der gesetzesmäßige Zusammenhang an jeder beliebigen Stelle durchbrochen werden könnte. Auf dem Hintergrund der plausiblen Annahme, daß das Universum überall aus den gleichen Grundbausteinen aufgebaut ist, ist es nicht mehr auszuschließen, daß ähnliche Interventionen an anderen Stellen jederzeit möglich sind. Man kann die Gesetzmäßigkeiten der physischen Welt schwerlich auf bestimmte Raum-Zeit-Regionen begrenzen. Gesetze verlangen Universalität. Schon allein die Vorstellung einer „Lücke" in einem Gesetz ist problematisch, da vorausgesetzt wird, daß vor und nach der Lücke das Gesetz streng (und damit lückenlos) gilt.

Ein klassisches Beispiel dafür, daß die Möglichkeit eines mentalen Eingriffes unsere bewährten Vorstellungen von der physischen Welt umstürzen würde, ist der Energieerhaltungssatz. Wenn dem Universum als physischem System durch mentale Ereignisse Energie zugeführt werden könnte, bzw. wenn es durch die Einwirkung auf mentale Entitäten Energie abgeben würde, so wäre die Gültigkeit des Energieerhaltungssatzes nicht mehr garantiert. Die Überzeugung, daß die physische Welt in sich abgeschlossen ist, liegt – so scheint es – an der Basis unserer wissenschaftlichen Weltsicht. Wenn die mentalen Entitäten als solche wirklich einen kausalen Unterschied machen sollen, kann die physische Welt nicht kausal geschlossen sein. Es kann auch nicht sein, daß es eine vollständige physische Kausalerklärung für ein Ereignis (z. B. eine Körperbewegung) gibt und man darüber hinaus eine *zweite* davon unabhängige und vollständige mentale Erklärung für exakt dasselbe Ereignis angegeben kann. Diese Unmöglichkeit wird durch das *Prinzip der Exklusivität von Kausalerklärungen* (PEK) ausgedrückt:

> (PEK) Für kein Ereignis *e* in der aktuellen Welt w^* gibt es zwei oder mehr Kausalerklärungen, die sowohl vollständig als auch voneinander unabhängig sind.

Der Gedankengang läßt sich auch auf andere Weise darstellen:

> Wenn ein Ereignis e_1 hinreichend ist für ein späteres Ereignis e_2, dann gibt es kein von dem früheren Ereignis verschiedenes und mit e_1 zeitgleiches Ereignis e_1^*, das für das spätere Ereignis e_2 notwendig ist.

Die Begründung für diese starken metaphysischen Thesen läßt sich folgendermaßen zusammenfassen (für eine detaillierte Begründung siehe Kim 1988). Nehmen wir in der realistischen Tradition an, daß die Welt eine Menge von Gegenständen, Eigenschaften, Relationen, etc. ist, die unabhängig von unserem Wissen über sie existiert. Ein allwissendes Wesen könnte dann eine vollständige Theorie dieser Welt entwickeln, in der die Welt exakt so abgebildet wird, wie sie ist. In dieser perfekten und uneingeschränkt wahren Theorie ließe sich für jedes Ereignis die genaue Kausalgeschichte seines Entstehens angeben. Die Theorie böte eine Landkarte des gesamten kausalen Netzes. Es ist dann nicht einzusehen, wie es möglich sein könnte, daß man für ein Ereignis (einen Punkt auf der Karte) zwei verschiedene kausale Umgebungen angeben könnte. Jeder Punkt auf der Karte ist auf einzigartige Weise in das gesamte kausale Netzwerk verwoben. Es kann nicht zwei völlig verschiedene Landkarten derselben Region im kausalen Netz geben. Das wäre nur möglich, wenn beide Landkarten verschiedene Aspekte (zu Ungunsten von anderen Details) hervorhöben. Ein Besucher von einem fremden Planeten könnte das Entstehen eines Waldbrandes dadurch erklären, daß er auf den Sauerstoff in der Erdatmosphäre hinweist. Der zuständige Förster könnte dasselbe Feuer mit dem Hinweis auf einen Blitzschlag erklären. Beide Erklärungen konkurrieren aber offensichtlich nicht auf der kausalen Landkarte. Sie heben verschiedene Teilaspekte hervor, die sich leicht in eine vollständige physikalische Erklärung zusammenfügen lassen. Wenn aber einmal eine wirklich vollständige physikalische Erklärung gegeben ist, dann weiß man nicht, wie darüber hinaus noch eine zweite vollständige Erklärung angegeben werden kann.

Der interaktionistische Dualist muß also darauf beharren, daß für manche Ereignisse (z. B. Körperbewegungen in Handlungen) prinzipiell keine vollständige physikalische Erklärung existieren kann, weil die komplette Kausalgeschichte dieser Ereignisse nichtphysische Entitäten enthält. Die Idee der kausalen Geschlossenheit der physischen Welt und der methodologische Physikalismus müssen fallengelassen werden. Der entscheidende Punkt ist der folgende: Wenn es wirklich die Konsequenz dieses Schrittes wäre, daß dadurch unserem gesamten gut etablierten naturwissenschaftlichen Wissen der Boden entzogen wäre, dann wäre der interaktionistische Dualist in einer denkbar schwachen Position. Wenn er überhaupt eine Chance haben will, seine Theorie einigermaßen plausibel zu machen, dann muß er zeigen, daß die physische Welt auf solche Weise für eine Einflußnahme des Mentalen offen ist, daß dadurch der innere gesetzesmäßige Zusammenhang der physischen Welt (z. B. Energieerhaltung) nicht gefährdet ist. Eccles behauptet, daß seine Theorie dieser Anforderung gerecht werden kann. Wenden wir uns jetzt der Theorie von Eccles zu:

Eine empirische Hypothese

Eccles bezieht sich zunächst auf die Drei-Welten-Theorie Poppers (Popper / Eccles 1977, P2). Sie besagt, daß man die Entitäten drei ontologischen Bereichen zuordnen kann, die jeweils eigenständig und nicht aufeinander reduzierbar sind:

> *Welt 1 – Die physische Welt*: Materie und Energie des Kosmos, Aufbau und Tätigkeit der Lebewesen.
> *Welt 2 – Die psychische Welt (subjektiv)*: Wahrnehmungen, Gefühle, Gedanken, Absichten, Erinnerungen, ...
> *Welt 3 – Die geistige Welt (objektiv)*: Vom menschlichen Geist geschaffene Entitäten wie Theorien, das kulturelle Erbe, Institutionen, Literatur, Musik, Malerei. Unabhängig vom menschlichen Geist existierende nicht-materielle Entitäten wie z. B. die Zahlen.

Problematisch ist der genaue ontologische Status dieser Welten. Obwohl weder Popper noch Eccles diese Frage hinreichend klären, so muß man doch schließen, daß die Autonomie der einzelnen Welten der ontologischen Eigenständigkeit einer Substanz im Sinne der klassischen Philosophie durchaus nahekommt. Aber lassen wir diese Frage zunächst auf sich beruhen und wenden uns gleich dem Problem der Wechselwirkung zu.

Poppers These ist, daß die Welt 3 über die Vermittlung der Welt 2 einen kausalen Einfluß auf die Welt 1 ausübt. In folgendem Sinne ist dieser Gedanke unmittelbar einsichtig: Viele Gegenstände der Welt 3 gehören natürlich auch zur Welt 1. Skulpturen, Gemälde und Bücher sind Beispiele dafür. Als physische Objekte interagieren sie selbstverständlich mit anderen physischen Objekten. Popper meint aber darüber hinaus, daß Gegenstände der Welt 3 *als solche* kausal mit der Welt 1 interagieren (auch hierbei übernimmt die Welt 2 eine vermittelnde Rolle). Ein Beispiel: Ein Wissenschaftler entwickelt eine Theorie. Er beginnt mit einem Problem, einer ungelösten Frage. Durch intensives Nachdenken versucht er, das Problem zunächst einmal klar zu formulieren. Das ist der Versuch der Welt 2, einen Gegenstand der Welt 3 zu erfassen. Obwohl der Forscher dabei Hilfsmittel in der Welt 1 (Bücher, Computer) benutzt, so ist sein Problem jedoch nicht von der Welt 1, sondern es ergibt sich aus den in den Büchern beschriebenen Theorien (Welt 3). Vielleicht gelingt ihm ein Durchbruch, eine neue Theorie. Diese Theorie wird nun publiziert und ist der Anlaß ausgedehnter Debatten, kritischer und zustimmender Artikel, neuer Experimente. In diesem Sinne hat die neue Theorie einen kausalen Einfluß auf die Welt 1, da die Reaktionen der Forschergemeinschaft auf die neue Theorie über materielle Träger transportiert werden. Popper geht sogar noch weiter und vertritt die These, daß es in der Welt 3 völlig unkörperliche Gegenstände gibt. Der ganze Bereich des Formalen, der Zahlen, der Mathematik wird von Popper als objektiv gegeben betrachtet. Die Existenz der Primzahlen geht ihrer Entdeckung genauso voraus wie die Existenz des Mount Everest seiner Entdeckung vorausging. Die Entdeckung eines mathematischen Zusammenhanges durch den forschenden Intellekt kann dann durchaus Rückwirkungen auf die materielle Welt haben, zum Beispiel durch technische Anwendungen. Poppers Argumentation enthält also folgende Kernthesen:

— Die abstrakten Gegenstände der Welt 3 sind wirklich. Sie können auf die Welt 1 einwirken.
— Gegenstände der Welt 3 haben nur über die Vermittlung des menschlichen Geistes eine Wirkung auf die Welt 1. Sie benötigen für ihre kausale Wirksamkeit einen psychischen Prozeß der Welt 2.

Für das Leib-Seele-Problem ist die zentrale Frage, wie die Welt des Psychischen (Welt 2) auf die Welt des Physischen (Welt 1) Einfluß nehmen kann. Popper nahm an, daß diese Wechselwirkung im Gehirn stattfinden müsse. Er glaubte, daß die Überwindung des mechanistischen Weltbildes durch die Physik des 20. Jahrhunderts, insbesondere durch die Quantenmechanik, die Grundlage für das Verständnis dieser kausalen Interaktion darstelle. Da sich aber der genaue *modus operandi* dieser Interaktion noch nicht angeben ließ, sprach Popper davon, daß die Theorie der Wechselwirkung eher eine Art Forschungsprogramm sei. Dabei zeigte er sich nicht gerade optimistisch, ob wir wirklich imstande sein würden, diese schwierige Frage ganz aufklären zu können. Das Ideal des vollständigen Verständnisses müsse vielleicht aufgegeben werden (Popper / Eccles 1977, P2, 10).

Eccles hat die Herausforderung dieses Forschungsprogramms angenommen und später eine empirische Theorie der psychophysischen Wechselwirkung vorgelegt. Es sei an dieser Stelle nochmals darauf hingewiesen, daß hiermit das Kernstück des interaktionistischen Dualismus zum Gegenstand einer empirischen Theorie gemacht wurde. Es ist nun eine Frage der (neurophysiologischen und physikalischen) Forschung, ob es eine Leib-Seele-Interaktion gibt (oder geben kann). Nur so kann die Frage der psychophysischen Wechselwirkung aufgeklärt werden.

Eccles ist sich durchaus bewußt, daß seine früheren Veröffentlichungen dieses entscheidende Problem des *modus operandi* nicht gelöst haben. Im Jahre 1992 legte Eccles seinen Lösungsversuch vor: Die Quantenselektion der Bouton-Exozytose (Beck / Eccles 1992). Damit reiht er sich in mittlerweile zahlreiche Ansätze ein, die das Problem der psychophysischen Wechselwirkung über eine Interpretation der Quantenmechanik zu entschärfen oder zu lösen versuchen. Es ist in einem *philosophischen* Einführungstext nicht möglich, die neurophysiologischen und physikalischen Details dieser Theorie darzustellen. Es soll daher nur eine kurzgefaßte Rekonstruktion des Kerngedankens versucht werden. Es wird sich zeigen, daß Eccles mittels einer Interpretation der Quantenmechanik eine Möglichkeit für mentale Entitäten (Psychonen) annimmt, auf bestimmte neuronale Ereignisse im Gehirn Einfluß zu nehmen. Viel wird davon abhängen, ob die vorgelegte Interpretation der Daten (vor allem in der Quantenmechanik) plausibel ist. Da nahezu alle empirisch begründeten dualistischen Theorien sich auf die eine oder andere Weise auf Ergebnisse der Quantenmechanik beziehen, sollen zum Schluß die Tragweite und Relevanz dieses Argumentationstyps analysiert werden.

Eccles' Hypothese der Wechselwirkung von Geist und Gehirn lautet: Mentale Ereignisse können über quantenmechanische Effekte die Emission aus Membranbläschen an Nervenenden im Gehirn ändern, ohne daß dabei die Erhaltungssätze der Physik verletzt werden. Auf diese Art und Weise kann ein mentales Ereignis wie ein willentlicher Vorsatz über die üblichen neuronalen Schaltkreise die gewünschten Gehirnreaktionen hervorrufen. Mentale Ereignisse veranlassen dabei nicht direkt eine erregende Aktivität an einer Kontaktstelle zwischen Nervenzellen, sondern sie verändern die *Wahrscheinlichkeit* der Emission einer Transmittersubstanz. Genauer: Das sogenannte „präsynaptische Vesikelgitter" bietet die Voraussetzung, daß ein mentaler Vorsatz die Wahrscheinlichkeit einer synaptischen Aktivität verändert. Diese zunächst schwer verständliche These soll noch ein wenig erläutert werden:

Die basalen biologischen Einheiten des Gehirns sind die Neuronen oder Nervenzellen. Sie sind zum Zweck der gegenseitigen Einflußnahme mit Kontaktstellen, den Synapsen, ausgerüstet. Die grundlegenden Einheiten der Synapsen sind die Boutons. Es handelt sich um kleine Enderweiterungen der präsynaptischen Nervenfaser an einer Synapse. Wenn die Boutons durch einen Nervenimpuls erregt werden, kommt es unter Umständen zur Entleerung des bereits erwähnten Bläschens, des sogenannten „synaptischen Vesikels". Synaptische Vesikel sind also Membranbläschen an präsynaptischen Nervenenden. Der Nervenimpuls, der sich in einen Bouton fortsetzt, verursacht einen großen Zustrom von Ca^{+2}-Ionen. Das Hinzufügen solcher Ionen zu einem synaptischen Vesikel kann dazu führen, daß es einen Kanal durch die präsynaptische Membran öffnet und so den Transmitterinhalt in den synaptischen Spalt freisetzt. Diese Entleerung (Exozytose) findet auf eine probabilistische Weise statt. Jede Synapse weist ein präsynaptisches Vesikelgitter auf, das die probabilistische Freisetzung von bestimmten Quanten eines Transmitters ermöglicht. Die Wahrscheinlichkeit einer Entladung ist kleiner als 1, eventuell kleiner als 0,5. Das Gitter scheint die Aufgabe zu haben, die Abgabe aus synaptischen Vesikeln zu begrenzen, die durch den präsynaptischen Impuls ausgelöst wird. Jedes Bouton weist ein solches Gitter auf, das dafür sorgt, daß die Emissionswahrscheinlichkeit der Vesikel, die in es eingebettet sind, unter 1 liegt.

Die Hypothese der psychophysischen Wechselwirkung besagt, daß bestimmte mentale Entitäten über einen quantenmechanischen Effekt die Wahrscheinlichkeit der Emission von Vesikeln aus präsynaptischen Vesikelgittern ändern. Dies geschähe bei allen Dornsynapsen, die zu dieser Zeit aktiviert sind. Vermutlich sind das sehr viele, da sich auf einer einzelnen der wichtigsten Nervenzellen der Hirnrinde (den kortikalen Pyramidenzellen) 10 000 befinden. Insgesamt muß es sich dabei um eine parallele Einwirkung auf eine große Anzahl von Vesikelgittern handeln, damit viele Neuronen auf ähnliche Weise aktiviert werden. Dann kann über die bekannten neuronalen Schaltkreise im Gehirn z. B. eine vorsätzliche Körperbewegung ausgelöst werden. Die Zuverlässigkeit, daß ein mentaler Vorsatz wirksam wird, hängt damit primär von der Integration probabilistischer Ereignisse an einer Vielzahl von präsynaptischen Vesikelgittern an dem entsprechenden Neuron ab. Um eine bestimmte Körperbewegung zu verursachen, muß der mentale Vorsatz die Wahrscheinlichkeit vesikulärer Emissionen in den zugehörigen Pyramidenzellen verändern. Die Wahrscheinlichkeit von Exozytosen wird vorübergehend und regional begrenzt erhöht. Damit ist die Abgeschlossenheit von Welt 1 durchbrochen, ohne daß notwendig die Erhaltungssätze oder irgendwelche anderen Naturgesetze der Welt 1 in ihrer Gültigkeit berührt wären.

Eccles postuliert weiterhin die Existenz von mentalen Entitäten (*Psychonen*), die Vesikel für die Exozytose auswählen. Alle komplexen mentalen Ereignisse und Zustände sind demnach aus diesen elementaren mentalen Entitäten zusammengesetzt. Jede dieser elementaren Einheiten (jedes Psychon) ist nach der Hypothese wechselseitig mit einem Dendron verbunden. Ein Dendron ist eine funktionelle Einheit, die durch Bündelung bäumchenhafter Verzweigungen an Pyramidenzellen entsteht. Wenn der Einfluß der Psychonen auf Hunderttausende von präsynaptischen Vesikelgittern bestimmter Dendronen verteilt wäre, dann könnte er insgesamt im Gehirn sehr wirksam sein. Eccles geht davon aus, daß die Annahme einer mentalen Verursachung der Zunahme der Wahrscheinlichkeit der Exozytose die beste Erklärung für die experimentell ermittelten Daten darstellt. Das gilt insbesondere für die Beobachtung, daß das bewußte Wollen dem Beginn einer Bewegung um 200ms vorausgeht (Eccles 1994, 237). Eccles bestreitet die vieldiskutierte These, daß dem bewußten Wollen bereits eine negative Hirnrindenaktivität (Bereitschaftspotential) vorausgeht, die der eigentliche Auslöser der Bewegung ist. Hier unterscheidet sich Eccles' Interpretation der Experimente deutlich von anderen Autoren. Allein dieser Punkt macht deutlich, wie sehr die ganze Frage des Dualismus in Eccles' Konzeption zu einer Angelegenheit der Interpretation der Experimente wird. Aus diesem Grunde kann Eccles' Theorie hier auch nicht in ihren empirischen Details diskutiert werden. Dies ist eine Arbeit, welche die Philosophie der empirischen Forschung überlassen muß. Festzuhalten ist, daß Eccles eine lokal auf die Großhirnrinde begrenzte psychophysische Wechselwirkung zwischen Psychonen und Mikrostrukturen der Nervenzellen annimmt. Das Problem der kausalen Geschlossenheit des physischen Bereichs wird durch eine Interpretation des Gehirns als *quantenmechanisches* System zu umgehen versucht.

Die genuin *philosophische* Analyse beschäftigt sich nicht mit den empirischen Details, sondern mit dem Status der vorliegenden Theorie. Die entscheidenden Fragen lauten hier: Sind es wirklich die im engeren Sinne empirischen Elemente, die das Leib-Seele-Problem lösen sollen und können? Und: Werden die empirischen Daten nicht schon im Zusammenhang einer im Vorfeld angenommenen Ontologie interpretiert? Auf die erste Frage muß man antworten, daß die von Eccles angenommene empirische „Lösung" das Problem eigentlich nur verschiebt. In seiner Theorie sind die Psychonen, diese kleinsten Einheiten des Mentalen, das Verbindungsglied zur physischen Welt. Man erfährt nicht viel über diese rätselhaften Entitäten. Vor allem sagt Eccles nichts wirklich Informatives darüber, wie aus der Kombination dieser Urbausteine des Mentalen Bewußtsein, Intentionalität, Rationalität und all die anderen weiter oben genannten höheren Eigenschaften des mentalen Bereichs entstehen. Es ergibt sich deshalb auf anderer Ebene ein Emergenzproblem: Wie entsteht die ganze Fülle des mentalen Lebens aus diesen elementaren Bausteinen des Geistigen? Das Leib-Seele-Problem taucht in etwas veränderter Form wieder auf. Die Psychonen wirken wie Lückenfüller, die nur *ad hoc* eingeführt wurden, ohne dabei die ganze Komplexität des Problems im Blickfeld zu haben. Die Postulierung von Psychonen bringt wenig strategischen Gewinn auf dem Weg zur Lösung des Leib-Seele-Problems. Die Stärke des Ansatzes liegt hingegen darin, daß er trotz aller offenen Fragen immerhin ein konkretes Modell der psychophysischen Wechselwirkung vorlegt.

Hier setzt die zweite oben gestellte Frage an: Ist dieses Modell wirklich eine zwingende Interpretation der empirischen Daten, oder werden die Daten auf dem Hintergrund einer metaphysischen Annahme in eine passende Interpretation gezwängt? Um diese Frage zu beantworten, muß man den Bereich der Ontologie der Quantenmechanik heranziehen. Dieser „Exkurs" ist aber nicht bloß ein interessanter Ausflug in die philosophischen Probleme der Physik, sondern unerläßlich, um eine ganz zentrale Schwäche der Argumentation aufzudecken. Der neurophysiologische Teil in Eccles' Theorie dient insbesondere dazu aufzuzeigen, daß das Gehirn in seiner Mikrostruktur quantenmechanisch interpretiert werden muß. Als probabilistisches System eröffnet es so eine Lücke für die Intervention des Geistes. In Eccles' Theorie ruht damit fast die ganze theoretische Last auf dem Fundament der Interpretation der Quantenmechanik. Das ist keine spezielle Eigenart der Theorie Eccles'. Fast alle dualistischen Theorien, die das Leib-Seele-Problem empirisch angehen, nehmen explizit auf die Quantenmechanik bezug. Auch außerhalb der Fachphilosophie verweisen Diskussionspartner, die mit dem Gedanken der kausalen Geschlossenheit der physischen Welt konfrontiert werden, oft spontan auf die quantenmechanischen Indeterminismen als einen möglichen Ausweg aus dieser Begrenzung. Eine genauere Bestimmung, was dieser Hinweis aber meint, bleibt meist aus. Auch Eccles sagt erstaunlich wenig darüber, welche Interpretation der empirischen Daten er aus welchen Gründen gewählt hat. Diese auch philosophisch interessante Frage bleibt fast unberührt.

Im folgenden soll dieses Defizit der Theorie exemplarisch herausgearbeitet werden, da es sich um ein Kernproblem vieler empirisch argumentierenden Dualismen handelt. Wiederum soll es nicht darum gehen, tief in die naturwissenschaftlichen Theorien selbst einzudringen. Es geht vielmehr darum zu zeigen, daß die empirischen Fakten eine Vielzahl von Interpretationen möglich machen. Es ist eine Aufgabe philosophischer Analyse, auf die *ontologische Mehrdeutigkeit* der empirischen Theorien hinzuweisen und eventuell Plausibilitätsgründe für bestimmte Interpretationen vorzulegen. Der Schluß auf die beste Erklärung angesichts einer multipel interpretierbaren Datenbasis, kann nicht mehr rein empirisch begründet werden. Jede Interpretation der Quantenmechanik enthält über den bloßen Formalismus hinaus einen Bedeutungsüberschuß, der ein spekulatives, philosophisches, vom empirischen Befund nicht hinreichend bestimmtes Element enthält. Man muß daher äußerst vorsichtig sein, wenn Ergebnisse der Quantenmechanik mit der Autorität empirisch gesicherter Fakten vorgelegt werden. Oft genug handelt es sich dabei um eine bestimmte Interpretation der sogenannten quantenmechanischen Paradoxien, die weit mehr enthält als experimentell zugängliche Sachverhalte.

Quantenmechanik und Leib-Seele-Problem

Zunächst soll eine solche quantenmechanische Paradoxie in ihrer fundamentalen Grundstruktur dargestellt werden. Im Rahmen eines philosophischen Textes will ich nur auf eine *logische* Aporie hinweisen, die sich aus den empirischen Ergebnissen ergibt. Die empirischen Details zur Herleitung der Paradoxie müssen hier leider weggelassen werden. (Für eine Darstellung des im folgenden erwähnten Experimentes verweise ich auf Albert 1992, 1994). Die Paradoxien der Quantenmechanik können durch verschiedene Experimente hergeleitet werden. Am anschaulichsten kann man sie meines Erachtens darstellen durch ein Experiment, das zwei Elemente des Eigendrehimpulses (Spin) von Elektronen mißt, die man der Einfachheit halber horizontalen und vertikalen Spin nennen kann. Jeder dieser Spins kann nun wiederum genau zwei Werte annehmen (rechts – links und aufwärts – abwärts). Letztere Werte lassen sich exakt mit Geräten bestimmen, in denen die Elektronen je nach dem Wert jeweils einer bestimmten Spinkomponente auf zwei unterschiedliche Wege abgelenkt werden. Schießt man z. B. eine größere Anzahl von Elektronen mit Rechts-Spin in einen Gerät, das die vertikalen Komponenten mißt, so treten 50% auf dem Aufwärts-Weg und 50% auf dem Abwärts-Weg aus. Interessant wird es, wenn man nachher erneut die Rechts-Links-Spins mißt. Es treten verschiedene Merkwürdigkeiten auf, die nach klassischen Maßstäben nicht zu erwarten gewesen wären.

Hier ist das interessanteste Experiment: Man vereinigt (ohne den Spin zu ändern!) die Elektronen nach der Trennung in die zwei Wege wieder auf eine gemeinsame Bahn und mißt dann dort erneut ihre Rechts-Links-Spins. Außerdem ermöglicht man es, jeweils einen der beiden Wege durch einen Absorber zu verschließen. Das frappierendste Ergebnis dieses Versuches ist, daß Elektronen, die den Apparat ohne eingebauten Absorber passieren, *weder allein den Aufwärts-Weg noch allein den Abwärts-Weg* nehmen, da sich ihre Spin-Statistik am Ende wesentlich *unterscheidet* (!) von Elektronen, denen nur *ein* Weg offensteht. Ist nämlich jeweils nur ein Weg offen, kommen die Elektronen in unserem Beispiel mit einem Rechts-Links-Spin-Verhältnis von 50:50 aus der Apparatur, wenn aber beide Wege offen sind, kommen die Elektronen mit Sicherheit mit Rechts-Spin aus der Apparatur. Es kann aber auch gezeigt werden, daß die Elektronen *nicht beide Wege zugleich* nehmen. Denn angenommen, wir unterbrechen das Experiment, während ein Elektron den Meßapparat passiert, dann finden wir es mit 50:50 Wahrscheinlichkeit auf einem der beiden Wege vor. Schließlich können die Elektronen auch *nicht keinen von beiden Wegen* gehen, da nach Blockade beider Bahnen überhaupt keine Elektronen mehr durchdringen. Hier ist das Paradox: Es ergibt sich zwingend aus den einzelnen Teilversuchen, daß für ein Elektron, das diese Versuchsanordnung passiert, folgendes gilt:

— es nimmt weder allein den Aufwärts-Weg
— noch nimmt es allein den Abwärts-Weg
— noch nimmt es beide Wege zugleich
— noch nimmt es keinen von beiden Wegen.

Diese vier Möglichkeiten sind aber genau die vier Möglichkeiten, welche die Logik uns zugesteht. Mehr Möglichkeiten gibt es nicht. Was die Elektronen tun, muß etwas sehr Merkwürdiges sein, das unser klassisches physikalisches Weltbild und eventuell sogar die Grenzen unserer bisherigen Logik sprengt. In der Tat hat man eine Theorie darüber entwikkelt, in welchem merkwürdigen Zustand sich die Elektronen befinden. Man nennt ihn im allgemeinen „Superposition" oder „Überlagerung" (eigentlich nur Namen für etwas, was wir nicht genau verstehen). Auf jeden Fall müssen wir anscheinend die Vorstellung fallen lassen, das unbeobachtete Elektron befinde sich an einem genau lokalisierbaren Ort, wenn es die Versuchsanordnung durchläuft. Die Körper der Mikrowelt scheinen sich in mehreren möglichen Zuständen zugleich zu befinden, mehrere Möglichkeiten scheinen sich zu überlagern, bis es aus irgendwelchen Gründen (z. B. durch die Beobachtung) zu einer Auswahl aus dieser Überlagerung kommt (Kollaps der Überlagerung).

Die bis heute am meisten verbreitete Interpretation solcher Experimente nimmt deshalb einfach *zwei* unterschiedliche Prozesse an. Einmal die Entwicklung der Überlagerung in der Zeit (ohne Kollaps), als zweiten Prozeß dann den Kollaps dieser Überlagerung in ein bestimmtes Meßergebnis, das beispielsweise angibt, ob sich das Teilchen in der oberen oder der unteren Bahn befindet (man spricht oft auch vom „Kollaps der Wellenfunktion"). Der erste Prozeß ist vollständig deterministisch. Er läßt sich durch die sogenannte „Schrödingergleichung" berechnen, die die

Energie des Systems mit einer Wellenfunktion in Beziehung setzt. Da Quadrat der Amplitude der Welle ist proportional zu der Wahrscheinlichkeit, daß das Partikel an einer bestimmten Position vorgefunden wird. Das Moment des Zufälligen kommt erst beim zweiten Prozeß ins Spiel, da im Rahmen der Wahrscheinlichkeiten eine Möglichkeit zufällig ausgewählt wird. Dieser zweite Prozeß – der Kollaps – ist also indeterministisch (innerhalb der Grenzen von Wahrscheinlichkeiten, die von der Schrödingergleichung vorgegeben werden). Zwischen dem deterministischen Teil der Theorie und dem indeterministischen bleibt eine nur schwer erklärbare und unbefriedigende Spannung. Theorien dieser Art (sogenannte „Kollapstheorien") sind aber nicht die einzige Möglichkeit, um das nichtklassische Verhalten der Teilchen zu erklären. Um die Plausibilität der Schlußfolgerungen Eccles' auf eine möglichst unparteiische Weise prüfen zu können, sollte man sich zunächst einen groben Überblick verschaffen, welche grundlegenden Interpretationsmöglichkeiten prinzipiell offenstehen.

Versuchen wir daher das eigentliche Interpretationsproblem noch einmal von Grund auf zu fassen, ohne uns gleich auf eine Kollapstheorie als Lösung einzulassen. Das Rätsel in der Interpretation der Quantenmechanik entsteht dadurch, daß wir an drei Annahmen festhalten wollen, die nicht alle drei gleichzeitig wahr sein können. Erstens nehmen wir an, daß die Schrödingergleichung ausnahmslos die zeitliche Entwicklung der Wellenfunktion eines physischen Systems beschreibt. Diese Gleichung gibt uns eine der fundamentalen Gesetzmäßigkeiten des Universums an. Wir müssen daher annehmen, daß sich die Teilchen strikt entsprechend der Schrödingergleichung verhalten. Sie präsentiert uns eine berechenbare, determinierte Welt. Zweitens nehmen wir an, daß unser bisheriges Wissen über diese Systeme komplett ist. Insbesondere nehmen wir an, daß die Wellenfunktion alle relevanten Informationen enthält. Es gibt keine verborgenen Variablen, die wir bisher übersehen haben. Daraus folgt vor allem, daß die Heisenbergsche Unbestimmtheitsrelation wirklich gilt. Drittens nehmen wir an (das impliziert unser klassisches Weltbild), daß Messungen eindeutige Ergebnisse haben. Wenn ich also z. B. die Position oder den Spin eines Elektrons messe, erwarten wir ein Ergebnis und nicht z. B. eine Überlagerung aller möglichen Ergebnisse. Wir haben also die folgenden drei Annahmen:

(1) Die Entwicklung in der Zeit (Dynamik) geschieht immer und allein entsprechend der Schrödingergleichung.

(2) Es gibt keine verborgenen Variablen. (Die Wellenfunktion ist komplett, die Theorie enthält alle Information über den physischen Zustand des Systems).
(3) Messungen haben immer Ergebnisse.

Leider sind die drei Annahmen nicht miteinander verträglich, wie man leicht einsehen kann. Ein Beispiel: Wenn sich das Teilchen ausschließlich nach der Schrödingergleichung verhält (1) und es keine verborgenen Variablen gibt (2), dann erhalten wir nur Aufenthaltswahrscheinlichkeiten, aber *keine* konkreten Meßergebnisse, weil die Teilchen sich in einem Überlagerungszustand befinden [=Negation von (3)]. Die Negation von (1) – der Kollaps der Wellenfunktion – gäbe uns aber ein konkretes Meßergebnis. Man kann also das Problem lösen, indem man jeweils *eine* der drei Thesen negiert. Die wichtigen Interpretationen der Quantenmechanik lassen sich dann unter diese drei Rubriken subsumieren:

Negation von (1): Die deterministische Schrödingergleichung sagt uns nicht alles über die Entwicklung in der Zeit. Dies ist die schon erwähnte Standardinterpretation (vgl. z. B. von Neumann 1955). Es gibt einen zweiten Prozeß, den Kollaps, der auftritt, wenn eine Messung erfolgt. Die Schrödingergleichung gibt uns nur den Wahrscheinlichkeitsrahmen, aber nicht mehr den *indeterministischen* spezifischen Ausgang dieses Kollapses an. Die große Interpretationsfrage lautet hier: Was ist unter einer Messung zu verstehen? Braucht man dafür einen Beobachter? Einen bewußten Geist? Braucht man eine makroskopische Veränderung?

Negation von (2): Die Wellenfunktion resultiert nicht in einer Überlagerung. Wir haben etwas übersehen. Es gibt mehr in der physischen Realität (verborgene Variablen). Eine in letzter Zeit an Einfluß gewinnende Theorie dieser Art ist die von Bohm (BOHM / HILEY 1993), auf die im letzten Kapitel noch eingegangen wird. Bohm sieht die Wellenfunktionen (und das aus ihr entstehende Quantenpotential) als Objekte einer sehr speziellen Art an. Er beschreibt sie als in einem sehr spezifischen Sinne „nichtmaterielle" Informationsfelder, welche die Teilchen durch Informationsübertragung steuern. Die zeitliche Entwicklung gehorcht ausnahmslos den linearen Differentialgleichungen (kein Kollaps). Das System kann daher im Prinzip vollkommen deterministisch sein. Es gibt keinen Indeterminismus. Die Partikel haben immer eindeutige Positionen, sie werden geführt von der Wellenfunktion. Es treten auch bei dieser Interpretation Probleme auf: Was sind diese neuartigen Feldphänomene? Außerdem läßt die Interpretation Nonlokalität zu (unmittelbare Wechselwirkungen über große Distanzen) und könnte daher mit Teilen der Relativitätstheorie unvereinbar sein.

Negation von (3): Die Wellenfunktion entwickelt sich gemäß der Schrödingergleichung. Es gibt keine verborgenen Variablen. Messungen haben keine spezifischen Resultate. Es gibt *keine* Auswahl unter den Alternativen. *Alle* möglichen Resultate sind realisiert. Entweder in einer Menge von Paralleluniversen oder in einer Menge von bewußten Geistern (*Minds*). Dies sind die sogenannte Many-Worlds-Interpretation (De Witt / Graham 1973) und die Many-Minds-Interpretation (David / Loewer 1988). Die Interpretation verlangt keinen Kollaps der Wellenfunktion und enthält daher auch keinen Indeterminismus. Alles entwickelt sich nach den linearen Gleichungen. Der Schein eines Kollapses ergibt sich aus der Relativität auf eine Welt oder einen Geist. Weil uns die anderen Welten, bzw. die anderen Geister nicht zugänglich sind, erscheint es uns so, als ob rein zufällig nur eine bestimmte unter mehreren Alternativen realisiert worden sei. In Wirklichkeit sind immer *alle Alternativen realisiert*. Es ergibt daher auch keinen Sinn, von einem Meßergebnis zu sprechen. Die große Frage an diese Interpretation betrifft die Extravaganz der metaphysischen Konstruktion: Ist die Annahme von einer sich permanent in eine Unzahl von Paralleluniversen aufspaltenden Welt, bzw. die Annahme einer Unzahl von „Minds“ (in einem Beobachter?) wirklich plausibel?

Der Schluß auf die beste Erklärung

Es ist an dieser Stelle nicht nötig, sich genauer mit diesen Interpretationsmöglichkeiten zu beschäftigen. Für den vorliegenden Argumentationsgang reicht es, gezeigt zu haben, daß diese *Pluralität der Interpretationen* existiert. Sie unterscheiden sich nicht nur im Detail, sondern auf geradezu extreme Weise in der gesamten Ontologie. Es gibt bisher keinen empirischen Weg, die richtige Interpretation auszuwählen. Damit zurück zum empirisch begründeten Dualismus und Eccles' Theorie: Die erste Frage an einen empirischen Dualismus, der die Quantenmechanik als Begründung heranzieht, ist nun die folgende: Welcher der drei Interpretationswege soll beschritten werden und warum eröffnet er dem Mentalen eine Möglichkeit kausaler Interaktion mit dem Physischen? Es muß begründet werden, warum die gewählte Interpretation die beste unter den Alternativen ist und warum genau diese Alternative eine kausale Effizienz des Geistes erlaubt, ohne die Gesetze der Physik zu verletzen. Es zeigt sich leider, daß der Rekurs auf die Quantenmechanik fast immer auf einem so allgemeinen und unverbindlichen Niveau verbleibt, daß eine präzise Beantwortung dieser entscheidenden Frage nicht möglich ist. So werden dann auch die gewagten ontologischen Konsequenzen verschleiert, die sich aus den einzelnen Interpretationen ergeben.

Eccles ist ein gutes Beispiel für diese Tendenz. Zunächst scheint er die Negation der Annahme (1) zu befürworten. Mentale Entitäten (Psychonen) haben einen Einfluß darauf, wann und wie eine physische Entität den Zustand der Superposition (Überlagerung) verläßt und sich an einem bestimmten Ort in der klassischen Welt vorfindet. Bei diesem Kollaps der Wellenfunktion gibt es einen Spielraum im Netzwerk der Determination. Auf diese Weise sollen ursprünglich identische dynamische Systeme durch rein mentale Einflüsse in unterschiedliche Zustände geraten können, ohne daß Kontrollparameter wie die Energiezufuhr geändert worden wären. Eccles argumentiert (Eccles 1994, 217) explizit, daß bereits Wigner (Wigner 1967) in seiner detaillierten Analyse von Versuchen der oben beschriebenen Art nahegelegt habe, daß der Kollaps durch einen *bewußten Akt des menschlichen Geistes* hervorgerufen werde. Das ist eine sehr starke Annahme. Aber gestehen wir Wigner und Eccles diese Interpretation zunächst einmal zu. Es stellt sich dann sofort die Frage: Wie kann Eccles es begründen, daß – bei einem grundsätzlich homogenen Aufbau des Universums – der mentale Effekt, der zur Auswahl unter Wahrscheinlichkeiten führt (Kollaps der Wellenfunktion), *nur im Gehirn* stattfindet? Eine solche Begrenzung scheint willkürlich. Warum können die Psychonen nur mit dem Gehirn interagieren? Wenn man Wigners Interpretation wirklich ausbuchstabiert, dann kommt man zu dem Ergebnis, daß das ganze Universum erst in dem Moment in seine klassische Existenzform „gesprungen" ist, da es von einem bewußten Geist beobachtet wurde. Vorher gab es nur eine riesige Überlagerung, die Teilchen nahmen z. B. keine bestimmten Raum-Zeit-Stellen ein. Wigner selbst scheint diese Konsequenz akzeptiert zu haben. Einstein bemerkte ironisch über solche Konzeptionen, daß dann auch sein Bett erst in einen definiten Zustand springe, wenn er es bewußt wahrnähme. Wenn Eccles' sich wirklich auf diese Interpretation beruft, dann verschweigt er zumindest einen Teil der weitreichenden und höchst unplausiblen Konsequenzen, die seine Konzeption für unser Weltbild hat. Zumindest zeigt er nicht, wie er solche Konsequenzen vermeiden kann.

An anderen Stellen beruft sich Eccles aber auf den Physiker und Naturphilosophen Margenau (Eccles 1994, 46 ff.). Es ist nicht leicht auszumachen, welche Interpretation Margenau vorlegen will. Er lehnt jedenfalls eine Kollapstheorie (Negation von (1)) definitiv ab (Margenau 1984, 80). Eine Interpretation im Sinne von Wigner kommt also für ihn nicht in Betracht. Er entwickelt eine Metaphysik, die die Existenz von nichtmateriellen Wahrscheinlichkeitsfeldern annimmt. Der menschliche Geist wird als ein nichtmaterielles Feld begriffen, das die materielle Welt beeinflussen kann, ohne Energie zu übertragen. Diese Theorie hat eher schon Berührungspunkte mit Bohms Auffassung. Eccles vermischt Material aus sehr verschiedenen – *sich gegenseitig ausschließenden* – Theoriesträngen auf eine äußerst unklare Weise. Der Hinweis auf die Quantenmechanik wird als eine Art Platzhalter für eine Vielzahl – empirisch schwach abgesicherter – ontologischer Intuitionen benutzt. Es scheint fast so, als träte eine relativ vage philosophische Theorie im Gewand einer empirischen Theorie auf.

Damit soll dieser kurze Exkurs in die empirischen Wissenschaften beendet sein. Er war für die Darstellung des *a posteriori* argumentierenden Dualismus notwendig, da er ein wesentliches Element für die abschließende Bewertung liefert. Die Darstellung des empirischen Dualismus hat gezeigt, daß die Ergebnisse der Naturwissenschaften die Offenheit der physischen Welt für mentale Beeinflussung nicht mit Sicherheit ausschließen. Der Dualismus ist als eine empirische Möglichkeit nach dem gegenwärtigen Kenntnisstand nicht völlig abwegig. Allerdings – und das wurde beispielhaft an der Theorie Eccles' verdeutlicht – sind die zugrundeliegenden Fragen (sowohl in der Hirnforschung als auch in der Quantenmechanik) so komplex und ungeklärt, daß viel Raum besteht für eine Anzahl verschiedener Interpretationen der bekannten Fakten. Die empirischen Daten bilden daher kein hinreichendes Fundament für eine Lösung des Problems der psychophysichen Wechselwirkung, erst recht nicht des Leib-Seele-Problems in all seinen Aspekten. Es ist bisher nur in einem äußerst eingeschränkten Sinne möglich, sich auf die Ergebnisse der Quantenmechanik oder der Hirnforschung zu stützen, um eine dualistische Theorie zu begründen.

Ein bisher nicht ausreichend verstandener Teil der beobachtbaren Welt kann selbstverständlich nur so interpretiert werden, daß die Interpretation einen gewissen Anteil spekulativer Elemente enthält, die sich vom empirischen Ausgangspunkt entfernt haben. Auf der Basis eines mehrdeutigen Datenbestandes ist ein induktiver *Schluß auf die beste Erklärung* statthaft und vernünftig. Ein solcher Schluß ist niemals zwingend, er enthält viele Plausibilitätsüberlegungen. Ein Kriterium bei der Auswahl der besten Erklärung ist, daß sie ontologisch sparsam sein soll. Es gilt bei der Einführung neuer und erst recht ganz *neuartiger* Entitäten äußerst zurückhaltend zu sein. Die Einführung von Psychonen als Grundbausteinen des Universums und einer neuartigen Wechselwirkung zwischen ihnen und der physischen Welt ist unter dieser Rücksicht sehr problematisch. Popper sprach – wie erwähnt – viel vorsichtiger nur von einer *möglichen* Interpretation. Es ist zwar wichtig festzuhalten, daß der Leib-Seele-Dualismus nicht schon aus rein empirischen Gründen eine mit Sicherheit unhaltbare Theorie darstellt. Aber das ist ein rein *negativer* Punkt.

Was Eccles argumentativ schuldig bleibt, ist ein wirklich überzeugender Aufweis, warum der Dualismus die beste Erklärung der Phänomene liefert. Es reicht nicht zu zeigen, daß Psychonen eventuell mit Nervenzellen interagieren können, ohne die Gesetze der Physik zu verletzen. Gesucht werden stärkere positive Argumente für die Existenz von neuartigen Entitäten wie Psychonen und für eine geistinvolvierende Interpretation der Quantenmechanik, die sich auf das Gehirn anwenden läßt. Solange solche Gründe für den Dualismus nicht in überzeugenderer Form vorliegen, liegt es nahe, auf die Einführung eigenständiger und unabhängiger mentaler Entitäten zu verzichten, um so eventuell das Problem der psychophysischen Wechselwirkung zu vermeiden. Dieser Gedanke liegt den nun darzustellenenden physikalistischen Positionen zugrunde.

4
Nichtreduktiver Physikalismus – Mentale Eigenschaften in der physischen Welt

Ausgangspunkt des Gedankengangs war eine Dualität in der Erfahrung. In den vorausgegangenen Kapiteln wurde der Versuch betrachtet, dieser Dualität eine starke ontologische Interpretation zu geben: der Dualität in der Erfahrung entspricht eine Dualität in der Wirklichkeit. Die Forderung nach substantieller Eigenständigkeit und Unabhängigkeit des mentalen Bereichs ließ sich durch Intuitionen über Möglichkeiten untermauern, z. B.: Es wäre möglich, daß ich ohne meinen Körper existieren könnte. Begründet durch die Dualität in der Erfahrung hatten solche modalen Intuitionen *für uns* eine gewisse Plausibilität. Es konnte aber nicht überzeugend gezeigt werden, daß unsere modalen Intuitionen auch die Strukturen der Wirklichkeit beschreiben. Wenn man die substantielle Dualität annimmt, ergibt sich zudem das Problem, wie der Geist, ohne einen umstürzenden Einfluß auf die Gesetzmäßigkeit der physischen Welt auszuüben, in diese einwirken kann. Es wurde gezeigt, daß Modelle, die dieses Problem lösen wollen, auf spekulativen, empirisch ungesicherten Annahmen über die Mikrostruktur des Gehirns und der Mikrostruktur des Physischen überhaupt beruhen.

Monistische Ontologie – Dualistische „Ideologie"

Die in den folgenden Kapiteln vorgestellten Theorien nehmen die Autonomie des Mentalen immer weiter zurück und binden es fester an die physische Welt, ohne jedoch die Realität des Mentalen abzustreiten. Der physischen Ebene kommt aber die Priorität zu. In diesem generellen Sinne sind diese Ansätze physikalistisch oder materialistisch. Genauer: Ein physikalistischer Monismus wird verbunden mit einem Dualismus der Eigenschaften. Es ergibt sich daraus eine Spannung, die im Laufe dieses Kapitels genauer herausgearbeitet werden soll. Man kann sie zunächst so charakterisieren: Die basale Ontologie ist physikalistisch, da alle konkreten raum-zeitlichen Einzeldinge in dieser Welt physisch sind. Die

„Ideologie" ist aber dualistisch, da diesen konkreten Einzeldingen physische *und* mentale Eigenschaften zukommen können. Nicht alle konkreten Einzeldinge haben mentale Eigenschaften. Normalerweise wird eine Schichtenontologie angenommen, die mentale Eigenschaften erst bei höheren Niveaus von Komplexität zuläßt. Höhere Lebewesen können mentale Eigenschaften haben, Elementarteilchen hingegen nicht. Dies gilt, obwohl höhere Lebewesen ausschließlich aus Elementarteilchen zusammengesetzt sind. Man erkennt bereits, daß sich die Frage aufdrängt, wie das Mentale aus den physischen Bausteinen des Kosmos hervorgeht (emergiert).

Der *nichtreduktive* Physikalismus vertritt These [B] aus der zweiten anfangs entwickelten Gliederung (siehe Seite 19).

> [B] Es gibt mentale Entitäten. Sie gehören nicht einem vom Bereich physischer Entitäten unabhängigen Bereich an. Sie sind abhängig von ihnen zugrundeliegenden physischen Entitäten, ohne jedoch vollständig auf diese reduzierbar zu sein.

Wie ist der nichtreduktive Physikalismus in die erste Gliederung einzuordnen? Als physikalistische These akzeptiert er die kausale Geschlossenheit der physischen Welt und damit Prinzip [I]. Nicht ganz so klar ist es bei den anderen beiden Prinzipien. Es kann ohne Widerspruch die Nichtreduzierbarkeit des Mentalen und seine kausale Wirkungslosigkeit behauptet werden (Negation von [III]). Die Position soll hier aber der Klarheit wegen enger gefaßt werden. Der nichtreduktive Physikalismus will unsere Alltagsintuitionen über die kausale Rolle unserer mentalen Zustände in ein aufgeklärtes wissenschaftliches Weltbild aufnehmen, ohne sich dadurch die unerwünschten Konsequenzen des Dualismus einzuhandeln. Deshalb sollte den mentalen Entitäten genau das minimale Maß an Autonomie zugesprochen werden, das benötigt wird, damit Körperbewegungen mental verursacht werden können. Im nichtreduktiven Physikalismus (in diesem engeren Sinn) wird also die kausale Wirksamkeit des Mentalen (Prinzip [III]) angenommen und folglich Prinzip [II] verneint. Es soll also *nicht* gelten:

> [II] Aus der kausalen Geschlossenheit der physischen Welt folgt die kausale Wirkungslosigkeit mentaler Entitäten.

An die Theorien, die Prinzip [II] negieren, kann man zunächst die Frage nach ihrer Stellung zur psychophysischen Identitätsthese stellen: Sind die mentalen Entitäten verschieden von den physischen Entitäten? Unter den nichtreduktiv physikalistischen Positionen finden sich sowohl solche, die diese Frage verneinen, als auch solche, die sie bejahen. Es soll mit den Positionen begonnen werden, die keine Identität behaupten: Die Emergenz- und Supervenienztheorien. Die Grundintuition dieser Theorien ist die einer asymmetrischen Abhängigkeit des Mentalen vom Physischen. Das Mentale entsteht auf der Grundlage des Physischen. Die kausalen Kräfte des Mentalen sind nicht unabhängig von ihrer physischen Basis. Dennoch ist das Mentale vom Physischen so verschieden, daß mentale Entitäten Eigenschaften haben, die sich nicht auf Nichtmentales zurückführen lassen. Die Theorien vertreten damit auch eine mereologische These, d. h. eine These über den Bezug der Teile zum Ganzen: Obwohl das Ganze vollständig durch die Teile konstituiert wird, ist es doch mehr als die Summe seiner Teile. Der nichtreduktive Physikalismus umfaßt also folgende Elemente:

(1) Mentaler Realismus (mentale Eigenschaften existieren).
(2) Physikalistische Ontologie (alle konkreten Einzeldinge sind physisch) nach einem Schichtenmodell (mentale Eigenschaften erst bei Systemen höherer Komplexität).
(3) Mikrodetermination ohne Reduzierbarkeit (mentale Makroeigenschaften werden durch physische Mikroeigenschaften determiniert, ohne auf sie zurückführbar zu sein).
(4) Kausale Wirksamkeit mentaler Eigenschaften (trotz der kausalen Geschlossenheit des physischen Bereiches).

Emergenztheorie

Das englische Wort „to emerge" heißt in diesem Kontext soviel wie „plötzlich auftauchen", „neu entstehen". Anfang dieses Jahrhunderts wurde der Emergenzbegriff von Autoren wie S. Alexander, C.L. Morgan und C.D. Broad (ALEXANDER 1927, MORGAN 1923, BROAD 1925) benutzt, um einen mittleren Weg im Streit zwischen Vitalisten und Mechanisten anzugeben. Die Mechanisten hatten Recht in der Annahme, daß höhere Systemeigenschaften wie das Leben allein durch das Zusammenwirken der Teile hervorgebracht werden. Man braucht also keine neue Systemkomponente (keine neue Substanz oder Kraft wie den *élan vital*), um das Leben zu erklären. Das komplexe Zusammenspiel der vorhandenen niedrigeren Systemkomponenten reicht aus, um die höheren Eigenschaften zu erzwingen. Die Vitalisten andererseits hatten recht in der Annahme, daß die höheren Systemeigenschaften nicht auf die zugrundeliegenden Mechanismen zurückgeführt werden können. Angesichts der Beispiele erfolgreicher Reduktionsprogramme (Vererbung auf DNA, Chemische Bindung auf elektromagnetische Effekte, etc.) verlor die Emergenztheorie später an Einfluß. Aber auch heute noch werden ähnliche Gedanken im Rahmen der Diskussion um die Synergetik (HAKEN 1990) entwickelt. In jüngster Zeit haben vor allem A. Beckermann und A. Stephan den Emergenzbegriff weiter präzisiert (BECKERMANN 1992, STEPHAN 1992). Beckermann schlägt folgende Definition vor (BECKERMANN 1992, 115): Nehmen wir ein beliebiges physisches System, kurz *S*. Dieses System hat eine Mikrostruktur aus Komponenten, die in einer bestimmten Relation zueinander angeordnet sind, kurz: [K_1, ... K_n; R]. Dann gilt:

(E) F ist eine emergente Eigenschaft von *S* genau dann, wenn es (a) ein Gesetz gibt, nach dem alle Systeme mit dieser Mikrostruktur F haben, (b) die Eigenschaft *F* aber nicht auf [K_1, ... K_n; R] mikroreduzierbar ist.

Emergente Eigenschaften werden als von den zugrundeliegenden Basiskomponenten bestimmt (mikrodeterminiert), sind aber nicht auf diese zurückführbar (nicht mikroreduzierbar). Damit sind die beiden wesentlichen Elemente des Emergenzbegriffs gegeben.

Mikrodeterminismus: Die Eigenschaften der Teile eines Systems bestimmen die Eigenschaften des Ganzen. Diese Beziehung zwischen Mikro- und Makroeigenschaften gilt mit Notwendigkeit. Zwei Systeme, die sich in den Mikroeigenschaften nicht unterscheiden, haben auch exakt dieselben Makroeigenschaften. Die Makroeigenschaften können sich nicht ändern, ohne daß sich auch die Mikroeigenschaften geändert hätten. Damit ist zugleich ein minimaler Physikalismus impliziert. Die Basisontologie ist physikalistisch. Die emergenten Eigenschaften sind nicht neue, konkrete nichtphysische Entitäten. Alles was existiert, sind die basalen physischen Objekte und Ereignisse und deren Kombinationen. Es ist lediglich der Fall, daß einige dieser Entitäten Eigenschaften aufweisen, die ihren Komponenten nicht zukommen. Die Bedingungen auf der zugrundeliegenden basalen Schicht sind vollkommen ausreichend für die Emergenz der höherstufigen Eigenschaften. Die physischen Fakten bestimmen alle Fakten. Es gibt sogar jeweils ein allgemeines Gesetz, nach dem alle Systeme mit einer bestimmten Mikrostruktur auch die zugehörige Makroeigenschaft aufweisen. Diese Gesetze können jedoch nicht einfach aus dem Wissen um die Grundstrukturen der materiellen Welt deduziert werden. Die Frage, *warum* ab einer bestimmten Komplexität des Nervensystems notwendig Bewußtsein entsteht, kann daher nicht durch Rückführung auf fundamentalere Gesetze in einer allgemeineren

Theorie erklärt werden. Die Tatsache, *daß* bestimmte neuronale Strukturen gesetzmäßig mit dem Entstehen von Bewußtsein verknüpft sind, ist ein *factum brutum*, das wir entdecken und beschreiben, aber nicht wirklich erklären können. Damit ist bereits der nichtreduktive Aspekt der Emergenzdoktrin angesprochen.

Nichtreduzierbarkeit: Obwohl Emergenztheoretiker also die ontologische Priorität der physischen Ebene annehmen und darüber hinaus die Existenz von Gesetzen zulassen, die die physische und die mentale Ebene miteinander verbinden, lehnen sie trotzdem den Gedanken der Reduzierbarkeit der emergenten Phänomene ab. Der Grund dafür liegt in der zentralen Annahme, daß selbst eine vollständige Kenntnis der Komponenten eines Systems keinen Aufschluß über seine emergenten Eigenschaften geben würde. Es bleibt eine explanatorische Lücke. Die bloße Tatsache, daß man psychophysische Gesetze entdecken kann, ist nicht ausreichend für eine Reduktion. Die Gesetze, die beispielsweise bestimmte neuronale Zustände mit bestimmten Empfindungen verbinden, liefern nur Korrelationen. Was Reduzierbarkeit nach Auffassung der Emergentisten verlangt, ist mehr als nur die Existenz solcher psychophysischer Gesetze. Es ist die *Erklärung dieser Gesetze* selbst, die aussteht. Warum entwickeln sich ganz andersartige Eigenschaften wie Bewußtsein, Subjektivität und Intentionalität, wenn die entsprechende physische Basis vorliegt? Nichtreduzierbarkeit wird hier also in einem speziellen Sinne verstanden.

Wissenschaftstheoretiker verstanden unter Reduzierbarkeit oft die Tatsache, daß sich die Begrifflichkeit einer Theorie mit Hilfe von überbrückenden Gesetzen in die Begrifflichkeit einer anderen (fundamentaleren) Theorie überführen läßt. Eine mentale Eigenschaft M wäre reduzierbar, wenn man ein Gesetz der Form „M genau dann, wenn *P*" für eine bestimmte physische Eigenschaft *P* angeben könnte. Dieses Gesetz muß man nicht allein aus der Analyse von *P* gewinnen. Die Emergentisten setzen einen stärkeren Reduktionsbegriff voraus, den man mit „Mikroreduktion" bezeichnen kann. Reduzierbarkeit in diesem Sinne ist nur dann gegeben, wenn man allein aus der Kenntnis der Komponenten auf der Reduktionsebene bereits die zu reduzierenden Eigenschaften *ableiten* kann. Man müßte also allein aus den basalen Eigenschaften der Komponenten des Systems vollständig verständlich machen können (ableiten können), daß sich die emergenten Eigenschaften mit Notwendigkeit ergeben. Genau das ist aber nicht möglich. Man kann allenfalls explanatorisch relativ unergiebige Generalisierungen der angegebenen Art finden: Wann immer die physische Mikroeigenschaft *P* gegeben ist, dann ist auch die mentale Makroeigenschaft M gegeben. Solche Generalisierungen reichen für Mikroreduktion nicht aus. Nehmen wir wieder wie oben das Beispielsystem *S* mit einer Mikrostruktur [K_1, ... K_n; R]. Wir können den Emergenzgedanken dann auch so formulieren:

(E*) F ist eine emergente Eigenschaft von S genau dann, wenn es (a) ein Gesetz G gibt, nach dem alle Systeme mit dieser Mikrostruktur F haben, (b) es keine Theorie über [K_1, ... K_n; R] und die dieser Struktur zugrundeliegenden kompositorischen Prinzipien gibt, aus der das Gesetz G abgeleitet werden könnte.

Der Aspekt der Nichtreduzierbarkeit enthält implizit noch ein anderes Charakteristikum emergenter Eigenschaften: die qualitative Innovation. Die emergenten Eigenschaften sind unvorhersagbar und neuartig.

Unvorhersagbarkeit: Vor ihrem ersten Auftreten hätten die emergenten Eigenschaften also aus der Kenntnis der Mikrostruktur nicht abgeleitet werden können. Sie waren damit auch unvorhersagbar. Die Emergenztheorie ist eine metaphysische Theorie. Die Unvorhersagbarkeit der emergenten Eigenschaften liegt nicht bloß in mangelnder Kenntnis des Forschers begründet. In der Natur gibt es Phänomene, die auch bei genauem Verständnis des zugrundeliegenden Mechanismus ein Moment der Überraschung enthalten. Der Grund liegt wiederum darin, daß es keine allgemeine Theorie gibt, aus der sich das Entstehen der neuartigen Phänomene hätte vorhersagen lassen (*ante factum*). Erst nachdem sie einmal aufgetreten sind (*post factum*), lassen sich die Bedingungen ihres Entstehens angeben.

Neuartigkeit: Dieser Aspekt hängt eng mit dem der Unvorhersagbarkeit zusammen. Emergente Systemeigenschaften gehören nicht zu den basalen Eigenschaften der Bausteine des Universums. Sie tauchen in der Entwicklung des Universums zu einem bestimmten Zeitpunkt erstmals auf. Sie sind qualitativ anders als eine bloß additive Verbindung von Grundbausteinen. Es gibt in der Evolution also qualitative Sprünge. Es entwickelte sich so eine Schichtenstruktur im Aufbau des Universums.

Makrodetermination: Die entscheidende Frage für das Verständnis der Emergenztheorie ist: Gibt es auch einen Einfluß von oben nach unten, eine „Downward Causation“, bzw. eine Makrodetermination? Die Grundannahmen der Theorie implizieren noch keine Antwort auf diese Frage. Wenn man jedoch annimmt, daß die emergenten Eigenschaften als solche keinerlei kausale Relevanz haben, dann wird die emergente Ebene epiphänomenal. Sie ist in das kausale Netz der Welt eingebunden, weil sie durch die zugrundeliegende Ebene gesetzmäßig hervorgebracht wird. Das kausale Netz hat auf der emergenten Ebene jedoch „lose Enden", die nicht weiter in das Netz verwoben werden, da es keine Rückwirkungen von oben nach unten gibt. Die Existenz solcher Epiphänomene wäre durchaus rätselhaft, denn da sie nichts bewirken, gibt es keinen evolutiven Grund für ihre Entstehung und Erhaltung. Mehr noch: Wenn sie keinerlei kausale Rückwirkungen auf die Welt haben, dann fragt sich, wie wir sie überhaupt erkennen können, da sie ja keinerlei „Spuren" hinterlassen. Aus diesen Gründen nahmen die Emergentisten fast ausnahmslos die kausale Wirksamkeit der emergenten Eigenschaften an. Aus der Sicht der Emergentisten haben höherstufige Eigenschaften genuine kausale Kräfte, weil sonst die Realität der emergenten Phänomene selbst fragwürdig würde. Real sein heißt kausal wirksam sein. Man kann daher von konfigurativen kausalen Kräften des Systems sprechen, die nicht einfach auf der Ebene der Komponenten angesiedelt sind, sondern umgekehrt diese kausal beeinflussen.

Viel zitiert wurde die Auffassung von Sperry, daß ein herabrollendes Rad solche konfigurativen Kräfte auf die in ihm enthaltenen Partikel ausübe (Sperry 1980, 201). Die Bewegung der Partikel wird durch die höheren Systemeigenschaften bestimmt. Das ganze Rad bestimmt durch seine Form die Bewegung seiner Teile. Ebenso haben die mentalen Eigenschaften kausalen Einfluß auf den gesamten Organismus. Alle Atome und Moleküle, aus denen ich zusammengesetzt bin, bewegen sich zur Bibliothek, wenn ich dort die neuesten Zeitschriften anschauen will. Es ist die höherstufige mentale Eigenschaft, daß ich den Wunsch habe dort hinzugehen, die als *Ursache* für diese Bewegung rein physischer Entitäten verantwortlich ist.

Wir können zusammenfassen: Die psychophysische Emergenztheorie besagt, daß mentale Eigenschaften emergente Eigenschaften sind. Sie sind real, mikro-determiniert durch die physische Ebene, irreduzibel, unvorhersagbar, neuartig und kausal wirksam. Diese Zusammenstellung wirkt fast wie die Erfüllung einer metaphysischen Wunschliste. Man kann aufgeklärter, wissenschaftsbezogener Physikalist bleiben, ohne auf den mentalen Realismus verzichten zu müssen. Ist die Position aber wirklich intern kohärent?

Emergenz und Abwärts-Verursachung

Das Kernproblem der Emergenztheorie liegt in der Unvereinbarkeit zweier ihrer Grundpfeiler: der Annahme einer physikalistischen Basisontologie einerseits und der Annahme der kausalen Wirkmächtigkeit der emergenten Eigenschaften. Wenn emergente Eigenschaften wirklich kausale

Kräfte ausüben, dann verletzt diese Abwärts-Verursachung die kausale Geschlossenheit des physischen Bereiches. J. Kim hat argumentiert, daß der Gedanke der Abwärts-Verursachung für die Emergenztheorie wesentlich sei (KIM 1992a). Wenn dies korrekt ist, dann ist die Emergenztheorie nicht unter der Negation des Prinzips [II] einzuordnen, sondern fällt unter die Negation von Prinzip [I]. Die Emergenztheorie hätte dann mit den Problemen der psychophysischen kausalen Wechselwirkung zu kämpfen, die bei der Darstellung des Dualismus erörtert wurden. Bei einem vollen Substanzdualismus schienen diese Probleme aber noch besser motiviert zu sein als bei einer Position, die eigentlich monistisch und physikalistisch sein will. Warum ist die Emergenztheorie zur Akzeptanz der Abwärts-Verursachung gezwungen?

Betrachten wir eine mentale Eigenschaft M. M ist eine emergente Eigenschaft, d. h. sie erfüllt alle oben angegebenen Charakteristika, vor allem ist sie kausal wirksam. Zwei Fälle sind nun interessant: (1) M bewirkt kausal die Realisierung einer anderen mentalen Eigenschaft M*, (2) M bewirkt kausal die Realisierung einer physischen Eigenschaft *P*. In *beiden* Fällen erzwingt Emergentismus Abwärts-Verursachung.

Im ersten Fall soll M in verursachender Beziehung zur mentalen Eigenschaft M* stehen. Gemäß der Emergenzthese entstehen emergente Eigenschaften dann, wenn ihre physische Realisierungsbasis existiert, von der sie völlig abhängig sind. Die emergente mentale Eigenschaft entsteht also aufgrund der Existenz ihrer physikalischen Grundlage. Nennen wir diese M* realisierende physikalische Eigenschaft des Systems *P**. Jetzt taucht sofort die entscheidende Frage auf: Was ist die Ursache für M*? Ist es M oder *P**? Die physische Basis *P** allein reicht vollständig aus, um M* hervorzubringen. Dies folgt aus der physikalistischen Grundannahme der kausalen Geschlossenheit des physischen Bereichs. Wofür brauchen wir noch M? Unter der Annahme des bereits dargestellten Prinzips der Exklusivität (vollständiger) Kausalerklärungen kann man folgern, daß eine der beiden konkurrierenden Ursachen weichen muß. In diesem Konflikt hat die abhängige, emergente Ebene (und damit M) die schwächere Position. M wird zum wirkungslosen Epiphänomen. Als Ausweg bleibt die Annahme, daß M zunächst kausal *P** bewirkt und somit auch notwendig M* hervorbringt. In diesem Fall läge aber ganz klar eine ebenenübergreifende Abwärts-Verursachung von M nach *P** vor.

Noch klarer ist es im zweiten oben angegebenen Fall, wenn M direkt die Realisierung einer physischen Eigenschaft *P* bewirkt. Offensichtlich gibt es auch für diese physische Eigenschaft des Systems eine rein physikalische Erklärung, die auf keine emergenten mentalen Eigenschaften zurückgreifen muß. Es entsteht wiederum das Exklusionsproblem. Es könnte nur umgangen werden, wenn die beiden konkurrierenden Ursachen jeweils unvollständig oder voneinander abhängig wären. Nach der Annahme der kausalen Geschlossenheit ist aber die physische Ursache allein bereits vollständig. Wenn man also am Prinzip der kausalen Geschlossenheit festhalten will, bleibt nur die Annahme, daß die emergente mentale Ursache vollständig von der zugrundeliegenden physischen Ursache abhängig ist. Emergente Eigenschaften erben ihre kausalen Kräfte vollständig von den zugrundeliegenden physischen Eigenschaften des Systems. Das Problem entsteht dadurch, daß durch eine vollständige Mikrodetermination auch der kausalen Rolle der emergenten Eigenschaften eine Makrodetermination des Systems durch seine emergenten Eigenschaften nicht mehr möglich wird. Die These der vollständigen Mikrodetermination ist mit der These der Makrodetermination unverträglich.

Es scheint also nur zwei wirklich konsistente Interpretationen der Emergenztheorie zu geben: Entweder sind die neuartigen emergenten Eigenschaften aus sich heraus kausal wirksam oder aber sie haben keine eigene kausale Kraft und übernehmen all ihre kausalen Kräfte nur von ihrer physischen Basis. Im ersten Fall gibt es direkte kausale Eingriffe in die physische Kausalordnung. Man hat dann sich kreuzende gesetzmäßige Kausalketten oder einen spontanen Akt mentaler Handlungsverursachung (*agent causation*) und damit in jedem Fall auch Abwärts-Verursachung. Die Emergenztheorie erzwingt dann die Annahme von Abwärts-Verursachung. Damit ist die kausale Geschlossenheit des physischen Bereichs nicht mehr gewahrt. In der konkreten neurophysiologischen Forschung müßten sich Lücken in den gesetzmäßigen Zusammenhängen finden lassen, die von den emergenten mentalen Eigenschaften für eine Wechselwirkung genutzt würden. Ein solcher Vorschlag wurde im vorangehenden Kapitel vorgestellt. Er war klar interaktionistisch-dualistisch. Im zweiten Fall wird auf den Gedanken der Makrodetermination verzichtet. Es gibt keine neuen, emergenten kausalen Kräfte. Alle kausalen Kräfte der emergenten Ebene sind nichts anderes als die kausalen Kräfte der zugrundeliegenden Mikroebene. Das wiederum sieht nach Reduktionismus aus. Im Rahmen des Konzeptes supervenienter Verursachung wurde der Versuch unternommen, diesen zweiten Weg zu explizieren. Inwieweit dies gelungen ist, wird im nächsten Abschnitt untersucht.

Supervenienztheorien

Das englische Verb „to supervene" meint ganz allgemein soviel wie „noch dazu kommen". Die frühen Emergentisten benutzen den Begriff „Supervenienz" manchmal gleichbedeutend mit „Emergenz". In der zeitgenössischen Debatte ist der Supervenienzbegriff jedoch zu einem *terminus technicus* der Philosophie geworden, der den Emergenzbegriff zurückgedrängt hat. Diese Entwicklung ist vor allem Jaegwon Kim zu verdanken, dessen zahlreiche Aufsätze die Debatte maßgeblich geprägt haben (KIM 1993, 1994, 1996). In ihrer allgemeinsten Form besagt die psychophysische Supervenienztheorie, daß es keine Änderungen im mentalen Bereich geben kann, ohne daß sich gleichzeitig im physischen Bereich etwas ändert. Der Supervenienzgedanke in seiner allgemeinsten Form ist keine metaphysisch gehaltvolle Theorie über das psychophysische Verhältnis. Diese These ist der kleinste gemeinsame Nenner aller nichteliminativen Formen des Physikalismus. Sie ist selbst mit manchen Formen des Dualismus verträglich. Diese Auffassung ist so allgemein, daß sie keine eigenständige Theorie begründen kann. Einflußreich wurde der Supervenienzgedanke daher als Grundlage einer wesentlich spezifischeren und gehaltvolleren metaphysischen Unternehmung. Es sollte die Beziehung zwischen Klassen von Eigenschaften gefunden werden, die kurz vor der vollen Identität halt macht und zugleich eine Priorität der einen Klasse gegenüber der anderen ausdrückt, ohne dabei jedoch Reduktion zu erlauben. Wenn es einen verfeinerten und um Zusatzannahmen erweiterten Supervenienzbegriff gäbe, der diesen Ansprüchen gerecht werden könnte, dann ließe sich mit ihm der nichtreduktive Physikalismus grundlegen. Der Supervenienzbegriff wird also interessant bei der Suche nach einem physikalistisch akzeptablen Verhältnis mentaler und physischer Eigenschaften, das sich von der vollen Identität der Eigenschaften (Typen-Identität) absetzt.

Kovarianz, Abhängigkeit und Nichtreduzierbarkeit

Die folgenden Annahmen sollen kohärent unter dem Dach der Supervenienztheorie vereint werden: Der physische Bereich ist kausal geschlossen. Mentale Eigenschaften sind von physischen Eigenschaften abhängig, aber weder mit diesen identisch noch auf diese reduzierbar. Mentale Eigenschaften sind kausal wirksam, weil ihre physische Basis kausal wirksam ist.

Die zentralen Begriffe für die Darstellung der Supervenienztheorie sind: *Kovarianz, Abhängigkeit* und *Nichtreduzierbarkeit*. Das Ziel ist es, eine Kovarianz von zwei Ebenen zu beschreiben, bei der die obere (superveniente) Ebene von der unteren (subvenienten) abhängig, aber nicht auf diese reduzierbar ist. Der Kovarianzgedanke besagt: Jeder Veränderung in den supervenienten Eigenschaften entspricht eine Veränderung in den subvenienten Eigenschaften. Im Fall des Leib-Seele-Problems stellen die subvenienten Eigenschaften die physische Grundlage dar, während die supervenienten Eigenschaften auf der mentalen Ebene angesiedelt sind. Letztere „kommt dazu" (superveniert), wenn ihre physische Basis realisiert ist. Diese bloße Kovarianzannahme ist damit jedoch zu unspezifisch, um die Supervenienztheorie als profilierte metaphysische Theorie hervortreten zu lassen. Gesucht wird eine Beziehung zwischen der super- und der subvenienten Ebene, die stark genug ist, um über bloß zufällige Kovarianz hinaus eine genuine Abhängigkeit zu begründen, ohne dabei jedoch die Nichtreduzierbarkeit der supervenienten Eigenschaften zu gefährden.

Ein erster Schritt zur Etablierung der gewünschten Abhängigkeit besteht darin, nur modal starke Formen von Kovarianz zuzulassen. Es soll also mit *Notwendigkeit* gelten, daß Objekte, die auf der subvenienten Ebene ununterscheidbar sind, auch auf der supervenienten Ebene ununterscheidbar sind. Ein *gesetzmäßiger* Zusammenhang zwischen den beiden Ebenen verlangt nach einer modal starken Verbindung. Was damit gemeint ist, kann durch einen philosophischen Kunstgriff, den Einbezug möglicher Welten in die Definitionen, verständlich gemacht werden. Betrachten wir zunächst die Gegenbeispiele: Ein nur auf eine *einzige* (die aktuelle) Welt bezogener Kovarianzbegriff würde es zulassen, daß z. B. in einer anderen möglichen Welt, die der aktuellen Welt ansonsten detailgetreu gleicht, die psychologischen Eigenschaften ganz anders verteilt wären oder aber überhaupt nicht existierten. Menschen könnten in dieser Welt die mentalen Eigenschaften von Fledermäusen oder auch gar keine mentalen Eigenschaften haben. Man spricht bei diesem Konzept meist von „*schwacher Supervenienz*". Es garantiert die Nichtreduzierbarkeit der supervenienten Ebene. Die Beziehung zwischen sub- und supervenienter Ebene ist aber so locker, daß sich die gewünschte asymmetrische Abhängigkeit von unten nach oben nicht erklären läßt. Man denkt eher an einen zufälligen Parallelismus zweier Bereiche, dem keine strikten Gesetze zugrundeliegen und der sich nicht weiter erklären läßt. Eine physikalistische Position kann sich damit nicht zufriedengeben. Das Vorhandensein der entsprechenden physischen Basis soll die supervenienten mentalen Eigenschaften mit Notwendigkeit erzwingen.

Eine modal starke Verbindung über mögliche Welten hinweg allein genügt aber ebenfalls noch nicht, wenn die Beziehung zu unspezifisch ist. Die Kovarianzbeziehung muß hinreichend spezifisch sein, um eine echte

Abhängigkeit begründen zu können. Eine ganz unspezifische, weltenübergreifende Kovarianzthese würde folgendes behaupten: Welten, die sich in Bezug auf ihre subvenienten Eigenschaften nicht unterscheiden, sind auch in ihren supervenienten Eigenschaften ununterscheidbar. Ein solcher Kovarianzbegriff, der sich immer nur global auf ganze Welten bezieht, könnte nicht verhindern, daß sich in einer gegebenen Welt zwei bis auf ihre Raum-Zeit-Stellen physisch ununterscheidbare Individuen in ihren psychologischen Eigenschaften drastisch unterscheiden. Eine bis in die molekularen Details perfekte Kopie eines Menschen könnte in dieser Welt die mentalen Eigenschaften einer Fledermaus besitzen. Es wurde ja lediglich gefordert, daß es keine von der aktuellen Welt physisch ununterscheidbare Welt gibt, die sich trotzdem in den mentalen Eigenschaften unterscheidet. Man spricht bei diesem Konzept von „*globaler Supervenienz*“. Wenn man wiederum als Grundlage einer physikalistischen Position annimmt, daß sie einen gesetzmäßigen Zusammenhang zwischen einer genau spezifizierten materiellen Grundlage und genau spezifizierten supervenienten mentalen Entitäten voraussetzen will, dann ist globale Supervenienz für diesen Zweck zu schwach. Sie garantiert zwar Nichtreduzierbarkeit, die psychophysische Korrelation bleibt jedoch locker und zufällig. Ein für eine physikalistische Lösung des Leib-Seele-Problems verwendbarer Kovarianzbegriff sollte daher sowohl weltübergreifend als auch auf individuelle Eigenschaften bezogen konzipiert werden. Man spricht dann von „*starker Supervenienz*“. Dieser auf starker Kovarianz beruhende Supervenienzbegriff kann folgendermaßen definiert werden.

Nehmen wir an, es gäbe eine Menge von supervenienten (z. B. mentalen) Eigenschaften und eine Menge von subvenienten (z. B. physischen) Eigenschaften. Im Falle von Supervenienz mit starker Kovarianz dieser Eigenschaften muß für beliebige Entitäten und beliebige Welten gelten:

> (S) Für beliebige Welten w_i und w_j und beliebige Entitäten x und y: Wenn x in w_i bezüglich seiner subvenienten Eigenschaften ununterscheidbar ist von y in derselben Welt wi oder einer anderen Welt w_j, dann ist x in w_i auch in seinen supervenienten Eigenschaften ununterscheidbar von y in w_i oder w_j.

Diese Definition liefert zwar die gewünschte modale Stärke für die Korrelation. Sie liefert hingegen immer noch keine befriedigende Explikation der asymmetrischen Abhängigkeit. Die Supervenienztheorie soll aber eine Prioritätsannahme bezüglich der subvenienten Ebene enthalten. Implizit ging diese Annahme in die Formulierung von (S) allerdings schon ein. Es wird behauptet, daß aus der Ununterscheidbarkeit der subvenienten Eigenschaften die Ununterscheidbarkeit der supervenienten Eigenschaften folgt. Damit soll die metaphysische Priorität der physischen Ebene über die mentale Ebene ausgedrückt werden. Die umgekehrte Beziehung gilt nicht. Entitäten, die in ihren supervenienten Eigenschaften ununterscheidbar sind, können durchaus in ihren subvenienten Eigenschaften unterscheidbar sein (multiple Realisierung). Erst wenn diese Asymmetrie explizit in die Beschreibung der Supervenienzrelation eingegangen ist, hat man neben bloßer Eigenschaftskovarianz auch eine echte Abhängigkeitsbeziehung eingeführt. Eine solche aus metaphysischen Gründen angenommene Asymmetrie oder Abhängigkeit bedarf also weiterer Explikation. In welchem Sinne hat die physikalische Ebene einen Primat über die psychologische Ebene? Der beste Weg scheint wieder über den Einbezug *mereologischer* Überlegungen zu verlaufen, der im Rahmen der Emergenztheorie schon dargestellt wurde (Mikrodetermination). Superveniente Makroeigenschaften werden durch subveniente Mikroeigenschaften determiniert. Auf der Mikroebene identische Welten sind notwendig auf der Makroebene identisch. In umgekehrter Richtung liegt keine Determination vor. Der Gedanke der Mikrodetermination ist im Gedanken von Supervenienz als bloßer Eigenschaftskovarianz nicht notwendig enthalten, bietet sich aber an, um die Unselbstständigkeit der supervenienten Ebene verständlich zu machen. Es liegen damit die drei Elemente einer aussagekräftigen Supervenienztheorie vor:

(1) *Kovarianz* der supervenienten und der subvenienten Eigenschaften mit modaler Stärke.
(2) *Determination* der supervenienten Eigenschaften durch subveniente Eigenschaften (Abhängigkeit).
(3) *Nichtreduzierbarkeit* der supervenienten Eigenschaften (multiple Realisierbarkeit).

Worin unterscheidet sich die so spezifizierte Supervenienztheorie noch von der Emergenztheorie? Nur in sehr wenigen Punkten. Zunächst einmal dadurch, daß die supervenienten Eigenschaften nicht als neu, unerwartet, unvorhersehbar, etc. qualifiziert werden. Damit wird die Nichtreduzierbarkeit der supervenienten Ebene allerdings schon deutlich weniger betont. Zum anderen lehnen die meisten Vertreter der Supervenienztheorie den Gedanken der Makrodetermination ab. Die supervenienten Eigenschaften haben aus sich heraus keine kausalen Kräfte, nur durch ihre subveniente Realisierung können sie kausal wirksam sein. Die kausale Kraft der supervenienten Eigenschaften ist also vollständig determiniert durch die subveniente Ebene. Ergibt sich aus diesem Konzept eine kohärente nichtreduktiv physikalistische Position? Bei der Darstellung der Emergenztheorie hatte sich gezeigt, daß die starke Betonung der qualitativen Andersartigkeit und zudem auch der kausalen Kraft der emergenten Ebene (Makrodetermination) die Position mit ihrer physikalistischen Grundlage in Konflikt führt. Bei der starken Supervenienztheorie droht dieser Konflikt nicht in ähnlicher Weise. Hier ist es vor allem die Spannung zwischen den Elementen (1) und (3), durch die die innere Kohärenz gefährdet ist. Mit anderen Worten: Läßt sich starke Kovarianz mit Nichtreduzierbarkeit vereinbaren? Eng damit zusammen hängt die Frage, ob unter dem Verzicht auf den Gedanken der Makrodetermination überhaupt noch Platz für eine kausale Rolle supervenienter mentaler Eigenschaften bleibt.

Wenn das Konzept kohärent wäre, dann müßte die Argumentation in etwa folgendermaßen ablaufen: Die supervenienten Eigenschaften sind nicht mit den subvenienten Eigenschaften identisch. Eine mentale Eigenschaft kann auf vielfache Weise physisch realisiert werden. Sie ist daher multipel realisierbar und damit irreduzibel und genießt deshalb eine gewisse Autonomie. Sie könnte daher auch eine eigene kausale Rolle einnehmen. Diese könnte sie aber nicht aus sich heraus ausüben, sondern nur über den Weg ihrer subvenienten Realisierung. Kim hat dafür den paradoxal anmutenden Begriff der „epiphänomenalen Verursachung“ geprägt. Die supervenienten mentalen Eigenschaften haben kausale Kraft, weil sie durch eine zugrundeliegende physische subveniente Basis realisiert werden, die kausale Kräfte hat. Der Grundgedanke ist also dieser:

> (1) Jeder mentalen Veränderung entspricht eine physikalische Veränderung.
> (2) Jeder physikalischen Veränderung entspricht eine Änderung in den kausalen Beziehungen.
> (3) Also sind die mentalen Veränderungen relevant für die kausalen Beziehungen.

Dieser Gedankengang ist aber irreführend. Er läßt es so aussehen, als ob die Abhängigkeit von der supervenienten zur subvenienten Ebene verliefe. Daß jeder mentalen Veränderung eine physische Veränderung entspricht, impliziert nicht, daß physische Eigenschaften von mentalen

Eigenschaften abhängig sind. Die Abhängigkeitsbeziehung verläuft gerade umgekehrt. Das Konzept einer epiphänomenalen Verursachung ergibt keinen Sinn, weil die Abhängigkeit der supervenienten Eigenschaften von ihrer Basis zu groß ist, um kausale Autonomie zuzulassen. Wäre die Abhängigkeit hingegen gering genug, um kausale Eigenständigkeit zuzulassen, so wäre die Geschlossenheit des physikalischen Bereichs aufgebrochen.

Starke Supervenienz und Reduzierbarkeit

Die Abhängigkeit der supervenienten mentalen Eigenschaften ist sogar stark genug, um Reduktion auf die subveniente physische Ebene zu ermöglichen. Die Tatsache, daß eine mentale Eigenschaft auf vielfache Weise physisch realisiert werden kann, genügt nämlich noch nicht zur Widerlegung der Reduktionsthese. In der gegenwärtigen Wissenschaftstheorie geht man nicht davon aus, daß zur Reduktion von Eigenschaften wirklich eine Eins-Zu-Eins-Beziehung hergestellt werden muß. Temperatur beispielsweise wird auf verschiedene Weise in Festkörpern, Gasen oder in Plasma realisiert. Dennoch geht man davon aus, daß sich Temperatur auf grundlegendere physikalische Prozesse reduzieren läßt. Allerdings sind diese Reduktionen relativ auf bestimmte Kontexte.

Man könnte sogar noch weiter gehen: Temperatur als multipel realisierbare Eigenschaft ließe sich auf eine disjunktive Liste der Form (E_1 oder E_2, ... oder E_n) dieser verschiedenen realisierenden Eigenschaften zurückführen. Man könnte dann sogar folgern, daß die Eigenschaft Temperatur mit dieser Disjunktion *identisch* ist. Auf jeden Fall kann man strikte Regeln angeben, mit deren Hilfe man die Rede über superveniente Eigenschaften in die Rede über jene Disjunktionen übersetzen kann. Ein Beispiel: Für jedes superveniente mentale Prädikat M läßt sich (jedenfalls prinzipiell) eine Disjunktion von subvenienten physischen Prädikaten angeben, so daß M und *Disjunktion-aller-P* koextensional sind (d. h. dieselbe Klasse von Objekten beschreiben). Auf dieser Grundlage lassen sich Brückengesetze zwischen den beiden Ebenen formulieren. Gemäß der klassischen Theorie der Reduktion reichen solche Gesetze für ein Reduktionsverfahren vollständig aus. Im Lichte dieses Einwandes muß man folgern, daß die starke Supervenienzthese in Wirklichkeit eine reduktionistische These ist, die sogar die Identität mentaler und physischer Eigenschaften behauptet. Das mentale Prädikat beschreibt „nichts anderes als" die Disjunktion der physischen Prädikate. Genau das ist der intuitive Begriff von Reduzierbarkeit.

Die starke Supervenienzthese war nur scheinbar nichtreduktiv, da multiple Realisierbarkeit allein für Nichtreduzierbarkeit nicht ausreicht. Als reduktionistische These im beschriebenen Sinn ist die Supervenienz von der Theorie der *Identität* von mentalen und physischen Eigenschaften (Typenidentitätstheorie) nicht mehr abgrenzbar. Die Einführung solcher disjunktiven Metaeigenschaften ist zugegebenerweise etwas eigenartig. Es wirkt wie ein metaphysischer Kunstgriff. Aber selbst wenn man noch vor voller Identität der Eigenschaften halt macht, ist die modale Korrelation in der starken Supervenienztheorie so strikt, daß gesetzmäßige psychophysische Beziehungen möglich sind, die für Reduktion ausreichen. Wenn man jetzt behauptet, daß das noch nicht ausreicht für Reduktion, sondern, daß die Existenz solcher Gesetze gerade das Explanandum ist, dann vertritt man den Reduktionsbegriff der Emergenztheoretiker: Wir können die Existenz der psychophysischen Gesetze zwar feststellen, aber nicht erklären. Sie sind für uns völlig überraschend. In diesem Sinne ist eine Reduktion trotz der Entdeckung psychophysischer Gesetze nicht gelungen. Die starke Supervenienztheorie kollabiert dann in eine Emergenztheorie. Wenn die starke Supervenienztheorie also wirklich eine eigenständige Position darstellen will, dann darf sie nicht mit dem für die Emergenztheorie typischen starken Reduktionsbegriff arbeiten. In einem schwächeren, wissenschaftstheoretisch durchaus akzeptablen Sinne ist sie aber reduktionistisch und eventuell sogar von der Typen-Identitätstheorie nicht mehr zu unterscheiden.

Die Supervenienztheorie begründet also keinen nichtreduktiven Physikalismus. Entweder ist sie nicht wirklich physikalistisch (schwache und globale Supervenienz) oder aber sie ist reduktionistisch (starke Supervenienz). Wenn sich dennoch der Eindruck aufdrängt, die Supervenienztheorie sei eine erfolgversprechende nichtreduktiv physikalistische Strategie, so liegt das meist daran, daß man nicht genügend zwischen *epistemischer* und *metaphysischer* Reduzierbarkeit unterscheidet. Superveniente Eigenschaften können durch eine solche Vielfalt von subvenienten Basen realisiert werden, daß wir niemals in der Lage sein werden, die langen Listen auch konkret anzugeben, die für die Durchführung der Reduktion nötig wären. Aufgrund der Grenzen unserer Erkenntnisfähigkeit bleiben superveniente Eigenschaften irreduzibel.

In letzter Konsequenz (aus der Perspektive eines allwissenden Wesens) behauptet die Supervenienztheorie aber trotzdem, daß nur das Physische wirklich existiert, selbst wenn *wir* (aufgrund unserer epistemischen Begrenzungen) mentale Eigenschaften niemals auf physische Eigenschaften reduzieren können. Diese These kann durch folgende Überlegung erhärtet werden: Nehmen wir eine Menge von Aussagen über Mentales und betrachten sie als eine psychologische Theorie über einen Teil der Welt. Wodurch wird entschieden, welche dieser Aussagen wahr ist? Normalerweise nimmt man an, daß es eine von der Theorie unabhängige Struktur von Tatsachen gibt, die jede der Aussagen entweder „wahr" oder „falsch" macht. In der Fachsprache der philosophischen Semantik nennt man solche Strukturen, die jedem Satz einer Theorie einen Wahrheitswert zuordnen, „Realisationen" oder „Modelle". Auch die Physik hat als Satzmenge (als Theorie) solche Modelle. Jede Theorie hat im Prinzip eine Vielfalt von Modellen, die sich rein formal konstruieren lassen. Das bevorzugte und als Erkenntnisideal angestrebte Modell ist allerdings die aktuelle Welt selbst.

Auch zwischen Theorien gibt es eine Supervenienzrelation (die Prädikate einer Theorie können den Prädikaten einer anderen Theorie gegenüber supervenient sein). Wenn unsere psychologische Theorie der Physik gegenüber supervenient sein soll, dann muß sichergestellt sein, daß Modelle der physikalischen Theorie jeder Aussage der psychologischen einen Wahrheitswert zuordnen (aber nicht umgekehrt). Wenn die Wahrheitswerte der psychologischen Aussagen nicht letztendlich von den Realisationen der physikalischen Theorie determiniert werden, hat der asymmetrische Charakter der Supervenienzrelation keine ontologische Grundlage. Die wahren Aussagen der psychologischen Theorie müssen daher in der physikalischen Theorie Entsprechungen haben. Anders ausgedrückt: Durch die Bestimmung der physikalischen Fakten werden alle psychologischen Fakten mit Notwendigkeit bestimmt. Modelle der physikalischen Theorie sind also auch Modelle der psychologischen Theorie.

Die Frage ist nun, wie zwei Theorien mit derart verschiedenem Vokabular so aufeinander bezogen werden können, daß die Modelle der einen auch die Modelle der anderen sein können. Nehmen wir an, für uns sei ein Reduktionsverfahren aus Gründen unserer beschränkten Erkenntnisfähigkeit faktisch undurchführbar. Wir können sogar folgende starke These akzeptieren: Auf der begrifflichen Ebene stehen die beiden Theorien wegen der vollständigen Verschiedenheit ihres Vokabulars so beziehungslos nebeneinander, daß man prinzipiell keine direkte reduktive Übersetzung durchführen kann. Diese starken erkenntnistheoretischen Thesen können kohärent im Rahmen der starken Supervenienztheorie behauptet werden. Sie dürfen aber keine metaphysischen Konsequenzen haben. Wenn die ontologischen Realisationen, die Modelle der Theorien, ebenfalls beziehungslos nebeneinander stehen, kollabiert die Supervenienzthese als ontologische These. Auf der ontologischen Ebene muß die starke asymmetrische Abhängigkeit bestehenbleiben. Ein allwissendes

Wesen müßte im Prinzip eine dritte (eine Supertheorie) angeben können, mit deren Hilfe man erklären kann, daß eine der beiden Theorien tatsächlich vollkommen in der Ontologie der anderen Theorie aufgeht.

Würden die psychologische Theorie und die physikalische Theorie beide in die Supertheorie übersetzt, dann ließe sich zeigen, daß die Menge der von der psychologischen Theorie eingeführten Entitäten eine Teilmenge der von der physikalischen Theorie eingeführten Entitäten darstellt. Genau dies ist die Grundintuition einer starken Kovarianz mit einseitiger Abhängigkeit. Das Physische determiniert alles Mentale; das Physische ist alles, was es gibt; das Mentale ist letztendlich (nur) das Physische. Eine starke Supervenienzthese ist also in einem metaphysischen Sinne reduktionistisch. Die Tatsache, daß wir die psychologische Theorie eventuell nicht auf die physikalische Theorie reduzieren können, beruht hingegen auf einer rein epistemischen Beschränkung. Diese Unterscheidung ist von zentraler Bedeutung. In letzter Analyse (aus der Perspektive eines allwissenden Theoretikers) werden die Wahrheitswerte aller Aussagen in der psychologischen Theorie durch die Realisationen der physikalischen Theorie bestimmt, weil die psychologische Theorie im Prinzip in die physikalische Theorie übersetzbar ist. Daraus folgt auch: Selbst wenn also für uns die Autonomie der psychologischen Erklärungen durch faktische Irreduzibilität gesichert wäre, so könnte man doch den mentalen Eigenschaften als solchen aus einer metaphysischen Perspektive keine eigenständige kausale Rolle zusprechen.

Zusammenfassend kann man also sagen, daß die bisher dargestellten Entwürfe eines nichtreduktiven Physikalismus eine unversöhnte innere Spannung enthalten, die die Kohärenz des ganzen Ansatzes in Frage stellt. Man kann das Problem nicht lösen, indem man unter der Hand den Physikalismus aufgibt und dualistisches Gedankengut einführt (Emergenz mit Makrodetermination) oder den Gedanken der Nichtreduzierbarkeit fallenläßt (starke Supervenienz). Um die Spannung aufzulösen, kann man entweder in Richtung des Dualismus oder in Richtung des reduktiven Physikalismus ausweichen. Dieser Zusammenhang wurde beispielhaft an der Emergenztheorie und der Supervenienztheorie aufgezeigt.

Bevor im nächsten Kapitel der reduktive Physikalismus behandelt wird, soll im folgenden noch eine nichtreduktiv physikalistische Theorie vorgestellt werden, die im Gegensatz zu den bisher dargestellten auf einer psychophysischen Identitätsthese beruht, genauer gesagt einer Identitätsthese bezüglich einzelner mentaler und physischer Ereignisse (Token-Identität).

Token-Identitätstheorie

Dieser Typ des nichtreduktiven Physikalismus läßt sich an der einflußreichen Theorie von Donald Davidson verdeutlichen (Davidson 1980, 1993, 1994). Davidson vertritt die gegen den Dualismus gerichtete These, daß es keine eigenständigen mentalen Substanzen gibt. Es gibt aber Entitäten, denen wahrheitsgemäß ein mentales Prädikat zugeschrieben werden kann, weil sie mentale Eigenschaften besitzen. Die grundlegenden Entitäten sind in Raum und Zeit individuierbare einzelne Ereignisse. Ein Ereignis läßt sich auf verschiedene Art und Weise beschreiben. Wenn man es mit mentalen Prädikaten beschreibt, so kann man statt von einem Ereignis mit mentalen Eigenschaften auch kurz von einem „mentalen Ereignis" sprechen (bzw. bei einer Beschreibung mit physischen Prädikaten von einem physischen Ereignis). Es kann also durchaus *dasselbe* Ereignis sein, das einmal unter mentaler und ein anderes mal unter einer physischen Beschreibung herausgegriffen wird. Davidson vertritt folgende drei Kernthesen:

> (1) Mentale Ereignisse stehen in kausaler Wechselwirkung mit physischen Ereignissen.
> (2) Kausale Wechselwirkung zwischen Ereignissen fällt immer unter strikte Gesetze.
> (3) Es gibt keine strikten psychophysischen Gesetze.

Es sieht so aus, als ob die drei Kernthesen miteinander unverträglich wären. Die philosophische Pointe der Token-Identitäts-Theorie liegt darin, die Verträglichkeit der drei Thesen garantieren zu wollen. Zum besseren Verständnis der Theorie sind die folgenden Thesen ebenfalls heranzuziehen:

> (4) Strikte Gesetze gibt es nur in der Physik.
> (5) Ereignisse unter einer mentalen Beschreibung lassen sich nicht unter strikte Gesetze subsumieren.
> (6) Ereignisse, die sich unter strikte Gesetze subsumieren lassen, sind physische Ereignisse.

Die These (1) ist unserem alltäglichen Weltbild entnommen. These (2) ist eine philosophische Standardauffassung spätestens seit Hume und Kant. Interessant sind vor allem die Thesen (3) und (5), in denen die Anomalie (Gesetzlosigkeit) des Mentalen ausgedrückt wird. Es gibt weder psychophysische noch rein psychische Gesetze. Daraus folgt, daß weder unsere alltägliche Psychologie, mit der wir einander verstehen noch die wissenschaftlich erklärende Psychologie jemals mit voll formalisierbaren und strikt gesetzmäßigen Zusammenhängen operieren wird. Der Grund dafür liegt unter anderem im Holismus des Mentalen. Einzelne Überzeugungen, Wünsche oder Absichten verdanken ihre Bedeutung zumindest teilweise ihrer Einbettung in ein umfassendes Netzwerk von anderen mentalen Zuständen. Es handelt sich um eine komplexe Interdependenz aufgrund von logischen, schlußfolgernden Beziehungen. Das ganze Netzwerk von Überzeugungen, Wünschen, etc. eines Wesens ist niemals direkt gegeben. Wenn wir einem anderen Wesen beispielsweise eine Überzeugung zuschreiben, dann interpretieren wir das Verhalten aufgrund einer begrenzten Datenbasis. Diese Interpretation orientiert sich an einem Rationalitätsideal. Sie enthält daher ein normatives Element. Man unterstellt dem zu interpretierenden Wesen Rationalität entsprechend des normativen Ideals, um seine einzelnen Gedanken, Wünsche, etc. Identifizieren zu können. Ein völlig irrationales Wesen wäre buchstäblich gedankenlos. Nach Davidson ist es aussichtslos, diesen interpretatorischen Prozeß in ein Kalkül zu fassen, mit dessen Hilfe sich strikte Gesetze formulieren ließen, in die mentale Prädikate eingingen.

Was folgt aus diesen Grundthesen? Auf den ersten Blick scheint der anomale und irreduzible Charakter des Mentalen eine kausale Wirksamkeit mentaler Ereignisse auszuschließen. Davidson versucht diese Konsequenz durch die Identitätsthese zu vermeiden. Die Argumentation läuft nach folgendem Schema: Nehmen wir ein mentales Ereignis M. Es ist kausal verbunden mit einem physischen Ereignis *P* (1). Aus (2) folgt, daß es ein striktes Gesetz geben muß, das M und *P* verbindet. Gemäß (3) kann es aber kein psychophysisches Gesetz sein, sondern es muß sich um ein physikalisches (4) Gesetz handeln. Dann folgt aber, daß das mentale Ereignis M ein *physisches Ereignis* sein muß (6). Auch wenn die mentalen Eigenschaften nicht mit physischen Eigenschaften identisch sind, so ist doch jedes Ereignis, das durch eine mentale Beschreibung herausgegriffen wurde, identisch mit einem Ereignis, das sich durch eine physische Beschreibung herausgreifen läßt. Diese Identitäts-These soll also die kausale Wirksamkeit mentaler Ereignisse trotz der Anomalie des Mentalen garantieren. Weil das mentale Ereignis mit einem physischen Ereignis identisch ist, kann es kausal mit anderen physischen Ereignissen interagieren. Man spricht von einer Token-Identität, weil nur die Identität einzelner Vorkommnisse (*tokens*) behauptet wird, nicht aber die Identität genereller Eigenschaften (Typen-Identität).

Es ist leicht zu sehen, warum die Theorie Nichtreduzierbarkeit garantiert. Man betrachte die folgenden drei Annahmen.

> (a) Mentale Prädikate haben notwendig rationalitätsbezogene und holistische Zuschreibungsbedingungen.
> (b) Physische Prädikate haben keine rationalitätsbezogenen und holistischen Zuschreibungsbedingungen.
> (c) Wenn ein Prädikat P_1 per Brückengesetz auf ein Prädikat P_2 reduziert wird, so gelten für beide Prädikate dieselben Zuschreibungsbedingungen.

Daraus folgt: Wenn es psychophysische Brückengesetze gäbe, könnten mentale Begriffe nicht-rationalitätsbezogene Zuschreibungsbedingungen haben. Es kann daher keine psychophysischen Brückengesetze geben. Also gibt es kein physisches Prädikat, das aufgrund eines Gesetzes dieselbe Extension wie ein mentales Prädikat hat. Mentale Prädikate können nicht *per Definitionem* oder Naturgesetz auf physikalische Prädikate reduziert werden. Auf der anderen Seite impliziert Davidsons Theorie die physikalistische Grundannahme, daß die mentalen Entitäten nichts zu dem ontologischen Inventar des Universums hinzufügen. Das folgt aus der Identitätsthese. Ebenso erlaubt die Identitätsthese das Festhalten am Prinzip der kausalen Geschlossenheit der physischen Welt. Am Anfang wurde erwähnt, daß der nichtreduktive Physikalismus der Ontologie nach physikalistisch, der Ideologie nach dualistisch sei. Das läßt sich an dieser Stelle gut verdeutlichen. Davidson vertritt einen *ontologischen* Monismus und einen *begrifflichen* Dualismus. Er selbst klassifizierte seine Position wiederholt als ontologischen Reduktionismus ohne begrifflichen Reduktionismus. Um zu verstehen, wie man zugleich Monist und Dualist sein kann, muß man die Unterscheidung von metaphysisch-ontologischer und epistemisch-begrifflicher Ebene heranziehen.

Davidson unterscheidet strikt die epistemische Frage, wie wir Ereignisse beschreiben, von der ontologischen Frage, was die Ereignisse sind. Die partikulären Ereignisse sind ganz unabhängig von allen Beschreibungen. Keine Beschreibung beantwortet gültig die Frage, was ein Ereignis ist. Sie dient nur dazu, dieses Ereignis in einem bestimmten epistemischen und pragmatischen Kontext *herauszugreifen*. Es wird unterschieden zwischen Ereignissen „unter einer Beschreibung“ und Ereignissen „an sich“. Die Kausalbeziehungen in der geistunabhängigen Welt sind Relationen zwischen *partikulären* Ereignissen „an sich“ und damit ganz unabhängig von Beschreibungen. Wenn jedoch eine Kausalerklärung für ein Ereignis gegeben werden soll, dann muß (nach der Standardauffassung über

Erklärungen) ein *allgemeines* Kausalgesetz herangezogen werden. Ein Gesetz spricht jedoch nicht über individuelle Vorkommnisse, sondern stellt eine notwendige Beziehung zwischen generellen Eigenschaften her. Für Kausalerklärungen muß man also die Ebene der rein partikulären Ereignisse verlassen und Eigenschaften in Beziehung setzen. Eine Kausalerklärung hat daher folgende Form:

> Ein Ereignis e_1 unter der Beschreibung *F* erklärt ein Ereignis e_2 unter der Beschreibung G.

Die Beschreibungen müssen gesetzesfähig sein. Da es im Bereich des Mentalen keine strikten Gesetze gibt, müssen alle Kausalerklärungen letztlich auf physikalischen Gesetzen beruhen. Die Beschreibungen dürfen kein mentales Vokabular enthalten. Da sich aber diesselben Ereignisse, die mit einer mentalen Beschreibung herausgegriffen wurden, auch unter einer physischen Beschreibung herausgreifen lassen, sind mentale Ereignisse kausal wirksam.

Die kausale Relevanz mentaler Eigenschaften

Man hat mit Recht gefragt, ob die mentalen Ereignisse dann wirklich aufgrund ihrer mentalen Eigenschaften kausal wirksam seien. Die Anomalie und Nichtreduzierbarkeit des Mentalen schließen eine genuin kausale Rolle aus:

Ableitung I:

(1) *Nomologischer Charakter der Kausalität*: Ein Ereignis e_1 mit der Eigenschaft *F* kann ein Ereignis e_2 nur dann verursachen, wenn e_2 eine Eigenschaft G besitzt und es ein striktes Gesetz gibt, unter das die beiden Ereignisse aufgrund *F* und G subsumiert werden können.

(2) *Anomalie des Mentalen*: Mentale Eigenschaften gehen nicht in strikte Gesetze ein.

(3) Also: dadurch, daß e_1 die mentale Eigenschaft M besitzt, kann kein Ereignis e_2 bewirkt werden. dadurch, daß e_1 eine mentale Eigenschaft M besitzt, kann nicht bewirkt werden, daß ein Ereignis e_2 eine Eigenschaft G besitzt. Somit sind mentale Eigenschaften kausal wirkungslos.

Ableitung II:

(1) *Token-Identität*: Jedes einzelne Ereignis mit mentalen Eigenschaften ist identisch mit einem einzelnen Ereignis mit physischen Eigenschaften.

(2) *Kausale Abgeschlossenheit*: Die kausalen Kräfte eines Ereignisses sind vollständig determiniert durch seine physischen Eigenschaften.

(3) *Nichtreduzierbarkeit des Mentalen*: Mentale Eigenschaften sind nicht reduzierbar auf physische Eigenschaften.

(4) Also: Mentale Eigenschaften sind kausal wirkungslos.

Diese Argumente (vgl. VAN GULICK 1993, 235ff) zeigen überzeugend auf, daß ein nichtreduktiver Physikalismus in der Tradition Davidsons dem Mentalen *qua Mentalen* keine kausale Rolle zugestehen kann. Wenn man davon ausgeht, daß die Frage nach den Ursachen gerade die Frage nach den kausal relevanten *Eigenschaften* eines Ereignisses ist, dann ist dieses Ergebnis für die Theorie katastrophal. Man muß aber bedenken, daß die wirklichen Kausalbeziehungen nach Davidsons Auffassung zwischen Ereignissen als reinen Individuen bestehen. Erst auf der epistemischen Ebene von Kausalerklärungen werden Beschreibungen und damit generelle Eigenschaften relevant. Auf dem Hintergrund einer solchen Auffassung von Kausalbeziehungen ergibt es buchstäblich keinen Sinn davon zu sprechen, daß ein Ereignis ein anderes *qua* seiner mentalen oder sonstigen Eigenschaften verursacht. Die mentale und die physische Beschreibung greifen ja dasselbe Ereignis heraus. Und nur dieses Ereignis selbst – jenseits aller Beschreibungen – ist kausal wirksam. Die Ereignisse „an sich" sind damit auch neutral gegenüber der Leib-Seele-Dichotomie. Letztere beruht auf *begrifflichen* Unterscheidungen. Man darf aber unsere Begriffssysteme nicht mit der Wirklichkeit gleichsetzen. In den Begriffssystemen haben wir einen unüberwindbaren Dualismus, in der Wirklichkeit gibt es einen Monismus. Man kann an diese Theorie die Frage stellen, ob die Vorstellung einer Wirklichkeit jenseits aller Beschreibung überhaupt noch intelligibel ist (vgl. das kantische Ding an sich). Außerdem fragt man sich, ob Davidson wirklich einen Physikalismus vertritt und nicht vielmehr einen neutralen Monismus. Die Wirklichkeit „hinter" unserer Dualität der Erfahrung und Beschreibung ist weder physisch noch psychisch. Thomas Nagel hat Davidson so interpretiert und gleichzeitig den Verdacht geäußert, daß einem eine solche Konstruktion wie ein künstliches Produkt aus dem metaphysischen Laboratorium vorkomme. (NAGEL 1986, 30 fn1, 49).

Einmal mehr jedoch zeigt die Theorie Davidsons, daß der nichtreduktive Physikalismus eine Eigenständigkeit und Irreduzibilität des Mentalen nur auf der epistemischen Ebene, der Ebene von Erklärungen garantieren kann. Auf der Ebene realer Kausalbeziehungen wird jedoch die Mitwirkung des Mentalen nicht garantiert, da man sonst die Geschlossenheit des physischen Bereichs gefährden würde. Die Formel lautet: Dualismus in der Ideologie, Monismus in der Ontologie. Strenggenommen bleibt damit das Mentale kausal wirkungslos und epiphänomenal. Es drängt sich daher die Alternative auf, die kausale Wirksamkeit des Mentalen gerade durch seine Reduzierbarkeit zu retten.

5
Reduktiver Physikalismus – Zurückführung des Mentalen auf das Physische

Es wurde im vorangehenden Kapitel gezeigt, daß die begriffliche Kohärenz des nichtreduktiven Physikalismus zweifelhaft ist. Wenn die Position wirklich nichtreduktiv sein will, so unterhöhlt sie ihre physikalistische Basis, wenn sie in einem metaphysischen Sinne physikalistisch sein will, so bleibt kein Raum mehr für Irreduzibilität. Es legt sich daher nahe, die Forderung nach Irreduzibilität des Mentalen fallenzulassen.

Reduktion, Identität und Asymmetrie

„Reduktion“ ist ein philosophiehistorisch belasteter, vielschichtiger Begriff. Im Hintergrund der hier behandelten Reduktionsthesen steht eine Typen-Identitätstheorie, d. h. die Annahme einer Identität von Eigenschaften. Man kann eine Theorie unmittelbar auf eine andere Theorie reduzieren, wenn sich herausstellt, daß beide von denselben Entitäten sprechen: die Prädikate der reduzierten Theorie und die Prädikaten der reduzierenden Theorie beziehen sich jeweils auf dasselbe (Koextensionalität). Ein Beispiel: Eine Theorie über Wasser kann reduziert werden auf eine Theorie über H_2O, weil es sich herausgestellt hat, daß Wasser mit H_2O identisch ist. Im vorliegenden Kontext heißt die These: Mentale Eigenschaften sind entweder identisch mit neurophysiologischen oder funktionalen Eigenschaften. Obwohl die Identitätsthese das metaphysische Kernstück einer reduktiven Position darstellt, genügt sie allein nicht. Identität ist eine symmetrische Relation, die metaphysische Pointe einer reduktionistischen Position ist jedoch eine asymmetrische Beziehung, die einer der beiden Theorien die Priorität zuspricht. Die von dieser Theorie beschriebene Ebene ist ontologisch fundamentaler und damit allein die Reduktionsbasis. Eine Reduktion in die andere Richtung soll ausgeschlossen sein.

Für einen physikalistischen Reduktionismus bedarf es weiterhin der Annahme, daß alle Entitäten auf der fundamentalen Ebene rein physisch sind. Es ist das leitende Motiv des physikalistisch reduktionistischen Programms, die in ihrem ontologischen Status dubiosen mentalen Phänomene auf andere, wissenschaftlich respektablere Entitäten zurückzuführen. Der Reduktionsbegriff an sich ist aber ontologisch neutral. Auch in einer logisch möglichen Welt, die keinerlei physische Entitäten enthielte, wären Reduktionen möglich. Eine Reduktion des Mentalen muß daher auch nicht notwendig eine direkte Reduzierbarkeit auf die fundamentalste physische Ebene beinhalten. Betrachtet man das Gehirn als biologischen Computer, dann könnten mentale Eigenschaften auf Programmeigenschaften dieses Computers zurückgeführt werden, selbst wenn eine weitere Reduktion nicht möglich ist. Ein solcher begrenzter Reduktionismus wäre aber immer noch physikalistisch, wenn man daran festhielte, daß die funktional charakterisierten Programmeigenschaften immer in einer physikalischen Basis realisiert werden müssen.

Gemäß der zweiten in der Einleitung entwickelten Gliederung wird der reduktive Physikalismus also folgender Unterteilung zugeordnet:

> [C] Es gibt mentale Entitäten. Sie gehören nicht einem vom Bereich physischer Entitäten unabhängigen Bereich an. Sie sind abhängig von ihnen zugrundeliegenden physischen Entitäten und können vollständig auf diese reduziert werden.

Gemäß der ersten Gliederung nach der Negation von drei Prinzipien finden sich die reduktionistischen Ansätze unter der Negation von Prinzip [II]. Es soll also *nicht* gelten:

> [II] Aus der kausalen Geschlossenheit der physischen Welt folgt die kausale Wirkungslosigkeit mentaler Entitäten.

Reduktion wird oft als ein Mittel gesehen, um die kausale Relevanz des Mentalen zu garantieren. Wenn sich mentale Eigenschaften auf physische Eigenschaften reduzieren lassen, dann könnte ihre kausale Wirksamkeit verständlich gemacht werden, ohne die kausale Geschlossenheit des physischen Bereichs zu gefährden. Die Anziehungskraft einer umfassenden Reduktion liegt eben darin, daß durch sie die mentalen Entitäten als Entitäten der physischen Welt erwiesen werden. Reduzierbarkeit will besagen, daß mentale Entitäten physische Entitäten *sind*. Die metaphysische Last trägt damit – wie erwähnt – die um ontologische Asymmetrie erweiterte Identitätsthese. Damit löst sich jedes Problem der Wechselwirkung auf. Identisches kann nicht „miteinander“ um die kausale Rolle konkurrieren.

Die reduktionistischen Ansätze haben in den letzten Jahrzehnten eine beeindruckende Entwicklung durchlaufen. Ursprünglich tendierte man dazu, die konkrete Durchführung der Reduktion durch begriffliche Analysen *a priori* zu versuchen. Theoretische Identifikationen von Phänomenen, die ursprünglich in verschiedenen Vokabularien beschrieben wurden, sollten *analytisch*, d. h. aus der Analyse der Begriffe selbst, folgen. Dieses Programm hat sich nicht durchführen lassen. Der physikalistische Reduktionismus kann als allgemeine metaphysische Theorie nicht rein empirisch begründet werden. Abgesehen von dieser grundsätzlichen Einschränkung gehen die aktuellen reduktionistischen Ansätze aber davon aus, daß es im konkreten Fall eine Frage *empirischer* Untersuchung ist, die für die Reduktion gesuchten Identitäten herauszufinden. Zentral ist dabei der Gedanke, daß Entitäten, die in verschiedenen Vokabularien beschrieben wurden, identisch sind, wenn sie diesselbe *kausale Rolle* in der Welt einnehmen. Eine weitere Modifikation der neueren reduktionistischen Ansätze liegt darin, daß man den Gedanken der multiplen Realisierbarkeit mentaler Eigenschaften oder Zustände ernst nimmt. Ein mentaler Zustand wie Schmerz kann in verschiedenen Wesen auf sehr verschiedene Weise physisch realisiert sein. Diese beiden Gesichtspunkte machen deutlich, daß alle derzeit relevanten reduktionistischen Programme funktionalistisches Gedankengut in sich aufgenommen haben. Im weiteren Verlauf des Kapitels wird genauer erläutert werden, welche unterschiedliche Rollen der Funktionalismus in einem reduktionistischen Konzept übernehmen kann.

Ich sehe in der aktuellen Debatte vor allem zwei Formen des physikalistischen Reduktionismus. Die eine verbindet eine psychophysische Typen-Identitätstheorie mit einem begrifflichen Funktionalismus. Es wird ein sehr starker Physikalismus vertreten. Die andere Form verbindet eine psychophysische Token-Identitätstheorie mit einem Funktionalismus, der nicht nur begrifflich verstanden wird. Der Physikalismus ist hier schwächer, da die psychophysische Identitätsthese schwächer ist. Trotzdem handelt es sich um ein reduktionistisches Programm. Diese Zweiteilung liegt der folgenden Darstellung zugrunde.

Begrifflicher Funktionalismus und psychophysische Typen-Identitätstheorie

Der herausragende Vertreter dieser Position in der Gegenwart ist David Lewis. Aber auch bei anderen Autoren (wie z. B. Jaegwon Kim) findet man Sympathien mit einem vergleichbaren Ansatz. Lewis bezeichnet sich selbst als einen reduktiven Materialisten (LEWIS 1994, 412). Er stellt sich explizit in die Tradition des sogenannten „Central State Materialism". Damit ist gemeint, daß mentale Zustände identisch sind mit Zuständen des Nervensystems (vor allem des Gehirns). Um genauer sehen zu können, welche Elemente des Behaviorismus und des Funktionalismus in die Position eingehen, sollen zunächst einige begriffliche Unterscheidungen gemacht werden. Der – heute meist als gescheitert betrachtete – Behaviorismus setzt mentale Zustände mit Zuständen gleich, die die kausale Einbettung eines Systems in seine Umwelt (das Verhalten) betreffen. Man könnte, um den Unterschied auf den Punkt zu bringen, beim Behaviorismus von einem „Peripheral State Materialism" sprechen. Der Funktionalismus ist eine Weiterentwicklung des Behaviorismus. Hier werden mentale Zustände ebenfalls mit ihrer kausalen Rolle identifiziert. Allerdings interessiert den Funktionalisten nicht nur das äußere Verhalten, sondern auch die kausale Rolle eines mentalen Zustandes im Ensemble der anderen mentalen Zustände. Im Funktionalismus geht es auch um das Innere der „Black Box", die Feinmechanik des Geistes, nicht nur um die Peripherie.

Lewis übernimmt aus der behavioristischen und funktionalistischen Tradition die *Methode*, mentale Zustände durch ihre Einbettung in ein kausales Netz von Wahrnehmungseingaben („Inputs") und Verhalten („Output") herauszugreifen. Er *identifiziert* aber den mentalen Zustand nicht mit seiner kausalen Rolle. Lewis identifiziert den mentalen Zustand mit einem Zustand des Gehirns, der eine bestimmte kausale Rolle innehat. Lewis bezeichnet seine Theorie als eine psychophysische Typen-Identitätstheorie, die mentale Zustände mit der behavioristisch-funktionalistischen Methode herausgreift (LEWIS 1983, 124). Mentale Zustände sind also identisch mit physischen Zuständen. Es ist klar, daß unter dieser Voraussetzung Reduktion möglich ist. Wenn man herausgefunden hat, mit welchem neuronalen Zustand der mentale Zustand Schmerz in unserer Welt und bei unserer biologischen Spezies identisch ist, dann kann man schließen, daß immer wenn Schmerz gegeben ist, auch der entsprechende neuronale Zustand gegeben sein muß. Dieser streng allgemeine Zusammenhang ist die Grundlage für ein Gesetz, das die mentale und die physische Ebene verbindet. Wo es solche Brückengesetze gibt, dort gibt es auch Reduktion. Typenidentität, Brückengesetze und Reduktion gehen Hand in Hand. Im vorherigen Kapitel war am Beispiel Davidsons gezeigt worden, daß Token-Identiät, Anomalie und Irreduzibilität ebenfalls Hand in Hand gehen.

Eine weitreichender metaphysischer Entwurf dieser Art läßt sich nicht aus der Erfahrung begründen. Lewis behauptet daher *a priori* die Wahrheit des Reduktionismus als allgemeinste ontologische These (nicht nur bezüglich des Mentalen). Die Wahrheit der A-Priori-These ist unabhängig davon, daß wir über keine hinreichend kompletten empirischen Theorien verfügen, mit denen wir sie rechtfertigen könnten. Jede mögliche Welt enthält nur wenige fundamentale Eigenschaften und Relationen. Sie allein sind „perfectly natural". Es ist die Aufgabe der Physik, diese fundamentalen Eigenschaften in unserer Welt zu entdecken. Alle Eigenschaften und Relationen, die nicht in der Physik als Wissenschaft vorkommen, sind nicht basal. Alle nichtbasalen Eigenschaften und Relationen sind supervenient gegenüber den (subvenienten) physischen Eigenschaften und Relationen. Es ist – nach Lewis – eine metaphysische Wahrheit, daß zwei Entitäten, die sich in ihren physischen Basiseigenschaften und Relationen nicht unterscheiden, sich auch sonst nirgendwo unterscheiden. Auch die mentalen Eigenschaften wären also ununterscheidbar. Lewis vertritt eine starke Supervenienzthese. Er behauptet *a priori*, daß jede kontingente (nicht-notwendige) Wahrheit durch die Fakten auf der physischen Ebene (der Ebene der basalen Eigenschaften und Relationen) wahrgemacht wird. Die Wahrheit oder Falschheit von allen Aussagen über kontingente Tatsachen in der aktuellen Welt wird eindeutig bestimmt durch die physischen Fakten. Im vorangegangenen Kapitel wurde gezeigt, daß die starke Supervenienztheorie Reduktionismus impliziert, selbst wenn wir die Reduktion wegen unserer kognitiven Grenzen nicht durchführen können. Es wurde weiterhin gezeigt, daß eine Supervenienzthese den non-reduktiven Physikalismus nicht grundlegen kann. Wenn die Supervenienz stark genug ist, um physikalistisch zu sein, dann ist sie auch stark genug um Reduktion zu erlauben. Sie ist von einer Typen-Identitätstheorie kaum mehr zu unterscheiden. Ganz im Sinne dieses Ergebnisses hält auch Lewis die psychophysische Supervenienzthese für eine reduktionistische Position (LEWIS 1994, 414).

Damit sind unter Vernachlässigung aller Details – die metaphysischen Kernthesen der Theorie bereits aufgelistet. Es ergibt sich innerhalb der Theorie nun folgendes Problem: Aus der Tatsache, daß aus der metaphysischen Perspektive (eines allwissenden Wesens) psychophysische Reduktion möglich ist, folgt wie gesagt nicht, daß wir über die epistemischen Möglichkeiten verfügen, das Reduktionsprogramm durchzuführen. Aus den Gründen, die nichtreduktive Physikalisten wie Davidson angegeben haben, scheint es aussichtslos, unsere Theorien über das Mentale auf eine strenge Wissenschaft wie die Physik reduzieren zu können. Sollte hingegen dieses Unternehmen Aussicht auf Erfolg haben, so müßte man über eine hochentwickelte Psychologie verfügen, die viel feiner, präziser, weniger vage und weniger intuitiv die gesetzesmäßigen Zusammenhänge des mentalen Lebens beschreibt. Von dieser präzisen, strikten und formalisierbaren Super-Psychologie aus könnten eventuell Brücken zu einer exakten Wissenschaft wie der Physik geschlagen werden, die genügend modale Kraft hätten, um Reduktion zu ermöglichen. Es scheint völlig ausgeschlossen zu sein, daß sich ausgerechnet die Systematik unsere alltäglichen, unwissenschaftlichen Zuschreibungen von mentalen Zuständen (die Alltagspsychologie) auf die Physik zurückführen lassen könnte.

Alltagspsychologie und kausale Rollen

Die eigentlich überraschende Pointe von Lewis' Theorie ist die Behauptung, daß unsere alltägliche, unwissenschaftliche Vertrautheit mit mentalen Ereignissen bereits genügt um die zu reduzierenden Entitäten mit der gewünschten Präzision herauszugreifen. Für die Identifikation der angezielten Entitäten benötigt man nämlich nur ein Wissen um ihre kausalen Rollen. Das läßt sich leichter an einem weniger kontroversen Beispiel verdeutlichen. Nehmen wir den Ausdruck „Gen". Bevor man herausgefunden hatte, wie Erbinformation in der DNA gespeichert wurde, konnte man nicht genau angeben, auf was sich der Ausdruck „Gen" bezieht. Man wußte aber, daß *etwas* die kausale Rolle von Genen übernahm. Etwas sorgte dafür, daß die Erbinformation an den Nachwuchs weitergegeben wurde. Der Ausdruck „Gen" bezog sich auf dasjenige, was diese Aufgabe erfüllte. Nennen wir dieses etwas *x*. Die kausale Rolle dieses *x* läßt sich im Prinzip folgendermaßen beschreiben. Man nimmt alle Sätze der Theorie (der Biologie), die den Ausdruck „Gen" enthalten und ihn in einen kausalen Kontext stellen. Zum Beispiel: „Ein Gen kann durch Umwelteinflüsse wie ultraviolette Strahlen geschädigt werden". Oder: „Die Augenfarbe der Nachkommen wird durch Gene bestimmt". Dann verbindet man diese Sätze jeweils mit dem logischen Zeichen „und" zu einer langen, additiven Liste (Konjunktion) und setzt den resultierenden, langen Satz in Klammern. Darauf ersetzt man innerhalb der Klammer alle Vorkommnisse des Ausdrucks „Gen" durch „*x*". Vor die Klammer schreibt man eine Existenzbehauptung bezüglich *x*. Dieser sogenannte „Ramsey-Satz" gibt uns jetzt die kausale Rolle von *x* an, d. h. die Funktion, die *x* gemäß der Theorie innehat. Da der Ausdruck „Gen" einen generellen Typ von Entitäten bezeichnet, müßte ein solcher Ramsey-Satz folgendermaßen aussehen:

> Es gibt einen generellen Typ *x*, für den gilt: [(ultraviolette Strahlen verursachen Schäden in Vorkommnissen von *x*) und (Vorkommnisse von *x* sind kausal relevant für Augenfarben) und ...].

Was auch immer *x* sein mag, es kann durch die präzise Angabe seiner Funktion bestimmt und damit individuiert werden. Als man später herausgefunden hat, daß es die DNA war, die diese Funktion übernahm, konnte man Gene auf DNA-Strukturen reduzieren. Der Ausdruck „Gen“ hatte sich schon vorher auf diese DNA-Strukturen bezogen.

Die von Lewis vorgeschlagene kausale Analyse mentaler Begriffe orientiert sich an diesem Verfahren. Mentale Begriffe sind wie der Begriff „Gen“. Sie greifen einen, seiner Essenz nach unbekannten, Zustand durch seine kausale Rolle heraus. Nehmen wir einen mentalen Zustand wie die Überzeugung, daß es regnet. Diese Überzeugung ist in ein kausales Netz eingebettet. Wir gewinnen die Überzeugung aufgrund bestimmter Sinneseindrücke (Tropfen auf der Haut, etc.). Aufgrund dieser Überzeugung entstehen in uns andere mentale Zustände (der Wunsch nach besserem Wetter, etc.) und schließlich ändern wir unser Verhalten (Aufspannen des Regenschirms, etc.). Es gibt viele Ursachen für diese Überzeugung (Inputs) und viele mentale Zustände und Verhaltensweisen, die durch diese Überzeugung verursacht werden (Output). Im Prinzip könnte man einen sehr langen Ramsey-Satz nach dem folgenden Muster bilden:

> Es gibt ein *x*, für das gilt: [(*x* wird durch die Wahrnehmung von Tropfen auf der Haut verursacht) und (*x* verursacht den Wunsch nach besserem Wetter) und (*x* verursacht das Aufspannen des Regenschirms) und ...]

Der mentale Zustand ist vielfältig kausal eingebettet. Im Prinzip könnte man eine lange Liste angeben, die alle seine Kausalrelationen angibt. Diese Liste identifiziert dann den mentalen Zustand. Es mag utopisch erscheinen, diese lange Liste angeben zu wollen. Lewis geht aber davon aus, daß wir *implizit* für jeden mentalen Ausdruck, den wir verstehen, eine Liste dieser Art im Kopf haben. Die sogenannte „Alltagspsychologie“ ist nichts anderes als dieses implizite Wissen um die kausale Einbettung von Zuständen. Sie ermöglicht daher erstaunlich korrekte Vorhersagen. Nehmen wir an, ich hätte nach einem Telefongespräch die Überzeugung gewonnen, daß mein Freund mir fest zugesagt hat, mich um 16 Uhr vom Flughafen abzuholen. Aufgrund des Wissens um diese feste Absicht kann ich die Körperbewegungen meines Freundes sehr präzise vorhersagen. Unter normalen Umständen wird er sich um 16 Uhr in der Ankunfthalle befinden. Ich kann das vorhersagen, weil ich um die kausalen Wirkungen einer festen Absicht weiß. Jemand beherrscht das mentale Vokabular der Alltagspsychologie, wenn er die entsprechenden kausalen Relationen kennt.

Jemand kennt z. B. die Bedeutung von „Schmerz“, wenn er weiß, wodurch Schmerz bewirkt wird (Verletzungen etc.), und was von Schmerz bewirkt wird (Abwehrbewegungen etc.). Für jeden mentalen Begriff M gibt es also eine kausale Rolle *KR* die er typischerweise einnimmt. Hier folgt Lewis einfach der behavioristisch-funktionalistischen Tradition. Er setzt sich aber von dieser Position ab, indem er die mentalen Zustände nicht mit ihrer kausalen Rolle gleichsetzt. Man greift die mentalen Zustände anhand ihrer kausalen Rolle heraus, sie *sind* aber Zustände des Nervensystems, d. h. physische Zustände. Erst durch diese Annahme wird der starke reduktive Physikalismus grundgelegt. Die kausale Bestimmung des Mentalen allein impliziert keinen Physikalismus. Wenn eine immaterielle Geistsubstanz mit der Körperwelt in kausalen Beziehungen stünde, könnten ihre Zustände ebenso definiert werden. Nach Lewis sind die mentalen Zustände aus folgendem Grund mit neuronalen Zuständen von Organismen identisch:

Die Basiseigenschaften des Universums sind rein physisch. Alle kausale Wechselwirkung ist rein physisch. Die physische Welt ist kausal geschlossen. Dies ist eine Annahme *a priori*, die sowohl in Lewis' metaphysischem System als auch den methodologischen Grundannahmen der meisten Naturwissenschaftler enthalten ist. Unter der weiteren Annahme des kausalen Exklusionsprinzips, das für jedes Ereignis nur eine vollständige Kausalerklärung zuläßt, gilt dann, daß jede kausale Rolle von einem physischen Zustand übernommen wird. Wenn mentale Zustände eine kausale Rolle einnehmen, dann nur deshalb, weil sie mit physischen Zuständen identisch sind. Schematisch:

> Der mentale Zustand M = Inhaber der kausalen Rolle *KR*
> Der neuronale Zustand *N* = Inhaber der kausalen Rolle *KR*
> Also: M = *N*

Wir greifen einen mentalen Zustand über seine kausale Rolle heraus (Alltagstheorie). Durch Forschung entdecken wir einen physischen Zustand, der dieselbe kausale Rolle einnimmt (wissenschaftliche Theorie). Aufgrund der Transitivität von Identität kann man schließen, daß die beiden Zustände identisch sind.

Identität ist aber eine Beziehung mit maximaler modaler Kraft. Wenn „zwei“ Zustände identisch sind, dann sind sie in allen möglichen Welten identisch. Eine so starke Beziehung zwischen mentalen und physischen Zuständen ist aber nicht plausibel. Man kann sich leicht vorstellen, daß z. B. bei einer anderen biologischen Gattung Schmerz mit einem nur ähnlichen physischen Zustand identisch ist. Bei einem Bewohner einer anderen Galaxis oder einem Roboter könnte Schmerz auf radikal andere Weise physisch realisiert sein. In einer anderen möglichen Welt könnte Schmerz eventuell sogar nichtphysisch realisiert sein. Von daher kann man nicht sagen, daß der Zustand Schmerz mit einem bestimmten physischen Zustand identisch ist. Schmerz ist multipel realisierbar. Die Beziehung zwischen Schmerz und seiner physischen Realisierung muß mit größerer modaler Plastizität ausgestattet werden, als dies eine unmodifizierte Typen-Identitätstheorie erlaubt. Lewis versucht, dieser Einsicht gerecht zu werden, indem er die Identitätsthese *relativiert.*

Statt der generellen Identitätsthese (M = *P*) soll die restriktive Identitätshese (M–in–A = *P*) gelten, wobei „A" für eine Art oder Gattung steht. Menschlicher Schmerz, Fledermausschmerz und Roboterschmerz können verschieden sein. Diese restringierte Identitätsthese beinhaltet aber noch immer eine Identifikation von Zuständen als generellen Typen und nicht bloß eine Identifikation von einzelnen Vorkommnissen (*tokens*). Damit ist die ontologische Grundlage für den Reduktionismus gelegt. Die Asymmetrie erreicht Lewis durch sein Schichtenmodell der Wirklichkeit. Nur die unterste Ebene ist „perfectly natural". Eine wissenschaftliche Analyse, welche die Natur der Dinge ans Licht bringen soll, muß bis zur fundamentalsten physischen Ebene vordringen.

Menschen- und Roboterschmerz

Es ergibt sich jetzt folgendes Problem: Die Alltagspsychologie entwickelt über die ganz abstrakte Kausale-Rolle-Charaktersierung einen so allgemeinen Begriff von Schmerz, daß er auf Roboter und Menschen gleichermaßen zutrifft. Menschenschmerz und Roboterschmerz sind aber in Wirklichkeit verschieden. Daraus könnte man schließen, daß sich der funktionale Zustand, den die Alltagspsychologie beschreibt, nicht auf einen physischen Zustand reduzieren läßt. Um dieses Problem zu lösen, muß man eine Unterscheidung herausarbeiten, die bisher nur implizit gemacht wurde: die Unterscheidung von begrifflicher und ontologischer Ebene.

Die von Lewis (und auch Kim, vgl. z. B. Kim 1992b) entwickelte Position wurde als „begrifflicher Funktionalismus" klassifiziert. Der Grund dafür liegt darin, daß gemäß dieser Position funktionale Eigenschaften (oder Zustände) streng genommen als solche gar nicht existieren. Daß wir eine funktionale Begrifflichkeit benutzen, bedeutet nicht, daß es auch funktionale Eigenschaften gibt. Die funktionale Begrifflichkeit hat nur den epistemischen Nutzen, daß wir eine nichtfunktionale Eigenschaft auf eine sehr abstrakte Weise herausgreifen können. Der *Begriff*

„Schmerz haben“ wird gleichgesetzt mit dem *Begriff* „eine Eigenschaft haben, die eine bestimmte kausale Rolle *KR* einnimmt“. Auf dieser begrifflichen Ebene gibt es keinen Unterschied zwischen Menschenschmerz und Roboter- oder Fledermausschmerz. Die Alltagspsychologie abstrahiert von den Unterschieden in der Realisierung. Ihre Begriffe spiegeln aber nicht direkt die Eigenschaften oder Zustände in der Natur wider. In der Natur gibt es den generell über die kausale Rolle bestimmten Zustand Schmerz eigentlich gar nicht. Die einzelnen Eigenschaften oder Zustände, die in der Natur diese abstrakt spezifizierte kausale Rolle einnehmen sind in verschiedenen Arten von Wesen jeweils andere. Roboterschmerz ist nicht Menschenschmerz. Es existiert also nur $Schmerz_1$, $Schmerz_2$, $Schmerz_3$, u.s.w., wobei $Schmerz_1$, $Schmerz_2$, $Schmerz_3$, ... jeweils typenidentisch sind mit ihrer physischen Realisierung. Deshalb sind die verschiedenen Arten von Schmerz auch voll in das Netz der fundamentalen Naturgesetze eingebunden und letztendlich reduzierbar.

Wir benutzen die kausale-funktionale Beschreibung, weil die Abstraktion von den konkreten Realisierungen absieht. Das ist eine wünschenswerte Oberflächlichkeit. Es gehört zur Pragmatik von Erklärungen, daß sie von unnötigen Details abstrahieren. Dieser begrifflichen Abstraktion entspricht aber keine funktionale Wirklichkeit in der Natur. Wenn wir sagen „Petra hat Schmerzen“, dann greifen wir mit dieser alltagspsychologischen Beschreibung einen bestimmten (in der Beschreibung nicht näher spezifizierten Zustandstyp) heraus. In diesem Falle Menschenschmerz. Dieser Typ ist mit einem neurophysiologischen Zustandstyp identisch. Die funktionale Ebene ist rein begrifflich und daher vor allem epistemisch relevant. Sie dient zum einfacheren Herausgreifen einer natürlichen Eigenschaft, die man nicht genau kennt. Lewis' Reduktionismus erhält uns unsere alltagspsychologische Redeweise, garantiert aber nicht eine eigenständige Ebene funktionaler Eigenschaften oder Zustände. Wegen dieser Unterscheidung der begrifflichen von der ontologischen Ebene kann ein Reduktionismus der vorgestellten Art gleichzeitig am Funktionalismus und der Typen-Identitätstheorie festhalten. Rein auf der ontologischen oder metaphysischen Ebene betrachtet stehen Funktionalismus und Typen-Identitätstheorie im Konflikt, wie im Folgenden gezeift werden soll.

Wenn man mentale Zustände *rein* über die kausal-funktionale Rolle bestimmt, dann können sie auf die verschiedenartigsten Weisen realisiert sein. Über eine Identität von mentalen und physischen Eigenschaften wird nichts ausgesagt. Die Typen-Identitätstheorie hält aber fest an der Behauptung *M*=*P* (wobei *M* und *P* Namen für mentale und physische Zustände sind, die verschiedene Dinge zu verschiedenen Zeiten gemeinsam haben). Warum ist die Typen-Identitätsthese mit der These unverträglich, daß die Natur eines mentalen Zustands kausal-funktional ist? Um diese Frage zu beantworten, kann man folgendes Gedankenexperiment unternehmen:

Angenommen in der aktuellen Welt w^* sei die kausale Rolle von Schmerz ausschließlich mit einem bestimmten neurophysiologischen Typ T verbunden. in Bezug auf w^* ist etwas nur dann ein Vorkommnis von Schmerz, wenn es auch ein Vorkommnis von T ist. Nehmen wir an, es gäbe eine mögliche Welt w_1, in welcher der neurophysiologische Zustand T nicht auf solche Weise mit der schmerzbezogenen kausalen Rolle verbunden ist. Wesen in dieser Welt könnten im Zustand T sein, ohne das für Schmerzen typische Verhalten zu zeigen. Würde es sich dann bei T immer noch um Schmerz handeln? Im Rahmen einer Typen-Identitätstheorie müßte man sagen: Der über die kausale Rolle von Schmerzen in w^* identifizierte Typ T ist identisch mit T in w_1. In w_1 ist er aber nicht mit der schmerzbezogenen kausalen Rolle verbunden, mit der er in w^* verbunden ist. Dennoch handelt es sich in beiden Fällen um Schmerz, da die in der aktuellen Welt entdeckte Identität von Schmerz und T wie jede echte Identität durch alle Welten hindurch gilt. Die andere Möglichkeit bestünde darin, die Zustände über die kausale Rolle zu definieren. Dann gibt man aber die psychophysische Typenidentität auf. In diesem Falle ist T in w_1 nämlich nicht identisch mit Schmerz (im Sinne von Schmerzen in w^*), denn T in w_1 fehlt die schmerzbezogene kausale Rolle.

Die Frage lautet also: Dienen kausale Rollen nur dazu, identische Zustände in einer gegebenen Welt zu entdecken (Identifikationskriterium) oder bestimmen die kausalen Rollen die Identität von mentalen Zuständen (Identitätskriterium)? Wenn die kausal-funktionale Rolle eines bestimmten Zustandes (eventuell über mögliche Welten hinweg) variieren kann, dann sagt sie wenig über die Natur dieses Zustandes. Wenn die physische Realisierung eines bestimmten kausal-funktional spezifizierten Zustandes (eventuell über mögliche Welten hinweg) variieren kann, dann sagt uns die Realisierung wenig über die Natur dieses Zustandes. Also ist die Typen-Identitätsheorie letztlich unverträglich mit der These, daß die Natur eines Zustandes kausal-funktional (und damit unabhängig von der Realisierung) ist. Ganz in diesem Sinne benutzt ein Reduktionismus im Sinne von Lewis die kausal-funktionale Rolle, um einen Zustand herauszugreifen (kausale Rolle = Identifikationskriterium). Die Natur des Zustands wird durch die kleinteilige physikalische Analyse bestimmt. Ein „reinrassiger" Funktionalismus beschreitet hingegen den zweiten Weg. Die Natur eines mentalen Zustands wird durch seine kausale Rolle bestimmt (kausale Rolle = Identitätskriterium). Die konkrete (z. B. physische) Realisierung bestimmt nicht die Natur des Zustands. Damit soll zugleich der ontologische Status von funktionalen Zuständen aufgewertet werden. Sie sind mehr als nur begriffliche Abstraktionen.

Starker Funktionalismus und psychophysische Token-Identität

Ein mehr als begrifflicher (d. h. metaphysischer) Funktionalismus will nicht nur eine funktionale Analyse der alltagspsychologischen Begriffe liefern, sondern behauptet, daß die wissenschaftlich erforschbare Natur des Mentalen in seiner funktionalen Organisation liegt. Man hat auch von einem „Psychofunktionalismus" gesprochen. Ich will im folgenden von einem „starken" Funktionalismus sprechen. Hilary Putnam hat dieser Theorie zu großer Popularität verholfen (PUTNAM 1975). Die Auffassung wurde zu einer Standardtheorie in der Philosophie, den Kognitionswissenschaften und der Informatik. (Putnam selbst hat sich später allerdings weitgehend von seinen ursprünglichen Thesen distanziert, z. B. in PUTNAM 1988, 1994) Die Grundintuition ist sehr einfach und läßt sich am Beispiel eines Computers verdeutlichen. Das Programm des Computers ist definiert durch einen funktionalen Zusammenhang von Eingabe, Verarbeitung und Ausgabe. Diese funktionalen Programmzustände der Maschine lassen sich prinzipiell auf verschiedenste Weise physisch realisieren: in Modellen verschiedener Hersteller, in physisch ganz andersartigen Computern (z. B. biologische Computer), eventuell sogar in einem immateriellen Computer. Hinzu kommt, daß dieselbe Schritt für Schritt ablaufende, rein funktional beschriebene Prozedur (Algorithmus) vom Programmierer auf verschiedene Weise umgesetzt werden kann (z. B. verschiedene Programmiersprachen), was natürlich auch Auswirkungen auf die konkrete physische Realisierung in der Maschine hat. Selbst in einem einzelnen Computer kann derselbe funktionale Ablauf sehr verschieden realisiert werden. Die multiple Realisierbarkeit wird bis zum Extrem gedacht. Es wird bestritten, daß eine auch nur sehr eingeschränkte Typen-Identität zwischen funktionalen und physischen Zuständen besteht. Wenn mentale Zustände funktionale Zustände sind, heißt das: Selbst innerhalb einer biologischen Art kann derselbe mentale Zustand auf sehr verschiedene Weise physisch realisiert sein. Ja sogar innerhalb eines Individuums kann derselbe mentale Zustand zu verschiedenen Zeitpunkten auf verschiedene Weise physisch realisiert sein. Nach einer Hirnverletzung können beispielsweise zunächst nicht mehr ausführbare Funktionen von anderen Hirnteilen übernommen werden. Die psychophysische Typen-Identitätstheorie kann diese Plastizität in der

Realisierbarkeit mentaler Zustände nicht hinreichend erfassen. Der starke Funktionalismus will also nicht funktional spezifizierte Zustände über eine Typen-Identitätstheorie auf physikalische Zustände zurückzuführen. Dennoch liegt ein reduktionistisches Programm vor: Mentale Zustände sollen auf funktionale Zustände zurückgeführt werden. In seinem klassischen Artikel „The Nature of Mental States" argumentierte Putnam, daß die Reduktion mentaler auf funktionale Zustände erfolgversprechender und weniger vage sei als die Reduktion auf physiologische Gehirnzustände. Die empirische Erforschung und mathematische Formulierung der funktionalistischen Hypothese genieße größere Erfolgsaussichten. Der Versuch, mechanische Modelle eines Organismus zu bilden sei der Zweck wissenschaftlicher Psychologie.

Der erste Schritt besteht darin, das alltagspsychologische Vokabular durch ein wissenschaftliches Begriffssystem zu ersetzen. Diese fortgeschrittene Psychologie wäre dann in der Lage auf einer sehr abstrakten Ebene die funktionalen Zustände von Organismen zu beschreiben. Alle Wesen, die beispielsweise Schmerzen haben, haben einen bestimmten funktionalen Zustand gemeinsam. Die Alltagspsychologie beschreibt den Schmerz als einen Zustand, der in ein bestimmtes kausales Geschehen von Eingaben (z. B. Verletzungen) und Ausgaben (z. B. wimmernde Laute) eingebettet ist. Die fortgeschrittene Psychologie muß auf abstrakter Ebene eine umfassende Systematisierung dieser funktionalen Zusammenhänge leisten. Der Organismus wird dabei als ein sehr komplexer Automat aufgefaßt. Ursprünglich ging Putnam daher davon aus, daß man die Automatentheorie, wie sie von Alan Turing entwickelt worden war, für die Beschreibung funktionaler Zustände heranziehen könnte. Turing hatte einen abstrakten Automaten (Computer) beschrieben, mit dessen Hilfe sich jede berechenbare Funktion maschinell realisieren ließ. Dies ist die sogenannte „Turing-Maschine". Man unterscheidet zwischen den Zuständen, den Eingaben und den Ausgaben der Maschine. Der jeweils folgende Zustand der Maschine inklusive einer möglichen Ausgabe ist eine Funktion des Initialzustands plus der Eingaben.

Maschinen-Funktionalismus

Betrachten wir der Anschaulichkeit halber einen extrem primitiven Automaten. Seine Aufgabe ist es anzugeben, ob die Anzahl eingegebener Münzen gerade oder ungerade ist. Als Eingabe akzeptiert er nur Münzen. Als Ausgaben verfügt er über die beiden Zeichenfolgen die „ungerade" und „gerade". Die Maschine hat zwei Zustände. Sie beginnt im ersten Zustand. Wenn im ersten Zustand eine Münze eingegeben wird, dann zeigt die Maschine „ungerade" an und geht in den zweiten Zustand. Wenn im zweiten Zustand eine Münze eingegeben wird, dann gibt die Maschine „gerade" aus und geht in den ersten Zustand. Die Maschine arbeitet so lange bis alle eingegebenen Münzen abgearbeitet sind. Die letzte Ausgabe zeigt dann an, ob die Zahl der Münzen gerade oder ungerade war. Der entscheidende Punkt ist, daß die beiden Zustände, die die Maschine einnehmen kann, vollständig durch ihre kausal-funktionale Rolle bestimmt sind. Die Essenz dieser Zustände ist ihre Einbettung in das Netz von Ein- und Ausgaben. Man kann die beiden Zustände nur durch ihre kausal-funktionale Rolle definieren.

Die Kernthese des Psychofunktionalismus ist, daß mentale Zustände ebenfalls vollständig durch ihre kausale Rolle bestimmt werden. Man kann die Parallele zu dem dargestellten Automaten leicht aufzeigen: Nehmen wir der Einfachheit halber wieder an, wir hätten es mit einem System zu tun, das nur zwei Zustände kennt. Außerdem betrachten wir nur jeweils zwei Eingaben und Ausgaben. Der gesamte funktionale Zusammenhang läßt sich jetzt in einer sogenannten Maschinentafel darstellen, die in diesem einfachen Falle noch leicht überschaubar ist (veränderte Fassung nach der Idee in HANNAN 1994, 34):

	Zustand 1	Zustand 2
EINGABE: Verletzung	AUSGABE: Schrei, Stöhnen ... *Bleibe in Zustand 1*	*Gehe zu Zustand 1*
EINGABE: starkes Betäubungs-Mittel	AUSGABE verlangsamte Motorik, lallendes Sprechen *Gehe zu Zustand 2*	*Gehe zu Zustand 1*

Die Pointe dieser kleinen Maschinentafel liegt darin, daß Zustand 1 mit Schmerz und Zustand 2 mit Schmerzfreiheit gleichgesetzt werden soll. Die komplette funktionale Beschreibung beider Zustände würde eine viel größere Maschinentafel erfordern. Aber dieser kleine Ausschnitt macht das Wesentliche bereits klar. Schmerz oder Schmerzfreiheit werden als intrinsische oder qualitative Zustände nirgendwo erwähnt. Beide Zustände werden ausschließlich durch ihre relationale Einbettung in den gesamten funktionalen Zusammenhang definiert. Die Grundintuition des Maschinen-Funktionalismus besagt, daß sich alle mentalen Zustände vollständig durch solche Tafeln beschreiben lassen. Wesen mit mentalen

Zuständen sind nichts anderes als sehr komplexe Turingmaschinen. Daß diese Idee zu Beginn des Computerzeitalters entstand, kann nicht verwundern. Wäre die These korrekt, so wären der Nachbildung und Überbietung menschlichen Geistes auf Computern keine Grenzen gesetzt. Man spricht in diesem Zusammenhang oft von einer „starken KI-These": Computergestütze künstliche Intelligenz ist nicht bloß eine Simulation menschlicher Intelligenz, beide sind grundsätzlich von der gleichen Art. Für Philosophen war der Putnamsche Funktionalismus noch in anderer Hinsicht attraktiv. Die funktionale Ebene ist in einem – allerdings nicht genau geklärten – Sinne unabhängig von ihrer Realisierung. Ein gegebener funktionaler Zustand F könnte

— in einer physikalistisch aufgebauten Welt durch rein physische Entitäten realisiert werden,
— in einer dualistisch aufgebauten Welt durch eine Kombination von physischen und nichtphysischen Entitäten realisiert werden,
— in einer völlig geistigen Welt durch rein nichtphysische Entitäten realisiert werden.

Der starke Funktionalismus beantwortet die Frage, was ein bestimmter Zustand ist, unabhängig von der ontologischen Frage, wie er realisiert ist. In einer problematischen Terminologie wurde dieser Punkt manchmal so formuliert: Der Psychofunktionalismus trennt die *metaphysische* Frage nach der Natur mentaler Zustände von der *ontologischen* Frage ihrer Realisierung in unserer Welt. Das primäre Interesse liegt eindeutig bei der ersten, der metaphysischen, Frage. Aus diesem Grunde konnte Putnam behaupten, daß es auf die zugrundeliegende physische Realisierung gar nicht ankäme. Die höhere Ebene der funktionalen Zustände bietet das lohnendere Forschungsobjekt. Diese Sicht ist auch mit einem ontologischen Physikalismus vereinbar, wenn man davon ausgeht, daß es in unserer aktuellen Welt nur physische Realisierungen von funktionalen Zuständen gibt. Der physikalistische Funktionalismus impliziert dann eine Typen-Identität zwischen mentaler und funktionaler Ebene zusammen mit einer Token-Identität zwischen funktionaler und physischer Ebene.

Teleologischer Funktionalismus

Die funktionalistische Konzeption Putnams wurde von anderen Autoren aufgegriffen. Dabei geriet vor allem die enge Bindung an die Automatentheorie unter Kritik. Man kann nicht jedem mentalem Zustand genau einen Maschinentafelzustand zuordnen. Besonders bei dispositionalen Eigenschaften wie „eifersüchtig" oder „ehrgeizig" gelingt das nicht.

Sie beschreiben nicht augenblickliche, sondern habituelle Zustände, die von gelernten und erinnerten Fakten und Verhaltensmustern abhängen. Maschinentafelzustände sind hingegen rein punktuell. Nach dem Modell der Turingmaschine müßte sich also jeder Mensch zu jedem beliebigen Zeitpunkt in genau *einem* aktuell realisierten mentalen Zustand befinden. Diese Konsequenz des Modells widerspricht unseren psychologischen Intuitionen. Wir betrachten mentale Phänomene eher als eine Menge von Fähigkeiten, Einstellungen, Überzeugungen, etc., die nicht alle zu jedem Zeitpunkt aktuell realisiert sein müssen.

Außerdem arbeitet das Gehirn im Gegensatz zu einer Turingmaschine nicht in einer klar definierten Folge Schritt für Schritt einen Algorithmus ab, sondern erledigt in massiv paralleler Weise eine Unzahl von Aufgaben gleichzeitig. Das Automatenmodell ist zumindest extrem simplifizierend. Zudem scheint das dreistufige Modell (mental – funktional – physisch) zu grob zu sein. Eine solche einfache Dreiteilung findet sich bei konkreten Organismen nicht vor. Hier findet man eine hochgradig komplexe Hierarchie von Stufen, wobei die höhere Stufe immer die funktionale Ebene in Bezug auf die jeweils tiefere Stufe darstellt.

Der funktionalistische Ansatz läßt sich aber aus der engen Verbindung mit der Theorie von Turingmaschinen lösen. Weiterentwicklungen des Funktionalismus versuchen, ein *biologisches* Verständnis von Funktionen zu entwickeln. Funktionen sind die kausalen Rollen in einem biologisch und evolutionär verstandenen Kontext. Die Funktion des Herzens besteht darin, das Blut zu transportieren. Ein künstliches Herz ist genau in dem Maße ein Herz, indem es diese biologische kausale Rolle einnehmen kann. Die generelle biologische Funktion eines Herzens kann also auf verschiedene Weisen physisch realisiert werden. Diese Konzeption des Funktionalismus bietet viele Vorteile gegenüber dem Maschinenmodell. Bei einem Maschinenfunktionalismus war jede Realisierung erlaubt, solange nur der abstrakte Zusammenhang zwischen Eingabe, internem Zustand und Ausgabe isomorph abgebildet wurde. Dagegen wurde argumentiert, daß dann die abwegigsten Realisierungen möglich seien. Wenn zum Beispiel im Gehirn eines Lebewesens 1 Milliarde Funktionseinheiten unterschieden werden könnten, dann könnten eine Milliarde Chinesen gemeinsam alle diese Funktionseinheiten in ihrem Eingabe-Ausgabe-Verhalten isomorph abbilden. Es wäre absurd zu behaupten, es läge nun eine zweite Realisierung des mentalen Lebens dieses Organismus vor. Eine algorithmisch-funktionale Äquivalenz kann nur zu formalen Modellen, nicht aber zu verschiedenen Realisierungen derselben kausalen Rolle zu führen.

Der biologische Funktionalist wendet daher ein, daß ein physikalischer Zustand nur dann als eine Realisierung zählt, wenn er eine funktionale Rolle in einem integrierten Organismus übernehmen kann. Das künstliche Herz übernimmt deshalb die relevante kausale Rolle, weil es den *Zweck* eines Herzens in einem Organismus übernimmt. Man spricht deshalb auch vom „*teleologischen* Funktionalismus". Der mathematische Funktionsbegriff des Maschinenfunktionalismus wird also erheblich konkretisiert im Sinne einer biologischen oder evolutionären Zweckdienlichkeit. Bestimmte Eigenschaften von Organismen wurden aufgrund ihrer *kausalen Rolle* (Funktion) selektiert. Das Wesen des Mentalen liegt in seiner Funktion, so wie das Wesen des Herzens in seiner Funktion liegt, unabhängig davon wie es physisch realisiert ist. Eine Wissenschaft des Mentalen (Psychologie) hat die Aufgabe, die Funktion des Mentalen in diesem Sinne zu beschreiben. Die Pointe des Funktionalismus liegt also trotz dieser Präzisierung des Funktionsbegriffes weiter darin, daß sich die allgemeinen Gesetze der Psychologie zumindest für alle in unserer Welt nomologisch möglichen physischen Systeme, die mit Mentalität ausgestattet sind, erforschen läßt, ohne auf die konkrete physische Realisierung Rücksicht nehmen zu müssen. Das Zentrum dieses Programms ist die Reduktion des Mentalen auf das Funktionale. Beide in diesem Kapitel vorgestellten Formen des Reduktionismus sollen nun wenigstens in Ansätzen einer Kritik unterzogen werden.

Die Grenzen des Reduktionismus

Physikalistische reduktionistische Programme sind so alt wie die Philosophie selbst. Der klassische Atomismus des Vorsokratikers Demokrit führt alle höheren Eigenschaften auf die Basiseigenschaften der Atome zurück. Was den reduktionistischen Physikalismus heute so attraktiv macht, ist seine Nähe zu den grundlegenden methodologischen Prinzipien der Naturwissenschaften. Der Erfolg der Naturwissenschaft macht damit das metaphysische System plausibel. Ein wesentlicher Kritikpunkt an solchen Systemen ist aus heutiger Sicht aber gerade ihr metaphysischer Charakter. Es sollte nicht als selbstverständlich angesehen werden, daß Lewis die beschriebene Grundlegung des reduktionistischen Physikalismus als metaphysische Erkenntnis *a priori* bezeichnet. Auf dem Hintergrund der gesamten Metaphysikkritik seit Kant ist das keine leicht zu akzeptierende These. Wie gewinnt man diese Einsichten in die Grundstrukturen der Wirklichkeit? Wie ist diese *Synthesis a priori* möglich, die *per definitionem* nicht aus der Erfahrung stammen kann? Lewis ist ein prominentes Beispiel für die Tatsache, daß sich die analytische

Philosophie von einer anti-metaphysischen zu der am meisten pro-metaphysichen philosophischen Strömung der Gegenwart entwickelt hat.

Ein anderes Problem der hier vorgestellten reduktionistischen Theorien liegt im Festhalten an der Identifikation von mentalen und physischen Eigenschaften oder Zuständen (Typen-Identität). Es wurde bereits erwähnt, daß man auch gegen eine auf bestimmte Arten restringierte psychophysische Typenidentitätstheorie einwenden kann, daß sie dem Phänomen der multiplen Realisierbarkeit nicht hinreichend gerecht wird. Das war die Kritik eines starken Funktionalismus an einem bloß begrifflichen Funktionalismus, der sich mit einer eingeschränkten psychophysischen Typen-Identitätstheorie verbindet. Aber auch der starke Funktionalismus hält an einer Identität von mentalen und funktionalen Zuständen fest. Putnam hat in einer späteren Phase argumentiert, daß derselbe mentale Zustand in verschiedenen funktionalen Zuständen realisiert werden kann (Putnam 1992, 255f.). Physikalisch mögliche geistbegabte Wesen gibt es einfach in zu vielen architektonischen Varianten (*designs*) in Bezug auf ihre funktionale Organisation, als daß eine Identifikation eines bestimmten mentalen Zustands (z. B. eine Überzeugung) mit genau *einer* funktionalen Struktur möglich wäre. Wenn das korrekt ist, dann sind mentale Zustände nicht mit funktionalen Zuständen identisch.

Der Reduktionismus ist, wie bereits aufgezeigt, nicht auf uneingeschränkte Typen-Identität angewiesen, sondern kann durchaus ein gewisses Maß an multipler Realisierbarkeit zulassen, indem die Identitätsthese relativiert wird. Das ist sogar die normale Prozedur bei naturwissenschaftlicher Reduktion. Eine umfassende These multipler Realisierbarkeit ist jedoch mit einer Typenidentität der mentalen Zustände mit Zuständen der Reduktionsebene unverträglich. Der Reduktionsmus muß daher an der problematischen Typen-Identitätsthese zumindest in relativierter Form festhalten. Problematisch ist diese These vor allem, weil sie die Identität von zwei nicht nur auf den ersten Blick äußerst verschiedenen Arten von Zuständen postuliert. Von daher ist die Parallele zu dem Fall von „Wasser“ und „H_2O“ irreführend. Das Wasser unserer Alltagswelt unterscheidet sich nicht in prinzipieller Weise vom wissenschaftlich explizierten H_2O. Die wissenschaftliche Physik erweitert und vertieft unsere Alltagsphysik. Der Übergang von der mentalen auf die physische Ebene scheint hingegen ein kompletter Wechsel des Themas zu sein. Mentale Zustände unterscheiden sich erheblich von physischen Zuständen aus den im ersten Kapitel genannten Gründen. Phänomene, die auf der physischen Seite keine Entsprechung haben sind: Intentionalität, Holismus und Anomalie des Mentalen, Subjektivität und qualitativer Gehalt des Erlebens. Auch wenn man mentale Zustände nicht auf physische, sondern nur auf funktionale Zustände reduzieren will, bleibt dieses Problem bestehen. Dies sei am Beispiel der Erlebnisqualität von Schmerz verdeutlicht:

Funktionalistisch gesehen ist Schmerz dadurch definiert, daß er eine bestimmte kausale Rolle spielt. Schmerz wird relational (z. B. in der Maschinentafel) bestimmt. Man kann auch sagen, daß ein langer Ramsey-Satz der folgenden Art „Schmerz" definiert:

> Es gibt einen Zustandstypus x, für den gilt: [(Vorkommnisse von x verursachen das Äußern von wimmernden Lauten) und (Vorkommnisse von x verursachen den Wunsch nach einem Leben ohne diesen Zustandstyp) und (Vorkommnisse von x werden durch Verletzungen verursacht) und...].

Es ist aber nicht ausgeschlossen, daß ein Wesen Schmerzen empfinden kann, ohne auf diese Weise in ein kausales Bezeihungsgeflecht verwoben zu sein. Man kann sich vorstellen, daß ein Mensch, der keine äußeren Verletzungen aufweist und aufgrund einer vollständigen Lähmung vollständig bewegungslos und stumm verharrt, trotzdem Schmerz empfindet. In der Literatur wird oft der „Superspartaner" erwähnt, der sich seine Schmerzempfindungen äußerlich nicht anmerken läßt. Beim Masochisten ruft das Schmerzerlebnis nicht den Wunsch nach seiner Beendigung hervor. Für alle alltagspsychologischen kausalen Kriterien von Schmerz lassen sich solche Gegenbeispiele finden. Umgekehrt könnte es sein, daß trotz der Gegebenheit der kausalen Kriterien, die Schmerzempfindung abwesend ist. Der Betrüger, der Schmerzen heuchelt, oder der empfindungslose Zombie-Roboter, der sich wie ein empfindendes Wesen verhält und so die relevanten kausalen Rollen erfüllt. Es könnte auch sein, daß jemand qualitativ ganz andersartige Empfindungen hat, obwohl er verhaltensmäßig ununterscheidbar in das kausale Netz der Welt eingebunden ist. Das klassische Beispiel ist das invertierte Spektrum. Eine Person nimmt das ganze Farbspektrum verdreht wahr (rot für blau, etc.). Dieser qualitative Unterschied in der Wahrnehmung würde im Verhalten nicht auffallen. Diese Kritikpunkte sind bis heute Gegenstand der Debatte. Die Kernthese ist, daß bestimmte mentale Zustände einen *intrinsischen* Erlebnisgehalt haben, der sich nicht relational definieren läßt.

Die Phänomene retten, ohne sie zu zerstören

Ein zentrales Motiv des Reduktionismus besteht darin, die reduzierten Phänomene durch die Reduktion auf eine verläßlichere Ebene *zu retten*. Reduktion soll nicht Elimination sein. Die mentalen Eigenschaften sind real und kausal wirksam, weil sie in letzter Analyse physische Eigenschaften sind. Gemäß der im ersten anfangs des Buches entwickelten Gliederung ist der reduktionistische Physikalismus der Negation von Prinzip [II] unterzuordnen. Das bedeutet, daß die kausale Wirksamkeit des Mentalen und die kausale Geschlossenheit des Physischen zugleich behauptet werden. Beide in diesem Kapitel vorgestellten Ansätze wollen dieses Ziel über eine – jeweils anders konzipierte – psychophysische Identitätstheorie erreichen. Auf den ersten Blick scheint diese Strategie erfolgreich. Identisches kann nicht miteinander um die kausale Rolle konkurrieren. Bei näherem Hinsehen wird dieser Erfolg jedoch wieder fragwürdig. Wenn die mentalen Eigenschaften nichts anderes sind als die physischen Eigenschaften (= reduziert werden können), dann scheint jede qualitative Selbstständigkeit des Mentalen verloren zu gehen. Was wird aus Subjektivität, Intentionalität und dem qualitativen Gehalt des Erlebens? Anders ausgedrückt: Man kann nicht sehen, wie die reduzierbaren mentalen Eigenschaften *als mentale* Eigenschaften kausal wirksam sein können. Kann man die kausale Wirksamkeit des Mentalen „retten", wenn es dabei nicht gelingt, die mentalen Phänomene zu retten?

Es bestätigt sich erneut, daß allenfalls eine für uns nützliche Beschreibungsweise gerettet wird. Wenn Reduktion auf eine fundamentalere Ebene möglich ist, dann ist die Beschreibung auf der reduzierbaren Ebene aus der Perspektive eines allwissenden Wesens völlig überflüssig. Die gesamte Kausalgeschichte aller Ereignisse im Universum läßt sich angeben, ohne jemals auf mentale Phänomene eingehen zu müssen. Die Reduktionsthese beinhaltete, daß unsere alltagspsychologische Redeweise nur ein grobes Herausgreifen von Entitäten ermöglicht, deren eigentliche physische Natur wir noch nicht hinreichend verstehen. Die mentalen Entitäten sind nach Lewis nicht einmal „perfectly natural". Nur auf der Ebene der physikalischen Analyse wird eine Begrifflichkeit erreicht, die hinreichend „feinkörnig" ist, um die zugrundeliegenden allgemeinen kausalen Gesetze zu formulieren. Wenn trotz dieser Asymmetrie zugunsten des Physischen noch von der „Rettung des Mentalen" in einem mehr als epistemischen Sinn die Rede sein soll, dann weiß man nicht recht, was das Wort „retten" hier bedeuten soll.Der amerikanische Philosoph Jaegwon Kim charakterisierte den Versuch, kausale Wirksamkeit über Reduktion zu garantieren, mit der sogenannten „Vietnam Metapher": *Saving a village by destroying it.* Das bedeutet: Ein Dorf vor den Vietcong retten, indem man es vernichtet (Kim 1993, 367).

Für den starken Funktionalismus ergeben sich ähnliche Probleme, obwohl er auf die Reduktion des Funktionalen auf das Physische verzichtet. Zwischen diesen beiden Ebenen gibt es nur eine Identität in einzelnen Vorkommnissen (Token-Identität). Bezüglich der Reduktion mentaler auf funktionale Zustände stellen sich aber die genannten Probleme erneut. Was bleibt übrig vom Mentalen, wenn es rein relational-funktional verstanden wird? Was die kausale Relevanz der funktionalen Zustände oder Eigenschaften angeht, so entstehen die Probleme, die im vorausgegangen Kapitel bei der Darstellung Davidsons erläutert wurden. Die Token-Identität zwischen den beiden Ebenen genügt nicht, um die kausale Wirksamkeit der mentalen Zustände oder Eigenschaften zu begründen. Selbst der (wie gezeigt wurde) sehr problematische Weg, die kausale Wirksamkeit der funktionalen Zustände über die Identität mit physischen Zuständen zu garantieren, ist verbaut. Der starke Funktionalismus handelt sich also zu den Problemen des reduktiven Physikalismus auch noch die Probleme des nichtreduktiven Physikalismus ein. Hinzu kommt folgendes für den Funktionalismus typische Problem:

> (1) Funktionale Beschreibungen individuieren Zustände, die eine Vielzahl von Realisationsmöglichkeiten abdecken.
> (2) Wenn ein Zustand eine Vielzahl von Realisationsmöglichkeiten abdeckt, dann ist nicht er es, sondern die einzelnen Realisationen, die kausal relevant sind.
> (3) Also individuieren funktionale Beschreibungen keine kausal relevanten Zustände.

Man kann dieses Problem auch anders formulieren: Die funktionale Eigenschaft *F* ist eine kausale Rolle, die physische Eigenschaft *P* ist ein Inhaber dieser kausalen Rolle. Wie kann *F* als die kausale Rolle selbst noch kausal wirksam sein? Das ganze Kausalgeschehen läuft auf der Ebene des Inhabers ab. Man kann auch sagen, daß *F* gegenüber *P* eine Eigenschaft zweiter Ordnung ist. Hätte diese höhere Ebene eine eigene kausale Wirksamkeit, so wäre die kausale Geschlossenheit der ersten (= physischen) Ebene durchbrochen und der Physikalismus aufgehoben.

Wenn die funktionalen Zustände aber nicht kausal wirksam sind, dann ist der Kern des starken Funktionalismus bedroht. Gegen einen rein begrifflichen Funktionalismus wurde ja die Realität der funktionalen Ebene betont. Die Realität von etwas anzunehmen, das keinerlei kausale Wirksamkeit hat, ist aber höchst unplausibel. Der starke Funktionalismus würde zu einer epiphänomenalistischen Position (Negation von Prinzip [III]). Oder aber man anerkennt, daß die funktionale Ebene nur eine zweckdienliche Abstraktion vom exakten Kausalgeschehen ist, die sich auf allgemeine Muster beschränkt. Damit kollabiert die Position aber in den begrifflichen Funktionalismus, den sie vermeiden wollte.

Der utopische Charakter des Reduktionsprogrammes

Eine andere wesentliche Kritik setzt am utopischen Charakter des Reduktionismus an. Vor allem Putnam hat in den letzten Jahren diese Argumentation gegen den Funktionalismus entwickelt (Putnam 1988). Der Grundgedanke ist, daß wir für eine Reduzierung des Mentalen auf das Funktionale über eine Art „General-Algorithmus" der ganzen menschlichen Rationalität verfügen müßten. Putnam hält es heute für einen naiven Szientismus, an die Durchführbarkeit dieser Idee zu glauben. Betrachten wir einen banalen mentalen Zustand: die Überzeugung, daß eine Katze auf einer Matte sitzt. Gemäß der Theorie müßte sich ein funktionaler Zustand bestimmen lassen, in dem sich alle Wesen mit dieser Überzeugung befinden. Es müßte sich um eine enorm komplexe Beschreibung handeln (nach der Art einer Maschinentafel), die die notwendigen und hinreichenden Bedingungen für diesen Zustand angibt. Es scheint äußerst unwahrscheinlich, daß sich genau eine solche funktionale Beschreibung angeben läßt. Mehr noch: Wie verhält es sich mit einem Wesen, daß die Überzeugung „a cat sits on a mat" hat? Befindet es sich im gleichen (oder zumindest einem äquivalenten) funktionalen Zustand? Wenn die verwendeten Ausdrücke synonym sind und sich auf dasselbe beziehen, dann müßte das der Fall sein. Es könnte aber sein, daß sich die Worte „cat" und „mat" auf ganz andere Entitäten beziehen. Die komplizierte Frage der Unbestimmtheit der Übersetzung kommen hier ins Spiel. Wie soll diese Fragen rein funktionalistisch geklärt werden? Wenn die ganze intentionale Begrifflichkeit auf eine funktionale Begrifflichkeit reduziert werden soll, dann müßten auch Begriffe wie „Synonymie", oder „Koextensionalität" funktional bestimmt werden. Es ist gewöhnlich ein Akt gutwilliger Interpretation, mit dem wir dem englischsprachigen Sprecher hier eine Überzeugung über Katzen und Matten zusprechen. Im Rahmen einer funktionalistischen Theorie kann man sich nicht allein auf die Interpretationspraxis berufen. Wir müßten vermutlich zunächst alle nur erdenklichen Ein- und Ausgaben in beiden Systemen (dem deutschen und dem englischen Sprecher) testen, um herauszufinden, ob sie sich wirklich im selben Zustand befinden: Ein schier unmögliches Unterfangen. Da der Gehalt ihrer Überzeugungen auch durch die Umwelt bestimmt wird, genügt es zudem nicht, die beiden Systeme isoliert von ihrer Umwelt zu betrachten. Zwei isoliert betrachtete identische Systeme können in verschiedenen Umwelten, verschiedene mentale Gehalte haben. Sprachliche Bedeutungen sind nicht bloß im Kopf, sondern auch abhängig von der Umgebung des Sprechers. Was ein Wort bedeutet, hängt auch davon ab, worauf es sich in der Welt bezieht.

Es kann uns auch nicht genügen, daß sich die Systeme rein äußerlich so verhalten, als ob sie im selben Zustand wären. Das wäre kein Fortschritt gegenüber dem Behaviorismus. Es müßte gezeigt werden, daß auch ihre interne Struktur der Informationsverarbeitung äquivalent wäre. Wegen des holistischen Zusammenhalts mentaler Gehalte müßten wir das gesamte interne Netz ihrer Überzeugungen überprüfen. Eine Überzeugung gewinnt nämlich ihren Gehalt erst im Ensemble mit vielen anderen Überzeugungen. Man kann propositionale Gehalte nicht in Isolation voneinander bestimmen, weil jeder Begriff in einer Überzeugung seinen Inhalt dadurch gewinnt, daß wir noch andere Überzeugungen haben, in denen er auch vorkommt. Um das ganze Netz der Überzeugungen zu überprüfen, müßte die funktionalistische Theorie aber reich genug sein, um jede noch so abwegige Überzeugung individuieren und beschreiben zu können. Selbst wenn wir uns auf menschliche Wesen beschränken wollten, benötigten wir letztendlich eine funktionalistische Theorie der *menschlichen Rationalität* als Ganzer. Insgesamt erweist sich die funktionalistische Reduktion also als ein extrem utopisches Projekt. Die Interpretationspraxis läßt sich nicht in einer funktionalistischen Theorie einfangen. Wir können unsere eigenen interpretativen Fähigkeiten niemals vollständig formalisieren, weil wir jeweils *innerhalb* einer interpretativen Praxis formalisieren. Die Zuschreibung mentaler Zustände (besonders Überzeugungen) ist eine relative und für neue kulturelle Entwicklungen grundsätzlich offene Tätigkeit. Eine reduktionistische Theorie, mit der sich auf einer sub-mentalen und sub-intentionalen Ebene angeben ließe, in genau welchem mentalen Zustand ein Wesen sich befindet liegt außerhalb unseres epistemischen Horizonts.

6

Abstraktionismus und Eliminativer Physikalismus – Zweifel an der Realität des Mentalen

Die Unterscheidung zwischen metaphysisch-ontologischer und epistemischer Ebene erwies sich im letzten Kapitel mehrmals und an zentraler Stelle als bedeutsam. Die funktionale Beschreibungsweise führte nur dann nicht zur Postulierung einer kausal eigenständigen Ebene oberhalb des physischen Bereichs, wenn man in ihr nur ein begriffliches Hilfsmittel sah, um generelle Muster physikalischer Zustände – vom Einzelfall abstrahierend – herauszugreifen. Die explanatorische Nützlichkeit einer Beschreibungsebene impliziert nicht, daß dieses Vokabular die Grundstrukturen der erkenntnisunabhängigen Welt beschreibt. Die Kenntnis der genauen *Kausalbeziehungen* (des kleinteiligen *Modus Operandi*) ist oft explanatorisch irrelevant. Strenggenommen wird der funktionalen Ebene damit keine volle Realität außerhalb des erkennenden Subjekts zugestanden. Diese Einsicht ermöglicht einen eventuell überraschenden neuen Zug in der Debatte über das psychophysische Problem: Könnte es sein, daß mentale Entitäten wie Gedanken und Überzeugungen in genau diesem Sinne nur nützliche Abstraktionen sind und daher streng genommen gar nicht existieren? Obwohl sie dann einen eigenen, irreduziblen Bereich ausmachten, stellten sie doch keine Beeinträchtigung der kausalen Geschlossenheit des physischen Bereichs dar.

Auf den ersten Blick scheint die Annahme, daß die mentalen Entitäten nicht wirklich existieren, allerdings abwegig. In der kartesischen Tradition könnte man einwenden, daß nichts so sicher sei wie die Realität meiner eigenen mentalen Zustände. Ist also das Anzweifeln der Realität des Mentalen nur das konsequente und enthüllende Endprodukt des von Anfang an inadäquaten physikalistischen Ansatzes, oder lassen sich Gründe für diesen radikalen Schritt angeben, die unsere intuitiven Widerstände aufweichen könnten? In der gegenwärtigen Debatte wurde die Realität des Mentalen von verschiedenen Autoren angezweifelt. Gemäß der zweiten anfangs entwickelten Gliederung (siehe Seite 19) fallen diese Positionen also ganz generell unter die Annahme [D]. Sie bestreiten die

Existenz der mentalen Entitäten. Man kann dies mit unterschiedlicher Radikalität tun, wie sich im Folgenden exemplarisch herausstellen wird. Nach der anderen im ersten Kapitel entwickelten Gliederung anhand von drei miteinander unverträglichen Prinzipien (siehe Seite 19) fallen alle diese Ansätze unter die Negation von Prinzip [III]. Es wird also dem Mentalen *qua Mentalen* die kausale Wirksamkeit abgesprochen. Was nicht wirklich existiert, kann auch keinen Unterschied im kausalen Ablauf der Welt machen. Die Radikalität dieser Konsequenz korrespondiert genau der Intensität, mit der die Realität des Mentalen in Frage gestellt wird. Da im Abstraktionismus der mentalistischen Sprache noch ein abgeschwächter Realitätsbezug zugestanden wird, beziehen sich auch die in ihr beschriebenen Muster noch auf eine sehr abstrakte und indirekte Weise auf reale kausale Strukturen in der Welt. Im eliminativen Ansatz wird dem psychologischen Vokabular überhaupt kein Realitätsbezug zugestanden.

Damit ist zugleich ein erster Hinweis über die Abgrenzung der in diesem Kapitel zu behandelnden Positionen gewonnen. Die wichtigste Unterteilung erreicht man durch die Frage, ob die Rede über mentale Entitäten trotz des mangelnden direkten Bezugs auf die Wirklichkeit in einem abgeschwächten Sinne für wahr und daher explanatorisch nützlich gehalten wird, oder ob sie buchstäblich für falsch und daher irreführend betrachtet wird. Der Abstraktionismus schlägt den ersten, der eliminative Physikalismus den zweiten Weg ein.

Abstraktionismus

Daniel Dennett hat dieser Position in einer Reihe von weit über das fachphilosophische Publikum hinaus einflußreichen Veröffentlichungen Geltung verschafft (bes. Dennett 1987, siehe auch Dennett 1994). Alle bisher dargestellten Positionen gingen von einem mentalen Realismus aus. Die mentalen Entitäten existieren völlig unabhängig von Beschreibungen, Erklärungskontexten oder begrifflichen Schemata. Die konträr entgegengesetzte Position ist der mentale Irrealismus, verkörpert vor allem durch die noch darzustellende Eliminationsthese. Dennett sieht diese beiden Positionen als zwei Pole an, zwischen denen es ein Kontinuum von Zwischenlösungen gibt. Seine eigene philosophische Biographie ist durch eine gewisse Wanderbewegung im mittleren Bereich zwischen den Extrema gekennzeichnet. Ohne auf diese Nuancen im Detail einzugehen, soll die Grundintuitionen des Abstraktionismus beispielhaft herausgearbeitet werden. Zentral ist die Unterscheidung zwischen der konventionellen und der faktischen Ebene. Wenn wir die

Wirklichkeit beschreiben, stellen wir sie nicht unmittelbar dar, wie sie ist. Schon durch den benutzten Begriffsapparat gehen konventionelle Elemente in die Beschreibung der Fakten ein. Die Fakten selbst offenbaren sich nicht unmittelbar. Der amerikanische Philosoph W.V.O. Quine hat auf einflußreiche Weise argumentiert, daß eine saubere Trennung zwischen begrifflicher und faktischer Ebene nicht gelingen kann. Trotz dieser prinzipiellen Schwierigkeit will Dennett jedoch zumindest einen deutlichen graduellen Unterschied zwischen unseren naturwissenschaftlichen Theorien über das Gehirn und unseren psychologischen Theorien feststellen. Die neurophysiologische Theorie beschreibt die Wirklichkeit auf eine so unmittelbare Weise, daß man sie in einem sehr starken Sinne realistisch interpretieren kann und muß. Die in ihr vorkommenden Entitäten (Neuronen, Synapsen, Transmitter, etc.) existieren auch unabhängig von unseren begrifflichen Klassifikationen. Theorien über mentale Gehalte (propositionale Einstellungen, Qualia, etc.) beruhen dagegen ganz wesentlich auf konventionellen Klassifikationen und sollten daher instrumentalistisch interpretiert werden. Das bedeutet: Die (alltags-)psychologische Theorie beschreibt die Wirklichkeit nicht, wie sie unabhängig von uns ist, sondern liefert eine instrumentell und pragmatisch nützliche Darstellung, die durch und durch von explanatorisch nützlichen Abstraktionen vom genauen kausalen Geschehen geprägt ist. Es handelt sich nicht mehr um eine im Vollsinn realistische Abbildung der Wirklichkeit.

Die Entitäten, die eine solche instrumentalistisch aufgefaßte Theorie postuliert (Überzeugungen, Wünsche, Erlebnisse), existieren strenggenommen nicht. Es sind vom erkennenden Subjekt eingeführte Abstrakta. Trotzdem ist die Darstellung der Wirklichkeit durch diese Theorie nicht schlichtweg mißglückt. Die Alltagspsychologie ist keine falsche Theorie. Ihr Bezug zur Wirklichkeit ist jedoch alles andere als unmittelbar. Ein Beispiel aus einem anderen Bereich mag dies verdeutlichen: Auch in den Naturwissenschaften führt man gelegentlich aus Nützlichkeitsüberlegungen Abstrakta ein, ohne deren Existenz zu behaupten. Ein typischer Fall aus der Physik ist der Schwerpunkt. Will man beispielsweise erklären, warum der schiefe Turm von Pisa einsturzgefährdet ist, so wird man dabei normalerweise auf die Verlagerung seines Schwerpunktes zu sprechen kommen. Nun wird aber niemand davon ausgehen, daß es Schwerpunkte gibt. Sie existieren nicht in dem gleichen Sinne wie die Steine des Turms und die Atome, aus denen er zusammengesetzt ist. Auch die genaueste empirische Untersuchung des Turms würde keinen Schwerpunkt aufspüren können. Dennoch ist die Einführung von Schwerpunkten in die Theorie explanatorisch äußerst nützlich. Durch die Abstraktion werden stabile, wiederkehrende Muster beschrieben, die eine gewisse Grundlage in der Realität haben. Man kann auch nicht sagen, daß eine Theorie, die Schwerpunkte postuliert, falsch ist. Sie liefert korrekte Vorhersagen und scheint daher das Kausalgeschehen in der Welt wenigstens auf eine sehr grobe Weise zu erfassen.

Der Abstraktionismus unterscheidet sich vom sogenannten Fiktionalismus dadurch, daß er an dem indirekten Realitätsbezug der Ebene der Abstrakta festhält. Ein Atheist könnte ein Fiktionalist in Bezug auf Gott sein. Alle Aussagen über Gott beziehen sich auf nichts, sie sind falsch. Dennoch hat die theistische Fiktion einen gewissen pragmatischen Nutzen im Leben des Einzelnen und der Gesellschaft. Diese These unterscheidet sich vom Abstraktionismus dadurch, daß die fragliche Theorie oder Aussage als falsch angesehen wird. Der Abstraktionismus behauptet hingegen die fragliche Theorie oder Aussage sei weder falsch noch aber *buchstäblich* wahr. Die Alltagspsychologie ist nach abstraktionistischem Verständnis in einem abgeschwächten Sinne wahr. Sie beschreibt nicht unmittelbar die Wirklichkeit, sondern liefert eine instrumentalistisch gerechtfertigte Beschreibung der Wirklichkeit. Es liegt also eine Art epistemischer Wahrheitsbegriff vor, der durch den besonderen ontologischen Status der Entitäten (Abstrakta) erzwungen wird. Die Abstrakta existieren nicht in der sprachunabhängigen Welt, sie dienen aber dazu, explanatorisch verläßliche Beschreibungen der Welt zu liefern.

Blicken wir etwas genauer auf den Fall der Zuschreibung mentaler Zustände und vor allem sogenannter propositionaler Einstellungen wie „*x* glaubt, daß *p*". Die philosophische Theorie des Verstehens und die gesamte hermeneutische Tradition haben herausgearbeitet, daß Verhaltenserklärungen aufgrund von Zuschreibungen propositionaler Einstellungen methodisch von naturwissenschaftlichen Erklärungen zu unterscheiden ist. Ein Grund für diese Unterscheidung liegt darin, daß man nicht leicht und zweifelsfrei experimentell feststellen kann, was eine Person wirklich glaubt. Die betreffende Person selbst mag sich sogar manchmal darüber unsicher sein. Es verlangt einen Akt der Interpretation, der weit über die fragliche Überzeugung hinaus ein holistisches Netz von Überzeugungen und eine allgemeine Rationalitätsannahme voraussetzt. Es kommt daher oft zu widersprüchlichen Interpretationen, zwischen denen eine klare Entscheidung nicht herbeigeführt werden kann. Ist die Zuschreibung von propositionalen Einstellungen daher subjektiv und standpunktabhängig wie eine Aussage über guten Geschmack? Offensichtlich ist das nicht der Fall, da es uns alltäglich immer wieder gelingt mittels der Zuschreibung propositionaler Einstellungen Vorhersagen von überraschender Präzision zu machen. Der klassische Fall ist der einer Verabredung zu einem Treffen zwischen zwei Personen. Unter guten Umständen ermöglicht in diesem Fall die Zuschreibung von etwas Mentalem (eines Wissens und einer Absicht) eine sehr genaue und verläßliche Vorhersage eines physischen Prozesses (einer Körperbewegung).

Die Zuschreibung mentaler Zustände und insbesondere propositionaler Einstellungen spielt sich daher in einem mittleren Bereich zwischen sprachlicher Konstruktion und Abbildung der Realität ab. Dennett spricht von einer Objektivität *innerhalb eines epistemischen Standpunktes*. Die Zuschreibung propositionaler Einstellungen zielt nicht die Darstellung der geist- und sprachunabhängigen Welt „an sich“ an, sondern geschieht aus einer eingeschränkten und interessengelenkten Beschreibungsperspektive, dem sogenannten „intentionalen Standpunkt“ (*intentional stance*). Der explanatorische Erfolg und die damit verbundene Unverzichtbarkeit des intentionalen Standpunkts verleihen ihm eine gewisse Objektivität. Überzeugungen und andere propositionale Einstellungen sind objektive Phänomene, die sich aber nur aus der Perspektive einer bestimmten für Vorhersagen nützlichen epistemischen Strategie darstellen lassen. Dennett nennt dies auch die „Intentionale Strategie“.

Erklärungen vom intentionalen Standpunkt

Dennett unterscheidet drei Strategien der Erklärung: den physischen, den funktionalen und den intentionalen Standpunkt. Die Entwicklung in der Zeit aller materiellen Systeme läßt sich mittels der physischen Strategie erklären. Bei einfachen, unbelebten Körpern genügt die Kenntnis der Gesetze der Mechanik, um ihre Entwicklung in der Zeit erklären und vorhersagen zu können. Die Planetenbewegung ist ein historisch bedeutsames Beispiel für die erfolgreiche Anwendung dieser Strategie. Grundlegend für sie ist die Subsumierbarkeit jeder einzelnen Ereignisfolge unter formalisierbare allgemeine Gesetze. Von der allgemeinen Relativitätstheorie bis zur Quantenmechanik geben die sogenannten „harten“ naturwissenschaftlichen Theorien beredtes Zeugnis von der explanativen Kraft dieser Erklärungsstrategie. Man kann sie allerdings nur anwenden, wenn man den zugrundeliegenden *kausalen Mechanismus* einer Veränderung annähernd verstanden hat.

Im Alltag können wir jedoch oft genug mit sehr komplexen Systemen umgehen, ohne jede Kenntnis der zugrundeliegenden physikalischen Gesetze. Die Mehrzahl der Anwender von Computern kann keine Auskunft über die in der Maschine ablaufenden physischen Vorgänge geben. Aber auch ohne ein Physiker oder Hochfrequenztechniker zu sein, kann man das Verhalten eines *funktionierenden* Computers nach kurzer Einübungsphase recht verläßlich vorhersagen. Ohne Berücksichtigung der physikalischen Realisierung verstehen wir sehr schnell den zweckmäßigen Entwurf oder Plan, der dem Arbeiten der Maschine zugrunde liegt. Wenn die Maschine planmäßig funktioniert, lassen sich bestimmte immer wiederkehrende Operationen aus der Kenntnis der Zwecke interpretieren, die bei der Konstruktion der Maschine angezielt wurden. Als Beispiel mag die Bedienung eines Programms zur Textverarbeitung dienen. Die Einsicht in die zweckdienlichen funktionalen Zusammenhänge von Eingabe und Ausgabe genügt vollständig, um das Verhalten des Programms zu erklären (und es somit zu beherrschen). Eine Kenntnis der genauen physikalischen Vorgänge in der Maschine wäre für die meisten Benutzer unnötiger kognitiver „Ballast". Erklärungen von dieser Art erfolgen von einer abstrakten Perspektive, die man den „Entwurfstandpunkt" (*design stance*) nennen könnte. Für ihn ist typisch, daß man den genauen kausalen Mechanismus nicht kennen muß. Auch die Bewegungen natürlicher biologische Systeme kann man aus dieser Perspektive erklären. Die bei der Verhaltensbeschreibung von Organismen verbreiteten teleologisch-funktionalen Erklärungen („der Hund nahm die Verfolgung auf, weil sein zum Überleben dienlicher Jagdinstinkt ausgelöst wurde") abstrahieren vollständig von den zugrundeliegenden neurophysiologischen Mechanismen.

In vielen Fällen ist aber auch der Entwurfsstandpunkt praktisch unzugänglich. Computerbenutzer, die den funktionalen Zusammenhang des Programms nicht verstehen, greifen dann resigniert auf Erklärungen wie „jetzt will er nicht mehr" zurück. Damit ist man beim intentionalen Standpunkt angelangt. Der beschriebene alltägliche Fall ist natürlich denkbar primitiv und trivial. In interessanteren Fällen wird einem intentional interpretierten System ein mehr oder minder komplexes Netzwerk von Überzeugungen und Wünschen zugesprochen. Genauer gesagt: dem System werden holistisch verknüpfte propositionale Einstellung (des Wollens, Glaubens, Hoffens, etc.) zugeschrieben. Jeder Haustierbesitzer kennt die Tendenz, das Verhalten des Tieres auf diese Weise zu erklären. Ein Beispiel: Ein Hund sieht seinen Besitzer mit der Hundeleine in der Hand zur Tür gehen. Wir erklären das erregte Schwanzwedeln des Hundes damit, daß der Hund *glaubt*, er werde jetzt ausgeführt. Außerdem nehmen wir an, er habe den *Wunsch*, nach draußen zu kommen. Vom Standpunkt des Entwurfs her, müßte man dagegen beispielsweise nach folgendem Muster erklären: Der Hund drängt zum Verlassen des Hauses und damit in eine artgerechtere Umwelt, weil er dort seine der Arterhaltung dienenden Instinkte besser ausleben kann. Die intentionale Erklärung abstrahiert vom Entwurfstandpunkt. Die Kenntnis biologischer Zweckzusammenhänge ist nicht notwendig.

Wie genau funktioniert die intentionale Strategie? Zunächst *entscheidet* man sich, das zu erklärende System als rationales handelndes Wesen zu betrachten. Dann schreibt man dem System ein Netzwerk von Überzeugungen und Wünschen zu, die sein Verhalten als rational erscheinen lassen. Die Rationalitätsannahme enthält verschiedene konstitutive Elemente. Zum einen unterstellt man, daß die Überzeugungen des Systems normalerweise größtenteils wahr sind. Darüber hinaus wird angenommen, daß die Überzeugungen des zu interpretierenden Systems normalerweise größtenteils logisch konsistent sind und daß es die schlußfolgernden Beziehungen zwischen seinen Überzeugungen anerkennt. Ein rationales System hat zudem normalerweise größtenteils solche Wünsche, deren Erfüllung ihm zum Vorteil gereichen würden.

Der bereits erwähnte Hund hat ein (relativ einfaches) Netz von größtenteils wahren Überzeugungen, die seinen Besitzer, die Leine und die Tür betreffen. Außerdem hat er einen Wunsch (ins Freie zu gelangen), dessen Erfüllung für ihn vorteilhaft wäre. Der Hund läßt sich somit als *intentionales System* mit einem Netz von Überzeugungen beschreiben. Das Verhalten des Systems kann auf diese Weise erklärt werden.

Der entscheidende Punkt ist dieser: Dennett behauptet, daß jedes System, das durch die intentionale Strategie erklärt werden kann, auch ein intentionales System ist. Stellen wir uns einen Zombie vor: Ein roboterhaftes Wesen, das sich wie ein Mensch verhält, aber in Wirklichkeit nur eine komplexe Maschine ohne jedes bewußte mentale Leben ist. Das Verhalten des Zombies läßt sich gemäß der intentionalen Strategie erklären. Gemäß dem gesunden Menschenverstand gibt es aber einen Unterschied zwischen einem Menschen und einem Zombie. Während der Mensch echte Wünsche und Überzeugungen hat, handelt es sich beim Zombie nur um eine raffinierte Attrappe, eine täuschend echte Nachbildung. Der Zombie hätte also demnach gar keine Wünsche oder Überzeugungen. Er ist kein genuin intentionales System, obwohl er sich als solches beschreiben läßt. Searle hat deshalb zwischen echter oder genuiner Intentionalität einerseits und Als-Ob-Intentionalität andererseits unterschieden. In einer im weitesten Sinne behavioristischen Tradition stehend, hält Dennett diese Unterscheidung für sinnlos. Ein Wesen, das sich wie ein intentionales System verhält und sich vom intentionalen Standpunkt aus beschreiben läßt, verfügt über Intentionalität. Es verfügt wahrhaft über Überzeugungen und Wünsche, es ist ein „true believer".

Diese These wirft schwierige Fragen auf. Wo sollen wir die Grenzen für intentionale Systeme ziehen? Die intentionale Strategie funktioniert bei Vögeln, Fischen, Reptilien, Insekten, ja sogar Muscheln (sobald eine Muschel glaubt, daß Gefahr für sie besteht, will sie ihr Schalengehäuse nicht mehr öffnen). Selbst Artefakte wie schachspielende Computer oder sogar Thermostate an Heißwasserboilern kann man nach der intentionalen Strategie interpretieren. Überall, wo mit der intentionalen Strategie *Vorhersagen* über das Verhalten eines Systems gemacht werden können, haben wir es auch mit einem intentionalen System zu tun. Die Grenze liegt bei Gegenständen wie einem Tisch oder einem Stein, die mangels jeglicher selbstgesteuerter Bewegungsabläufe gar nicht über ein hinreichend komplexes Verhaltensrepertoire verfügen, um Vorhersagen dieser Art überhaupt interessant erscheinen zu lassen. Die intentionale Strategie ist daher in einem sehr weiten Bereich von Fällen anwendbar. Während Dennett dies für eine Stärke seines Ansatzes hält, sehen seine Kritiker darin gerade seine Hauptschwäche. Ein Intentionalitätsbegriff, der so weit gefaßt ist, daß Menschen und Muscheln gleichermaßen unter ihn fallen, sagt fast nichts mehr aus.

Es ist fraglich, ob all jene Systeme, die sich mit der intentionalen Strategie beschreiben lassen, in der Realität etwas spezifisches Intentionales gemeinsam haben. Wir können uns leicht vorstellen, daß manche Systeme, die mit der intentionalen Strategie beschreibbar sind, in Wirklichkeit keine intentionale Systeme sind. Dennett kann den Verdacht nicht ausräumen, daß die intentionale Strategie auch auf Systeme anwendbar ist, die in Wirklichkeit gar nicht über propositionale Einstellungen wie Wünsche und Überzeugungen verfügen. Da Dennett nicht zwischen echter und „Als-Ob-Intentionalität" unterscheiden will, wird der Intentionalitätsbegriff zu unspezifisch und somit inhaltlich entleert. Die intentionale Strategie abstrahiert so stark von den realen Strukturen der Welt, daß ihr wesentliche Unterschiede in der Wirklichkeit entgehen.

Realität und kausale Wirksamkeit von Abstrakta

Der Abstraktionismus war mit dem Anspruch aufgetreten, zwar einerseits von unnötigen Details zu abstrahieren, aber dennoch andererseits *reale Strukturen in der Wirklichkeit* abzubilden. Kann dieser Anspruch auf dem Hintergrund des Gesagten noch aufrechterhalten werden? Müßte man nicht vielmehr sagen, daß die Ebene der intentionalen Erklärungen so abstrakt ist, daß sie eigentlich mit der Realität wenig zu tun hat? Wir benutzen die intentionale Strategie nur aus Unkenntnis der wahren Zusammenhänge. Ein uns intellektuell weit überlegenes Wesen, benötigte die intentionale Strategie überhaupt nicht. Ein schon mehrmals erwähntes Beispiel: Stellen wir uns vor Frau X ruft ihren Mann an und bittet ihn, sie in drei Stunden vom Flughafen abzuholen. Ungefähr zwei Stunden später verläßt Herr X sein Haus und fährt zielstrebig zum Flughafen und trifft dort seine Frau. Diese äußerst komplexe Interaktion zweier Körper wäre rein physikalisch für uns nicht zu erklären. Das Geschehen im Nervensystem der beiden Personen und die komplexen Interaktionen mit der Umwelt summieren sich zu einer Datenfülle, die für uns nicht mehr handhabbar erscheint. Wie sollte man aus dem Zustand des Körpers von Herrn X auf der Ebene rein physischer Beschreibung ableiten können, daß sich eben dieser Körper in drei Stunden dreißig Kilometer entfernt am Flughafen aufhalten wird. Wir greifen daher auf die intentionale Strategie zurück. Die Wünsche (seine Frau abzuholen, etc.) in Zusammenhang mit Überzeugungen (daß sich seine Frau am Flughafen befindet, etc.) geben eine sehr verläßliche Grundlage für Vorhersagen und Erklärungen. Dennett führt fiktiv einen Superwissenschaftler von einer fremden, uns überlegenen Zivilisation ein, der allein aufgrund von Daten auf der physischen Ebene alle Bewegungen von Herrn X im Detail voraussagen kann. Aus der Perspektive dieses Superwissenschaftlers muß es geradezu als magisch erscheinen, daß ein Mensch mittels der intentionalen Strategie mit einem Mindestmaß an Information die Bewegungen von Herrn X über Stunden hinweg vorhersagen kann. Die einzige Erklärung für diesen Erfolg der intentionalen Strategie besteht nach Dennett darin, daß sie auf abstrakte Weise *reale kausale Muster* in der Welt herausgreift.

Was aber in diesem Zusammenhang mit „real" gemeint ist, bleibt unklar. Es handelt sich keinesfalls um „real" im Sinne des sogenannten metaphysischen Realismus, der real mit „absolut geist- und sprachunabhängig" gleichsetzt. Dennett gesteht nämlich zu, daß es *mehrere* verschiedene intentionale Erklärungen desselben Systems geben kann, die alle richtige Vorhersagen liefern. Erklärungen mittels der intentionalen Strategie sind interessen- und standpunktabhängig. Wir können oft das Verhalten eines Systems mit zwei sich widersprechenden Zuschreibungen von propositionalen Einstellungen gleichermaßen erklären. Im Rahmen eines realistischen Ansatzes könnte nur jeweils *eine* Interpretation wahr sein. Dennett hingegen hält an einem möglichen Pluralismus fest. In der Tradition Quines spricht er von einem „radikalen Indeterminismus der Interpretation" im Bereich der Zuschreibung intentionaler Zustände. Wie soll man dann aber verstehen, daß zwei sich widersprechende Interpretationen *dasselbe* Muster in der Wirklichkeit herausgreifen?

Der abstraktionistisch abgeschwächte mentale „Realismus" führt auch beim Problem mentaler Verursachung zu erheblichen Problemen. Wie bereits erwähnt, gilt zunächst folgendes: Da es die eingeführten

Abstrakta (propositionale Einstellungen) streng genommen nicht gibt, kann ihnen auch keine kausale Wirksamkeit zukommen. Kausale Kräfte walten nur auf der Ebene der im starken Sinne realen physikalischen Grundlage. Die abstrakte Beschreibungsweise soll aber kausal relevante Muster herausheben, denn nur dadurch wird ihr explanatorischer Erfolg verständlich gemacht. Es ist in einem physikalistischen Ansatz klar, daß diese allgemeinen Muster als solche keine kausalen Kräfte haben. Nur ihre jeweilige materielle Realisierung erledigt die kausale Feinmechanik. Je höher die Abstraktion, desto weiter ist man vom realen kausalen Geschehen entfernt. Würden die Muster tatsächlich die zugrundeliegenden kleinteiligeren physikalischen Ereignisse „versklaven", so erhielte man eine Art Emergentismus mit Abwärts-Verursachung. Damit wäre die Geschlossenheit des physischen Bereichs durchbrochen. Die Rede davon, daß durch die intentionale Strategie kausal relevante Muster herausgegriffen würden, ist also alles andere als unproblematisch. Das Kernproblem liegt meines Erachtens in der Unterscheidung von Entitäten, die im Vollsinne real sind (geistunabhängige Entitäten) von solchen, die nur in einem abgeschwächten Sinne real sind (Abstrakta der intentionalen Strategie). In letzter metaphysischer Analyse (vom Gottesstandpunkt eines allwissenden Wesens) kann auf die Einführung der Abstrakta verzichtet werden. Die einzige wahre Theorie der Welt, die alle im vollen Sinne real existierenden Entitäten und ihre Relationen untereinander beschreibt, enthält keine instrumentalistisch gerechtfertigten Abstrakta im Sinne von Dennett. Die Konsequenzen reichen sogar noch weiter: Unsere Lebenswelt mit vielen ihrer Makroobjekte (Tische, Stühle, Autos, Bücher, etc.) kann dann auch nicht mehr für im vollen Sinne real gehalten werden, weil auch sie als solche nicht geistunabhängig existieren.

Weitreichende Folgen hat Dennetts abstraktionistischer Realismus auch für die Theorie des Bewußtseins. Nach seiner Auffassung ist die Intentionalität das fundamentalere Phänomen, von dem her man das Bewußtsein verstehen muß. Intentionalität kann man auch Systemen wie Muscheln, Taschenrechnern oder gar Thermostaten zuschreiben, die wir gemeinhin für bewußtlos halten: Es gibt einfache Intentionalität ohne Bewußtsein. Diese These wird durch einige von Dennetts Kritikern (wie beispielsweise John Searle) heftig bestritten. Für sie ist Bewußtsein das fundamentale Phänomen. Intentionalität muß vom Phänomen des Bewußtseins her verstanden werden. Solange wir keine überzeugende Theorie des Bewußtseins haben, werden wir das Problem der Intentionalität nicht wirklich lösen können. Für Dennett dagegen ist ein mit Bewußtsein ausgestattetes System lediglich ein intentionales

System höherer Komplexität. Seine abstraktionistische Theorie der Intentionalität erklärt auch das Phänomen des Bewußtseins. Es hat keinen Sinn, in der geistunabhängigen Außenwelt nach dem Ort zu suchen, wo wirkliches Bewußtsein zum ersten Mal aufgetaucht (emergiert) ist. Selbst beim Menschen gibt es keine eindeutige Grenzlinie, auf der ein bisher unbewußter mentaler Gehalt die Schwelle zum Bewußtsein überschreitet. Dennett will auch die bewußten Erlebnisqualitäten (Qualia) wie Schmerz oder Freude nicht in einem strengen Sinne realistisch betrachten. Auch ihre Zuschreibung ist nicht durch eindeutige objektive Fakten determiniert und bleibt daher standpunktabhängig. Ab einem gewissen Grad der Komplexität kann man Wesen jedoch gerechtfertigterweise Bewußtsein zusprechen. Ein Zweifel, ob dieses Wesen wirklich bewußt ist oder sich nur so verhält als habe es Bewußtsein, ist dann unbegründet. Wer einem Lebewesen mit einem relativ begrenzten Verhaltensrepertoire Bewußtsein zuschreibt, einem Roboter mit einem größeren Verhaltensrepertoire hingegen das Bewußtsein abspricht, der ist nach Dennett intellektuell noch einer irrationalen Sicht nach dem Muster des Vitalismus verhaftet.

Zusammenfassend kann man sagen, daß das Kernproblem des Abstraktionismus darin liegt, entgegengesetzte philosophische Intuitionen in einem System zu einer Einheit synthetisieren zu wollen. Einerseits soll die gesamte sogenannte Alltagspsychologie nicht direkt realistisch interpretiert werden. Die in ihr postulierten Entitäten (vor allem propositionale Einstellungen und Qualia) existieren streng genommen nicht. In dieser Hinsicht unterscheidet sich die Alltagspsychologie fundamental von den Theorien über die physische Welt. Was wirklich im Gehirn vorgeht, erklärt uns allein die Neurophysiologie. Es gibt keine mentalen Entitäten, die in der Welt eine kausale Rolle einnehmen. Auf der anderen Seite wird der explanatorische Erfolg der Alltagspsychologie damit erklärt, daß sie doch irgendwie kausal relevante Muster in der Welt herausgreift. Die Spannung zwischen diesen beiden Intuitionen kann nicht aufgelöst werden. Der mittlere Bereich zwischen mentalem Realismus und Elimination des Mentalen bleibt im Letzten begrifflich instabil und unklar. Es legt sich daher nahe, den im Abstraktionismus nur zögerlich begangenen Weg konsequenter zu verfolgen. Könnte es nicht sein, daß unsere Alltagspsychologie eine schlichtweg falsche Theorie ist? Es wäre nicht das erste Mal in der Geschichte menschlicher Erkenntnis, daß eine weitverbreitete und durchaus praktisch verwertbare und nützliche Theorie sich letztendlich dennoch als Irrtum herausstellt. Auf dieser Intuition beruht der eliminative Physikalismus.

Eliminativer Physikalismus

Diese Grundthese des eliminativen Physikalismus ist in ihrer Radikalität ungewohnt und überraschend. Man kann sie folgendermaßen formulieren: Die von der Alltagspsychologie (jetzt abgekürzt ATP) eingeführten Entitäten (Meinungen, Wünsche, Vorstellungen, Gedanken) existieren in Wirklichkeit überhaupt nicht. Die ATP ist eine falsche Theorie. Daher ist sie auch nicht auf eine andere, wissenschaftlichere Theorie reduzierbar. Die Perspektive der ATP ist nicht einmal aus pragmatischen Gründen erhaltenswert, sondern soll schlußendlich völlig durch eine bessere (neurophysiologische) Erklärungsweise ersetzt werden. „Ersetzen" bedeutet hier nicht, daß die neue Theorie über die gleichen Entitäten nur in einem anderen, verfeinerten Vokabular spricht. Es geht nicht nur um eine Reform der Sprache, sondern um die Überwindung einer falschen Ontologie. Von unserer Alltagsphysik beschriebene Zustände (wie z. B. Wärme) lassen sich oft auf wissenschaftlich beschriebene Zustände (Molekularbewegung) zurückführen. Anders verhält es sich mit den von der ATP eingeführten Entitäten. Sie stehen auf gleicher Stufe wie beispielsweise die früher irrtümlich von Physikern eingeführte Substanz Phlogiston oder gar Hexen und Dämonen. Obwohl man zu früheren Zeiten glaubte, mit Theorien über die Substanz Phlogiston das Phänomen der Verbrennung, bzw. mit Theorien dämonischer Besessenheit das Phänomen der Geisteskrankheit erklären zu können, so stellte sich doch heraus, daß diese Theorien falsch waren. Man hatte sich trotz gewisser pragmatischer Erfolge der Theorien bezüglich der wahren Kausalgeschichte einfach geirrt. Es gibt weder das Phlogiston noch Hexen und Dämonen. In ähnlicher Weise wird sich die gesamte Alltagspsychologie in Zukunft als Irrtum großen Ausmaßes erweisen.

Erste Anklänge und frühe Varianten dieser Position finden sich bei bekannten Gegenwartsphilosophen wie W.V.O. Quine, Richard Rorty und Paul Feyerabend. In jüngster Zeit wurde die eliminativ-physikalistische Position vor allem durch Paul und Patricia Churchland (Paul Churchland 1988, 1994, Patricia Churchland 1986) in die Diskussion eingebracht. Die grundlegende Frage ist, ob der eliminative Physikalismus den Status der ATP richtig einschätzt.

Die Alltagspsychologie als empirische Theorie

Die ATP ist ein vorwissenschaftliches begriffliches Raster, das alle normal entwickelten sprachbegabten Menschen anwenden, um das eigene Verhalten und das Verhalten der Mitmenschen zu beschreiben, zu verstehen, vorherzusagen und zu erklären. Neben den schon oft genannten

Überzeugungen und Wünschen enthält das begriffliche Raster der ATP die sprachlichen Mittel zur Beschreibung von Emotionen, Absichten, Erinnerungen, Erkenntnissen, Intuitionen und aller anderen mentalen Zustände, die wir uns im Rahmen des gesunden Menschenverstandes zuschreiben. Die Existenz dieses gemeinsamen begrifflichen Rasters ist weithin unbestritten. Die philosophische Kontroverse beginnt bei der Einschätzung der Natur und der Zukunftsaussichten der ATP. Churchland und andere Eliminativisten nehmen an, daß das Gesamt der ATP eine Art *Theorie* darstellt. Die ATP unterscheidet sich in dieser Hinsicht nicht grundsätzlich von der Physik, der Biologie oder anderen Theorien, mittels derer wir die Wirklichkeit zu beschreiben versuchen. Sie unterscheidet sich von den letztgenannten Theorien aber dadurch, daß ihre Zukunftsaussichten alles andere als günstig sind. Die ATP ist eine überholte empirische Theorie.

Die Auffassung, daß die ATP eine empirische Theorie darstellt, wurde vermutlich erstmals von Wilfried Sellars verteidigt (SELLARS 1956). Als Gedankenexperiment beschreibt Sellars eine prähistorische Gruppe von Menschen, in der die ATP noch nicht entwickelt worden war. Zwar waren diese Menschen bereits in der Lage, einfache Aussagesätze zu formulieren, aber sie verfügten nur über einen eng begrenzten Wortschatz zur Beschreibung ihres Verhaltens. Es handelte sich um Ausdrücke, die allein Verhaltensdispositionen unter der Rücksicht *beobachtbaren* Verhaltens beschrieben. Unsere Urahnen waren also Behavioristen. Ein besonders begabtes Mitglied dieser fiktiven Sprechergemeinschaft unternahm eine folgenreiche Innovation. Er schrieb seinen Stammesgenossen *innere* mentale Zustände zu, indem er diese mit äußerlich Beobachtbarem korrelierte. Die neu eingeführten inneren Zustände, die den geäußerten Behauptungssätzen entsprachen, waren Gedanken und Überzeugungen. Eine Abfolge solcher inneren Zustände konnte äußeres Verhalten verständlich machen, das ansonsten als überraschend und unerklärlich gelten mußte. Äußerlich wahrnehmbaren distinkten Verhaltensmustern wurden jeweils innere qualitative Erlebnisgehalte zugeordnet. Gefühlszustände oder andere Erlebnisgehalte wurden jetzt als *innerlich wahrnehmbare* Objekte betrachtet. Man konnte nach und nach ein ganzes Inventar solcher inneren Zustände klassifizieren, ganz ähnlich wie man äußere Gegenstände mittels Beobachtung unterscheiden und klassifizieren konnte. Auf diese Weise entstand langsam die ganze Ontologie der ATP.

Entscheidend ist, daß das ganze Ensemble dieser inneren Zustände allmählich mehr Eigenständigkeit entwickelte und losgelöst von aktuell sichtbarem äußeren Verhalten zugeschrieben werden konnte. Erst diese

Zuschreibung macht daher die Anerkennung privater mentaler Zustände möglich, die sich nicht *unmittelbar* in äußerlich sichtbarem Verhalten ausdrücken. Die Annahme eines solchen inneren mentalen Lebens erwies sich als explanatorisch nützlich. Man konnte eine komplexe innere Geschichte angeben, die das Verständnis all jener differenzierten beobachtbaren Verhaltensmuster erleichterte, die sich anders als beispielsweise simple Reflexbewegungen nicht unmittelbar selbst erklärten. Solche Zuschreibungen aus der Perspektive der dritten Person waren also *explanatorische Hypothesen*, die auf dem Hintergrund der ATP Vorhersagen für das beobachtbare Verhalten ermöglichten. Nachdem diese Klassifikation innerer mentaler Zustände hinreichend verfeinert worden war, hatte die fiktive prähistorische Gesellschaft im Prinzip das theoretische Niveau bezüglich der Verhaltenserklärung erreicht, auf dem wir uns heute noch bewegen. Natürlich verfügen wir – beispielhaft ist die Ausdruckskraft des psychologischen Romans – über eine subtiler ausgearbeitete ATP. Aber der Unterschied zwischen dieser Spätform und den ersten alltagspsychologischen Theorien ist kein prinzipieller.

Daß die ATP eine Art Hintergrundwissen darstellt, mittels dessen wir explanatorische Hypothesen aufstellen, wird kaum bezweifelt. Das Problem liegt in der Behauptung, dieses Hintergrundwissen habe die Form einer empirischen *Theorie*. Empirische Theorien enthalten Gesetze oder zumindest gesetzesartige Aussagen. Gibt es in der ATP Gesetze? Wenn man die Anwender der ATP nach den in ihr enthaltenen Gesetzen fragte, so wären diese vermutlich nicht in der Lage, diese Gesetze zu benennen. Eliminative Physikalisten gehen aber dennoch davon aus, daß alle Anwender der ATP ein *implizites* Wissen um gesetzesartige Zusammenhängen haben. Sie sollen beispielsweise folgendermaßen aussehen:

> (ATP-G_1) Wenn *x* wünscht, daß *p*, und *x* glaubt, daß *q* ein Mittel zur Verwirklichung von *p* ist, dann wird *x* versuchen zu bewirken, daß *q*.

Ein anderes fundamentales Gesetz der ATP wäre:

> (ATP-G_2) Wenn *x* körperlichen Schaden erleidet, fühlt *x* Schmerz.

Solche Gesetze gelten natürlich nicht strikt. Sie enthalten implizite *Ceteris-Paribus*-Klauseln, zum Beispiel die Annahme, daß *x* keine stärkeren Wünsche hat, die den Wunsch nach *p* nicht zur Geltung kommen lassen.

Das spricht aber nicht gegen den protowissenschaftlichen Charakter der ATP. Viele Theorien in den speziellen Wissenschaften enthalten nur solche Gesetze von eingeschränkter Allgemeinheit. Erklärung in der ATP funktioniert also ganz ähnlich wie in anderen empirischen wissenschaftlichen Theorien nach dem nomologisch-deduktiven Hempel-Oppenheim-Schema. Das bedeutet: Zur Erklärung eines Ereignisses mittels der ATP genügt es, das konkrete Vorkommnis unter einen allgemeinen gesetzesartigen Zusammenhang der beschriebenen Art subsumieren zu können. Erklären setzt also die (implizite) Kenntnis von Gesetzen voraus.

Die Erklärungskraft der Alltagspsychologie

Wenn die ATP tatsächlich eine Theorie im dargestellten Sinne ist, dann folgt, daß wir nicht über prä-theoretisches Wissen über unsere eigenen mentalen Zustände verfügen. Wie ich mich selbst befinde, ist mir nicht unmittelbar gewiß. Es ist ein spontaner Akt der Anwendung eines komplexen konzeptuellen Rasters auf mich selbst, der mir mein psychisches Leben kognitiv zugänglich macht. In dieser Hinsicht gibt es keinen relevanten Unterschied zwischen der Zuschreibung mentaler Zustände bei anderen oder bei mir selbst. Auf die Problematik dieser Konsequenz wird noch zurückzukommen sein. Zunächst sollen aber die Grundthesen und Argumente des eliminativen Physikalismus zur ATP noch deutlicher formuliert werden. Eliminativisten geben hauptsächlich folgende drei Gründe für die Überflüssigkeit und Inadäquatheit der ATP an:

(1) Die ATP liefert in zentralen Gebieten keine oder nicht befriedigende Erklärungen. Einige Beispiele: Sie sagt nichts über die Natur des Schlafes aus. Die verbreitete ATP-These, man benötige Schlaf, um sich zu erholen, hält der Überprüfung nicht stand. Selbst Personen, die sich ununterbrochen erholen können, brauchen immer noch Schlaf. Auch sagt uns die ATP nichts darüber, wie das Gedächtnis arbeitet. Wie gelingt es uns immer wieder, die in der jeweiligen Situation relevanten Daten ins Bewußtsein zurückzurufen? Die ATP kennt zwar das Gedächtnis als mentales Vermögen, hat aber über die genaue Genese einer Erinnerung nichts Aufklärendes zu sagen. Die explanatorische Kraft der ATP kommt auch im Bereich psychischer Erkrankungen an ihre Grenzen. Weder macht sie die Verhaltensweisen der erkrankten Person vorhersehbar noch gibt sie Hinweise für eine Therapie der Erkrankung. Auch bei Verletzungen des Gehirns versagt die Erklärungskraft der ATP. Diese Liste ließe sich noch erweitern. Der Anwendungsbereich der ATP schließt

viele für die Verhaltenserklärung wichtige Bereiche nicht mit ein. Die ATP ist eine lückenhafte Theorie von geringer Erklärungskraft.

(2) Auf den ersten Blick scheinen oft die reduktionistischen Theorien mehr Plausibilität zu besitzen als der eliminative Physikalismus. Wie weiter oben gezeigt wurde, impliziert psychophysische Typen-Identität Reduzierbarkeit. Die Reduktion der ATP auf eine im weitesten Sinne physikalische Theorie erwies sich aber wegen der Andersartigkeit der Begriffswelten als problematisch und vermutlich undurchführbar. Die neue Theorie müßte Gesetze und Entitäten enthalten, die denen der zu reduzierenden Theorie so sehr entsprächen, daß eine reduktive Spiegelung der Theorien möglich wäre. Der beste Kandidat für die neue Theorie des „Geistes" ist aber die neurophysiologische Theorie des Gehirns. Sie zeichnet sich gerade dadurch aus, daß sie die Begrifflichkeit der ATP nicht mehr widerspiegeln kann. Auf der Ebene des neuronalen Netzes gibt es keine satzartigen Gebilde, die propositionalen Gehalte korrespondieren. Selbst eine auf eine natürliche Art oder gar ein Individuum eingeschränkte Reduzierbarkeit (in einer Theorie im Sinne von Lewis) vermag dieses Problem nicht zu lösen. Ganz allgemein kann man konstatieren, daß sich die ATP nicht in den wachsenden Korpus naturwissenschaftlichen Wissens integrieren läßt, nicht einmal durch Reduktion. Aus diesem Grunde hat die eliminative Position – entgegen dem ersten Anschein – sogar mehr Plausibilität als der reduktive Physikalismus.

(3) Aus der Geistesgeschichte läßt sich ein induktives Argument gegen die ATP gewinnen. Wenn die ATP eine primitive und sehr alte Theorie ist, dann ist es höchst unwahrscheinlich, daß wir mit ihr gleich im ersten Anlauf die Sache richtig getroffen haben. In anderen Wissensgebieten gab es eine lange Geschichte von Irrtümern, die erst langsam einem besseren, wissenschaftlicheren Verständnis den Weg bereitete. Einige Beispiele: Einstmals akzeptierte Theorien über die Verbrennung, die Körperbewegung, den Aufbau des Universums, die Natur des Lebens wurden ersetzt, weil sich viele der in ihnen postulierten Entitäten (Phlogiston, Impetus, Äther, Élan Vital) als nichtexistent erwiesen. Die ATP hat sich über Jahrhunderte kaum verändert. Es käme einem Wunder gleich, wenn die in ihr postulierten Entitäten (wie z. B. Wünsche und Überzeugungen) wirklich existierten. Wahrscheinlicher ist, daß die ATP langfristig durch eine wissenschaftlichere Nachfolgetheorie ersetzt werden wird. Dies wird eine fortgeschrittene Theorie des Gehirns und des Nervensystems sein. Dafür spricht auch die Tatsache, daß sich der Anwendungsbereich der ATP ständig verringert. Wurde in animistischen Kulturen noch das gesamte Naturgeschehen psychologisiert, so benutzen wir heute intentionale Erklärungen nur noch für wenige, sehr komplexe

Organismen, deren innere Gesetzmäßigkeiten noch nicht hinreichend verstanden werden.

Das erste Argument hat meines Erachtens am wenigsten Überzeugungskraft. Man muß und sollte fairerweise von der ATP nicht verlangen, mehr als die Standardfälle zu erklären. Niemand hält beispielsweise die Informatik für eine schlechte Theorie, weil sie die Verhaltensweisen eines physisch defekten Computers nicht vorhersagen kann. In analoger Weise sollte von der ATP nicht verlangt werden, beispielsweise das Verhalten nach einem schweren Gehirntrauma vorherzusagen.

Die zweite These behauptete, daß Elimination eine plausible Position sei. Allerdings zwingt auch der eliminative Physikalismus zur Aufgabe höchstplausibler Intuitionen. Daß unsere mentalen Zustände in irgendeiner Weise *kausal* relevant sind für unser Verhalten, ist ein essentielles Element unseres Selbstbildes als handelnde Personen. Da sich die Rede über unsere mentalen Zustände aber gemäß der Eliminationsthese auf nichts bezieht, gibt es auch keine mentalen Zustände, die als solche unser Verhalten kausal bestimmen. Wir haben uns in unserem Selbstbild, das alle menschlichen Kulturen und Gesellschaften zutiefst bestimmt, ganz radikal geirrt. Der amerikanische Philosoph Jerry Fodor sagte einmal, daß die Wahrheit der Eliminationsthese dem „Ende der Welt" gleichkäme. Damit spielte er auf diese umstürzenden und unseren Intuitionen diametral entgegengesetzten Konsequenzen des eliminativen Physikalismus an. Es ist kaum nachzuvollziehen, daß wir uns in der Selbstbestimmung als „animal rationale", eines nach Gründen handelnden Wesens, geirrt haben könnten.

Beim dritten Argument hängt alles davon ab, ob der Vergleich der ATP mit mißglückten Theorien über bestimmte Naturphänomene sinnvoll ist. Zweifellos haben Theorien über das Phlogiston oder ähnliche von den Wissenschaftlern postulierte Entitäten niemals eine wirklich die Sprechergemeinschaft durchdringende oder gar kulturübergreifende Verbreitung gefunden. Ihr Erfolg beim Vorhersagen von Ereignissen war wesentlich begrenzter als im Falle der alltäglich milliardenfach erfolgreich angewandten ATP. Die ATP scheint jedenfalls nicht eine empirische Theorie in genau dem gleichen Sinne wie diese anderen Theorien zu sein. Es fragt sich sogar, ob die in allen drei Argumenten enthaltene Annahme, es handele sich bei der ATP überhaupt um eine empirische Theorie, der Kritik standhalten kann. Dies hängt nicht zuletzt davon ab, ob man die weitreichenden Konsequenzen dieser Annahme akzeptieren will.

Durch die Voraussetzung, die ATP sei eine vorwissenschaftliche Theorie wird das Leib-Seele-Problem zu einem rein naturwissenschaftlichen Problem gemacht: Entweder die zukünftige empirische Forschung zeigt, daß die ATP sich auf eine neurophysiologische Theorie reduzieren läßt. In diesem Fall wäre eine Form des reduktiven Physikalismus wahr. Oder aber die neue neurophysiologische Theorie wird die alte ATP-Theorie einfach durch einen Paradigmenwechsel verdrängen, wodurch die eliminative Auffassung bestätigt würde. Das Leib-Seele-Problem wird in jedem Fall durch Fortschritt und Dynamik der naturwissenschaftlichen Theorien gelöst oder aufgelöst. Diese optimistische Annahme ist aber nicht unproblematisch. Vielleicht gibt es aber ein Drittes neben diesen beiden Alternativen. Es könnte sein, daß man das ATP-Wissen weder ganz in den Korpus naturwissenschaftlichen Wissens integrieren noch ganz eliminieren kann, wie beispielsweise der nichtreduktive Physikalismus behauptet. Es ist eine weitreichende Konsequenz des eliminativen Ansatzes, daß die Möglichkeit von genuinem Wissen außerhalb der Gesetzmäßigkeiten der Naturwissenschaften ausgeschlossen wird. Die Annahme, die ATP sei eine Theorie, zwingt außerdem zu einer Modifizierung des Theoriebegriffs. Die ATP liegt nicht als explizit ausgearbeitete formale Struktur vor wie beispielsweise eine fortgeschrittene physikalische Theorie. Man könnte daher im Geiste Wittgensteins einwenden, die ATP sei gar keine primitive wissenschaftliche Theorie, sondern das durch Abrichtung erlernte Regelsystem einer *sozialen Praxis*. Dafür spräche, daß ihre Anwender die ATP-Gesetze im Allgemeinen nicht explizit anzugeben wissen. Darin liegt ein großer Unterschied zu exakten wissenschaftlichen Theorien, die ganz ausdrücklich ausgearbeitet werden und bestimmten formalen Ansprüchen entsprechen müssen. Man beherrscht eine wissenschaftliche Theorie nicht, wenn man nicht ihren Inhalt explizit anzugeben vermag. Zur Verteidigung der eliminativen Position läßt sich aber einwenden, daß man seit Kuhns Theorie der wissenschaftlichen Revolutionen über die Einbettung aller wissenschaftlichen Theorien in eine soziale Praxis weiß. Es liegt also nur ein gradueller und kein prinzipieller Unterschied zur ATP vor.

Außerdem muß man nicht der Tradition der Logischen Empiristen folgen, die Theorien als Menge von Sätzen definiert haben. Die Einsichten alternativer philosophischer Richtungen (wie des Pragmatismus) und interessanterweise auch die Ergebnisse der Hirnforschung legen nahe, daß Wissensrepräsentation nicht zwingend an satzhafte Strukturen gebunden ist. Ein erheblicher Teil unseres Wissens ist vermutlich in sogenannten „mentalen Modellen" gespeichert. Solche Modelle sind nicht propositional aufgebaut, d. h. sie enthalten keine Datenbank von Regeln und Gesetzen. Ihre neurophysiologischen Grundlagen sind komplexe relationale Strukturen einfacher Ein- und Ausgabeeinheiten (neuronale Netzwerke), die bestimmte Muster erlernen und wiedererkennen können. Auch die ATP könnte, wenigstens zum Teil, als ein solches Mustererkennungsverfahren im menschlichen Gehirn realisiert sein. Wenn man ein System derart repräsentierten Wissens in einem sehr weiten Sinne als Theorie bezeichnen kann, dann kann auch die ATP als Theorie betrachtet werden. Es gilt dann aber festzuhalten, daß der Status der ATP als Theorie nur gerettet wird um den Preis einer umfänglichen Ausweitung des Theoriebegriffs.

Das zentrale Problem der Auffassung, die ATP sei eine Theorie, liegt in einer anderen Schwierigkeit. Es ist fragwürdig, ob wir wirklich einer Theorie bedürfen, um uns auf unsere eigenen mentalen Zustände zu beziehen. Wenn die ATP auch nur in irgendeinem vagen Sinne mit einer naturwissenschaftlichen Theorie vergleichbar sein soll, dann sollte sie zumindest *theoretische* Terme enthalten, die theoretische Entitäten beschreiben. Sogenannte „theoretische Entitäten" sind nicht unmittelbar beobachtbar, sondern ihre Existenz wird aufgrund einer vorgängigen empirischen Basis erschlossen. Wenn die Begriffe der ATP theoretische Terme sind, dann haben wir keinen direkten, unabgeleiteten Zugang zu unseren eigenen mentalen Zuständen, wir müssen ihre Existenz erst erschließen. Dagegen ist einzuwenden, daß uns eine Vielzahl von mentalen Zuständen unmittelbar gegeben ist. Descartes hatte ganz richtig festgestellt, daß der Zugang zu den eigenen mentalen Zuständen sehr spezieller Natur ist. Man kann innere und äußere Wahrnehmung nicht einfach gleichsetzen. Die grundsätzliche Unsicherheit bezüglich der Verläßlichkeit der äußeren Wahrnehmung gilt nicht gleichermaßen für unsere unmittelbare Vertrautheit mit unserem mentalen Innenleben. Natürlich sind uns nicht alle Aspekte mentaler Phänomene direkt zugänglich. Das gilt insbesondere für die kausale Einbettung eines mentalen Zustandes. Man kann sich beispielsweise darüber täuschen, was der wirkliche Grund für eine zwanghafte Angst ist. Man kann sich aber nicht darüber täuschen, daß man jetzt gerade Angst oder Schmerzen hat oder an Schokoladeneis denkt.

Privilegierter Zugang?

Haben wir jedoch einen solchen direkten Zugang zu unserem mentalen Innenleben, dann brauchen wir keine theoretischen Entitäten zu postulieren, um es zu beschreiben. Aufgrund dieser Tatsache unterscheidet sich die ATP selbst von primitiven wissenschaftlichen Theorien. Ein Beispiel: Eine längst überholte astronomische Theorie postulierte schalenartig angeordnete Sphären, an denen die Gestirne angeheftet waren.

In der Beobachtung selbst sind diese Sphären nicht gegeben. Sie wurden (irrtümlich) postuliert. Kann man ebenso sagen, daß ich die Existenz meiner Gedanken nur als theoretische Hypothese einführe? Ich denke gerade, daß ich jetzt am Computer sitze. Könnte ich mich wirklich darüber täuschen, diese Überzeugung zu haben? Könnte es sich herausstellen, daß ich „in Wirklichkeit" diesen Gedanken gar nicht gehabt habe? Man braucht in vielen Fällen nicht erst bestimmte empirische Daten zu sammeln, um dann abzuleiten, daß man sich in diesem oder jenem mentalen Zustand befindet. Viele mentale Zustände sind unmittelbar gegeben.

Es ist daher nicht zu verstehen, wie sich die ATP, die diese direkt gegebenen Zustände beschreibt, als *aufs Ganze gesehen* falsche Theorie herausstellen könnte. Eine einzelne Zuschreibung mag sich als falsch erweisen, besonders wenn sich ihr Sinn nur in einem sehr weiten Zusammenhang ergibt. Im Verlauf einer Psychotherapie kann man beispielsweise lernen, daß man sich bestimmte Motivationen fälschlich zugeschrieben hat. Unser Selbstbild ist eine Art Theorie über uns selbst. Eine solche Theorie benötigen wir aber nicht, um den mentalen Gehalt eines aktuell erlebten psychischen Zustands zu bestimmen. Es ist offensichtlich, daß wir diese Fähigkeit der Introspektion haben, auf der die ganze Begrifflichkeit der ATP beruht. Wie sollte irgendein Fortschritt in der Wissenschaft beweisen können, daß die mentalen Gehalte, denen ich mir unmittelbar bewußt bin, nicht genau den propositionalen oder qualitativen Gehalt haben, dessen ich mir bewußt bin?

Die ganze Fragwürdigkeit der eliminativen These wird klar, wenn man sie auf das Phänomen der bewußten Aufmerksamkeit anwendet. Die Churchlands lassen keinen Zweifel daran, daß wir uns möglicherweise über die Existenz bewußter Aufmerksamkeit (*awareness*) getäuscht haben könnten. An dieser Stelle kollabiert nach meiner Auffassung die Plausibilität der Eliminationsthese. Welche zukünftige neurophysiologische Theorie könnte mir beweisen, daß ich mich über die Existenz meines eigenen Bewußtseins getäuscht habe?

Ein weiteres Problem des eliminativen Physikalismus liegt in einem möglichen Selbstwiderspruch. Wie kann jemand behaupten, es gäbe keine Überzeugungen, wenn er selber offensichtlich von seiner eliminativen Position *überzeugt* ist? Wer so argumentiert, verhält sich also wie ein Skeptiker, der behauptet, die Aussage „Es gibt keine Wahrheit" sei wahr. Vertreter des eliminativen Physikalismus benötigen das zu eliminierende alltagspsychologische Begriffsschema, um ihre Position überhaupt ausdrücken zu können. Der einzige Ausweg aus dieser Situation besteht in dem *Versprechen*, daß *nach der vollständigen Elimination der*

ATP die Grundthesen des eliminativen Physikalismus in einem neuen begrifflichen Schema widerspruchsfrei formulierbar sein werden. Weil man sich unter diesem Versprechen so recht nichts vorzustellen vermag, wurde die eliminative Position ironisierend auch „versprechender Materialismus" genannt.

Wie utopisch das ganze eliminative Programm ist, wird durch folgende Überlegung bekräftigt. Es genügt keineswegs der kaum zu erbringende Aufweis, daß es Intentionalität, propositionale Einstellungen, Qualia und innere Erlebnisepisoden nicht gibt und die entsprechende Begrifflichkeit zu eliminieren ist. Darüber hinaus müssen auch physikalistische Nachfolgebegriffe für alle jene Prädikate gefunden werden, die bisher mit dem Bereich der Intentionalität verknüpft waren, wie: „ist wahr", „bezieht sich auf", „ist beweisbar", „ist möglich", „folgt aus" und „erklärt". Wenn es keine intentionalen Einstellungen mehr gibt, dann gibt es auch keine intensionalen Kontexte mehr. Es wäre beispielsweise die Aufgabe des eliminativen Materialisten, die gesamte Theorie der Erklärung und die Theorie der Bezugnahme (Referenz) zusammen aus den angenommenen Grundbausteinen der Realität (Verteilung der grundlegenden physikalischen Größen über Raum und Zeit) heraus zu entwickeln, ohne dabei in einen Zirkel zu geraten (also die Möglichkeit von Erklärung und Bezugnahme schon vorauszusetzen). Der eliminative Physikalismus verspricht die Lösung des Leib-Seele-Problems durch Fortschritt in den Naturwissenschaften. Aber es scheint nicht menschenmöglich zu sein, dieses Versprechen einzulösen. Der Gedanke, daß die Lösung des Problems vielleicht außerhalb des menschlich Möglichen liegen könnte, leitet über zum nächsten Kapitel.

7
Alternative Perspektiven – Kognitive Grenzen und Kritik der Metaphysik

Die vorangegangenen Kapitel dienten der systematisch gegliederten Darstellung der aktuell einflußreichsten ontologischen Positionen in der Philosophie des Geistes. Ausgehend von einer in unseren Alltagsüberzeugungen beobachteten Dualität der Erfahrung ergaben sich verschiedene Möglichkeiten, diese Dualität zu interpretieren. Die dualistischen Positionen versuchten, die Eigenständigkeit des Mentalen unter Beweis stellen. Der nichtreduktive Physikalismus nahm die Eigenständigkeit des Mentalen weitgehend zurück, erlaubte sogar schon eine psychophysische Token-Identität, hielt aber zumindest an einer begrifflich irreduziblen mentalen Ebene fest. Der reduktive Physikalismus versuchte, die Realität des Mentalen durch Reduktion auf das Physische sicherzustellen. Der eliminative Physikalist brandmarkte die alltäglich erfahrene Dualität als Irrtum und verwies auf eine neue, einheitliche Weltsicht im Rahmen der fortgeschrittensten naturwissenschaftlichen Theorien. Daß keiner dieser Lösungsansätze wirklich umfassend befriedigen kann, sollte – bei aller Kürze der Darstellung – deutlich geworden sein. Zu oft stieg einem der leicht faulige Geruch des „metaphysischen Laboratoriums" in die Nase. Dort werden zur „Rettung" ganz natürlicher und vertrauter Phänomene künstlich anmutende Lösungen entwickelt.

Auf der anderen Seite kann auch keiner der großen Lösungsversuche als völlig haltlos und bar jeder richtigen Einsicht verworfen werden. Man ist geneigt, nach einem übergeordneten Ansatz zu suchen, der die wichtigen Einsichten der einzelnen Theorien in sich vereinen kann. Dies muß jedoch eine unrealistische Wunschvorstellung bleiben, da sich die einzelnen Positionen logisch ausschließen. Die ganz zu Anfang vorgestellten zwei Schemata zur Aufgliederung der Debatte über das Leib-Seele-Problem zeigen unmißverständlich an, daß die verschiedenen Zweige im Entscheidungsbaum klare logische Grenzen markieren. Man kann beispielsweise nicht gleichzeitig behaupten, der physische Bereich sei kausal geschlossen und nicht kausal geschlossen. Angesichts dieser ausweglosen Lage drängt sich der Verdacht auf, daß eine Lösung des metaphysischen Leib-Seele-Problems für die menschliche Vernunft unmöglich ist. In diesem Kapitel soll zunächst dieser metaphysikkritischen Vermutung nachgegangen werden, bevor zum Schluß mit einigen wenigen Bemerkungen über alternative metaphysische Bilder zum folgenden Kapitel über die Überwindung des kartesischen Erbes übergeleitet wird.

Vom Umgang mit rätselhaften Phänomenen

Wie sich der mentale Bereich des Denkens und Erlebens zum physischen Bereich der fundamentalen kausalen Wechselwirkungen verhält, entzieht sich also trotz jahrtausendelanger kognitiver Bemühung letztlich noch immer unserer Kenntnis. Der Philosoph Colin McGinn schrieb einmal, daß es für uns rätselhaft bliebe, wie das „Wasser" der neuronalen Aktivität sich in den „Wein" des bewußten Erlebens verwandele. Julian Huxley fand die Emergenz des Bewußtseins aus der Materie so unerklärlich wie das Auftauchen der Märchengestalt, wenn Aladin an seiner Wunderlampe rieb. Tatsächlich hat es etwas Mirakulöses an sich, daß gerade jener Zellverband von grauen Nervenzellen Bewußtsein erzeugen kann, während andere komplexe Zellverbände (z. B. die Leber) dies nicht können. Wo liegt der prinzipielle Unterschied? Warum können gerade diese Zellen Bewußtsein erzeugen, die anderen aber nicht? Sie bestehen doch alle aus den gleichen Grundbausteinen. Wie lassen die Nervenzellen Gefühle und Stimmungen entstehen. Wieso ist es ihnen nicht gleichgültig, an welchem Ort und in welcher Lage sie sich befinden?

Es genügt nicht zu sagen, das Gehirn sei das komplexeste Organ. Man könnte sich ein materielles System von gleicher strukturell-funktionaler Komplexität vorstellen, das kein Bewußtsein hat. Könnte man sich nicht denken, daß alle Informationsverarbeitung in unseren neuronalen Netzwerken eines Tages in Supercomputern simuliert wird, die ebenso komplex aufgebaut sind wie ein Gehirn, aber dennoch kein Bewußtsein haben? Könnte es nicht sogar Computer geben, die unser Gehirn an Komplexität der Vernetzungen, der Speicherkapazität und der Geschwindigkeit bei weitem übertreffen, dennoch aber über keinerlei Erlebnisse oder Empfindungen verfügen? Bei jeder materiellen Struktur, die Träger von Bewußtsein ist, kann man sich vorstellen, daß es eine völlig bewußtlose materielle Struktur von ganz ähnlichem Aufbau und ähnlicher Funktionalität geben könnte. Wir kennen keinen zwingenden Zusammenhang zwischen Materie und Geist, der dem Auftauchen des Bewußtseins das Überraschungsmoment nehmen würde. Zwischen Gehirn und Geist klafft eine explanatorische Kluft, es gibt einen Nebel zwischen den fundamentaleren Regionen des Physichen und dem darauf aufbauenden mentalen Leben, der dem verstehenden Blick die Sicht versperrt. Das bedeutet nicht, daß es diesen Nexus zwischen Gehirn und Geist nicht gibt, sondern nur, daß wir an eine Grenze unseres Begreifens gestoßen sind.

Man kann mit rätselhaften Phänomen auf verschiedene Weise umgehen. Nicholas Rescher hat fünf Strategien unterschieden (Rescher 1991, 9f.).:

> (1) Das Phänomen ist nicht real und wird daher eliminiert.
> (2) Das Phänomen ist real aber völlig irrelevant.
> (3) Das Phänomen ist real und relevant, aber nicht wirklich rätselhaft, sondern kann im Rahmen der bekannten wissenschaftlichen Erklärungsschemata aufgeklärt werden.
> (4) Das Phänomen ist real, relevant und wirklich rätselhaft. Seine Aufklärung könnte nur durch eine grundlegende Reform der bekannten Erklärungsschemata erfolgen.
> (5) Das Phänomen bleibt prinzipiell rätselhaft und kann durch kein menschliches Erklärungsschema erfaßt werden.

In Bezug auf das Rätsel des Geistigen in einer materiellen Welt entspricht (1) der eliminativ physikalistischen Position. Die Position (2) entspricht dem Epiphänomenalismus, der die Existenz des Mentalen anerkennt, ihm aber jeglich kausale Rolle abspricht. Weiter oben wurde am Beispiel Davidsons gezeigt, daß nichtreduktiv physikalistische Positionen in der Gefahr stehen, das Mentale in diesem Sinne für irrelevant zu erachten. Die reduktiv physikalistischen Positionen verfolgen eine Strategie im Sinne von (3). Durch die Reduktion wird das zunächst rätselhaft erscheinende Phänomen in den Korpus der etablierten Wissenschaften integriert. Bei interaktionistischen Dualismen ist die Zuordnung nicht immer offensichtlich. Die Positionen (1)-(3) kommen nicht in Frage, da aus dualistischer Perspektive das Mentale real, relevant und irreduzibel ist. Ein Dualist wie Eccles scheint es für möglich zu halten, daß durch tiefgreifende Reformen unseres klassischen Weltbildes die Leib-Seele-Interaktion überhaupt nicht mehr rätselhaft erscheint, sondern der empirischen Forschung offensteht. Seine eigene Theorie versteht er als einen Schritt in diese Richtung. Er wäre also (4) zuzuordnen. Ein radikalerer Dualismus könnte behaupten, daß nur ein uns überlegenes, vielleicht sogar allwissendes Wesen den kausalen Nexus zwischen Körper und Geist begreifen kann. Dies entspräche Ansatz (5).

Wer eine Strategie im Sinne von (5) verfolgt, muß aber keineswegs kartesischer Dualist sein. In seinem Buch „Der Blick von nirgendwo" (NAGEL 1986) hat Thomas Nagel das Leib-Seele-Problem unter die Probleme eingeordnet, deren Lösung eventuell außerhalb des menschlichen Horizontes liegt. Die zwei grundlegenden Aspekte der Realität, der standpunktlos beschreibbare Bereich physischer Wechselwirkungen und der subjektive und intrinsisch standpunktbezogene Bereich bewußten Erlebens, bleiben für uns unvermittelt nebeneinander. Allen Versuchen, diese Dualität zu überwinden, haftet der üble Geruch einer künstlichen metaphysischen Spekulation an. Dennoch hält er an der Intuition einer einzigen, nichtdualen Realität fest, die sich uns nur in zwei Aspekten darstellt. Noch direkter hat Colin McGinn (McGinn 1989) in einem vielbeachteten Aufsatz die These vertreten, das Leib-Seele-Problem habe eine nichtdualistische, naturalistische Lösung, die aber für den Menschen kognitiv unzugänglich sei.

Wenn man behauptet, das Leib-Seele-Problem habe eine Lösung, die dem Menschen unzugänglich sei, dann stellen sich zwei interessante Fragestellungen: Warum genau ist die Lösung des Leib-Seele-Problems dem Menschen kognitiv verschlossen? Und: Welchen Sinn ergibt es, von einer Lösung zu sprechen, die uns prinzipiell unzugänglich ist? Ist eine solche Redeweise nicht ein Indiz dafür, daß man sich in der ganzen Debatte auf eine sehr fragwürdige Form des metaphysischen Denkens eingelassen hat? Diesen beiden Fragestellungen soll im Folgenden nachgegangen werden.

Kognitive Geschlossenheit

Colin McGinns bereits erwähnter Aufsatz versucht eine Antwort auf die erste Frage. Er meint, uns fehle das richtige „intellektuelle Organ", um das Leib-Seele-Problem lösen zu können. Es ist die innere Struktur unseres Erkenntnisapparates, die für unser Scheitern gegenüber dem Leib-Seele-Problem verantwortlich ist. Der Gedanke, daß einem Wesen oder einer ganzen Spezies bestimmte Problemlösungen *prinzipiell* unzugänglich sind, ist sofort einsichtig. Im Bereich der Sinneswahrnehmung hat jede natürliche Art ihren eigenen evolutiv entwickelten Ausschnitt des Realitätsbezugs. Die vom Menschen akustisch wahrgenommenen Frequenzen sind nur eine Teilmenge der vom Hund wahrgenommenen Töne. Ähnliches gilt im ganzen Bereich der intelligenten Informationsverarbeitung. Wenn einige Affen auch zur Bildung und Handhabung einfacher Begriffe in der Lage sind, so nehmen wir doch mit guten Gründen an, daß ihnen der Bereich der höheren Mathematik prinzipiell kognitiv verschlossen bleibt. Auch intensivste Unterweisung würde keinen Schimpansen befähigen, den Beweis für ein kompliziertes mathematisches Theorem einzusehen. Ganz allgemein kann man sagen: Eine bestimmte Art von Erkenntnisvermögen *E* ist kognitiv geschlossen gegenüber einem Begriff *B*, wenn es für die begriffsformenden Fähigkeiten von *E* unmöglich ist, *B* zu erfassen. Jedes erkennende System gehorcht bestimmten Prinzipien. Diese Bestimmung markiert zugleich seine Fähigkeiten und seine Grenzen. Ein System beispielsweise, das all seine Begriffe direkt aus Sinnesdaten gewinnen muß, wird begrifflich niemals zu unbeobachtbaren Eigenschaften vorstoßen. Die moderne Physik wäre für dieses kognitive System verschlossen. Es ist keine gewagte Annahme, wenn man davon ausgeht, daß auch für den Menschen bestimmte Begriffe und Begriffsysteme (Theorien) prinzipiell unzugänglich sind. Einige Theorien bleiben, um einen kantischen Ausdruck zu gebrauchen, noumenal für den menschlichen Geist. Wir sind in der prekären Lage, uns die Möglichkeit solcher Theorien vorstellen zu können, ohne aber ihren Inhalt erkennen zu können. Warum soll aber die Theorie, welche die Lösung des Leib-Seele-Problems beinhaltet, von dieser Art sein?

McGinns Begründung dieser These geschieht im Ensemble mit zwei anderen Annahmen:

> (1) Es gibt irgendeine Eigenschaft P des Gehirns, die auf eine natürliche Weise das Enstehen des Bewußtseins erklärt.
> (2) Das menschliche Erkenntnisvermögen ist gegenüber dieser Eigenschaft P kognitiv geschlossen.
> (3) Es gibt letztlich kein philosophisches Leib-Seele-Problem.

Die erste Annahme ergibt sich aus einer grundsätzlich naturalistischen Perspektive. Das Entstehen des Geistes aus der Materie soll nicht als übernatürlicher Prozeß (z. B. ein direktes Eingreifen Gottes) begriffen werden. Obwohl es für diese Annahme keinen zwingenden Beweis gibt, so erscheint es doch höchst plausibel, daß die kausalen Grundlagen des mentalen Lebens nichts Mirakulöses an sich haben. Diese These impliziert auch eine Zurückweisung des Substanzdualismus, da die Existenz des Mentalen durch die zugrundeliegenden physischen Strukturen garantiert werden soll. Die Annahme (1) verbleibt damit ganz im Rahmen der heute meistverbreiteten Auffassung. Die zweite Annahme ist diejenige, die uns im vorliegenden Zusammenhang am meisten interessiert. Die dritte Annahme wird sich dann in einem noch zu klärenden Sinne geradezu aufdrängen. Für die Untersuchung von *P* gibt es grundsätzlich zwei Wege. Entweder wir beobachten das bewußte mentale Erleben direkt oder wir analysieren den physischen Aufbau des Gehirns. Die direkte Beobachtung des Bewußtseins ist im eigenen Fall leicht möglich. Könnte man aber durch noch so genaue phänomenologische Analysen der eigenen Bewußtseinszustände irgendetwas über die gesuchte Eigenschaft *P* herausfinden? Das ist unmöglich. Wir haben durch Introspektion zwar direkten Zugang zu *einem* Relatum der Körper-Geist-Relation (unserem eigenem Bewußtsein), damit wissen wir aber noch nichts über die Natur dieser Relation selbst. Das kann nicht überraschen, denn der Ausschnitt der Welt, der durch Introspektion erfahren werden kann, ist stark begrenzt. Zudem haben wir nur introspektiven Zugang zu menschlichem Erleben. Da aber eine generelle Theorie gesucht wird, welche die Evolution von Bewußtsein überhaupt verständlich macht, bietet die innere Selbstwahrnehmung keinen geeigneten Ansatzpunkt. Es bleibt also nur der Weg über die äußere sinnliche Wahrnehmung, in diesem Falle die empirische Erforschung des Gehirns.

Das empirische Wissen über das Gehirn ist in den letzten Jahrzehnten erheblich vermehrt worden. Es wurden dabei aber keine Theorien entwickelt, die sich so grundsätzlich von anderen Beschreibungen physischer Ereignisse unterscheiden, daß sie das Phänomen des bewußten mentalen Lebens verständlich machen könnten. Der fundamentale Grund dafür liegt in der Rolle der *Sinneswahrnehmung* für die Gewinnung empirischer Erkenntnis. Bewußtsein ist keine beobachtbare Eigenschaft des Gehirns. Man kann die Farbe, die Form und den inneren Aufbau des Gehirns beobachten, dem Bewußtsein wird man dabei nicht begegnen. Bewußte mentale Zustände sind *als solche* nicht wahrnehmbar. Die äußere Wahrnehmung ist gegenüber dem Bewußtsein kognitiv geschlossen. Keine beobachtbare Eigenschaft des Gehirns kann sich als die gesuchte Verbindungsstelle zwischen Physischem und Mentalem erweisen.

Man stelle sich irgendeine komplexe neurophysiologische Eigenschaft des Gehirns vor, von der experimentell erwiesen wurde, daß sie mit dem Auftreten von Bewußtsein in Verbindung steht. Noch so genaue empirische Betrachtung dieser Neuronen wird die Frage nicht beantworten, warum gerade sie Bewußtsein erzeugen. Man kann die faktische Korrelation experimentell feststellen, der kausale Nexus zwischen Geist und Materie bleibt der Beobachtung aber verschlossen und behält daher ein Moment des Unverständlichen und Überraschenden. Dies ist ein Gesichtspunkt, auf den die Emergenztheoretiker nachdrücklich hingewiesen haben. Der wichtigste Grund für die Unzugänglichkeit der gesuchten Eigenschaft *P* liegt darin, daß die Sinneswahrnehmung auf die Repräsentation *räumlicher* Objekte ausgerichtet ist. Kantisch gesprochen:

Die äußere Wahrnehmung ist ihrer Form nach räumlich. Empirische Erforschung des Gehirns ist die Explikation der Eigenschaften eines räumlichen Objektes. Wir können aber das Bewußtsein (und andere mentale Eigenschaften) nicht mit den räumlichen Eigenschaften des Gehirns in eine Verbindung bringen, die den gewünschten kausalen Nexus ans Licht brächte. Mit Recht hatte Descartes bei der Gegenüberstellung von Körper und Geist auf die Dualität von „räumlich" und „nicht-räumlich" verwiesen. Der Übergang von einem räumlichen Prozeß zu einem bewußten mentalen Erleben ist immer sprunghaft. Das verbindende Glied, das räumliche und mentale Eigenschaften verbindet, kann selbst nicht bloß räumlich sein. Daher ist der empirischen Erforschung des Gehirns der Blick auf die gesuchte Eigenschaft *P* verwehrt. Man könnte auch sagen, daß das Bewußtsein einer anderen *Kategorie* angehört und daher bei der Beobachtung räumlicher Objekte verborgen bleibt.

Wenn man die gesuchte Eigenschaft *P* nicht direkt wahrnehmen kann, so läßt sie sich vielleicht *theoretisch* erschließen. Das wäre allerdings nur der Fall, wenn sich innerhalb der Kette physischer Prozesse im Gehirn Lücken auftäten, die uns dazu zwängen, eine unbeobachtbare, kausal wirksame Entität als theoretisches Postulat einzuführen. Solche explanatorischen Lücken im Bereich des Physischen lassen sich aber bisher nicht ausmachen. Es ist eher unwahrscheinlich, daß es sie gibt. Die Autonmie des physischen Bereiches führt dazu, daß keine aus der Wahrnehmung physischer Eigenschaften gewonnenen Daten durch andere physische Eigenschaften erklärt werden können. Manchmal muß man dabei über das in der Wahrnehmung Gegebene hinaus gehen und theoretische Entitäten einführen. Das Mentale ist aber anscheinend nicht eine solche unbeobachtbare physische Entität, sondern ein Bereich ganz anderer Art. Es gibt keinen kontinuierlichen Weg von der Wahrnehmung physischer Eigenschaften zur Einführung des Bewußtseins als explanatorisch relevanter Entität.

Angenommen, diese Analyse sei korrekt, so folgt daraus noch nicht, daß sich die gesuchte Verbindung von Physischem und Mentalem ganz grundsätzlich der begrifflichen Erfassung entzieht. In der Mathematik verwenden wir Begriffe, die weder der Introspektion noch der äußeren Wahrnehmung entnommen sind. Sie werden unabhängig von diesen beiden Formen der Erfahrung, d. h. *a priori*, gewonnen. Ein Wesen, das zur begrifflichen Erfassung von Gehirn und Bewußtsein nicht auf äußere Wahrnehmung und Introspektion angewiesen wäre, könnte vielleicht durch eine *A-Priori-Analyse* das Leib-Seele-Problem lösen. Wenn eine Problemlösung für den Menschen kognitiv unzugänglich ist, bedeutet das noch keine absolute kognitive Verschlossenheit. Die empirisch belegte enge Korrelation zwischen bestimmten neuronalen Prozessen und bestimmten mentalen Prozessen, macht es höchstwahrscheinlich, daß es Eigenschaften des Gehirns sind, die für das Entstehen von Bewußtsein und anderen mentalen Zuständen verantwortlich sind. Ein Wesen ohne unsere kognitiven Begrenzungen könnte die Natur dieses Kausalzusammenhanges durchschauen.

Für uns hingegen bleibt aus den genannten Gründen die explanatorische Kluft zwischen Physischem und Mentalem unüberbrückbar. Wenn aber eine natürliche, aber für uns kognitiv unzugängliche Eigenschaft des Gehirns für das Entstehen des bewußten mentalen Lebens kausal verantwortlich ist, dann gibt es letztlich auch kein *metaphysisches* Leib-Seele-Problem. Der Eindruck eines tiefen Problems wurde durch die Begrenzungen unseres Erkenntnisapparates erweckt. Die für uns unhintergehbare psychophysische Dualität ist nur das Abbild der Dualität der inneren und äußeren Wahrnehmung, die wir nicht überbrücken können. Es hieße, einen fragwürdigen Idealismus zu vertreten, wolle man die Strukturen unseres Erkenntnisapparates mit der Realität selbst gleichsetzen.

Realismus mit menschlichem Antlitz

Es hat etwas sehr Unbefriedigendes an sich, wenn man die Auskunft erhält, das Leib-Seele-Problem sei eigentlich ganz leicht lösbar, nur liege diese Lösung außerhalb des menschlichen Horizontes. Peter Bieri bemerkte einmal, daß man angesichts solcher Behauptungen das Buch einfach zuklappen möchte. (Bieri 1996, 76). Es kommt der Verdacht auf, hier werde Metaphysik in einem fragwürdigen Sinne getrieben: Spekulation über das, was jenseits der Grenzen der menschlichen Vernunft liegt. In der gegenwärtigen Philosophie gibt es eine Strömung, die sich gegen einen solchen starken metaphysischen Realismus wendet. Der späte Hilary Putnam, Nelson Goodman und Michael Dummett werden zu den Gründern dieser Richtung gezählt (Putnam 1981, Goodman 1978, Dummett 1982). Ihr Anliegen ist es, die ontologischen Probleme *innerhalb der Grenzen der humanen Vernunft* zu lösen. Man spricht daher auch von „internem" oder „pragmatischen" Realismus. Gemeinsam ist all diesen Ansätzen eine anti-realistische Kritik an einer Metaphysik, die die Grenzen menschlicher Praxis, menschlichen Sprachgebrauchs und menschlicher Vernunft übersteigen will. Den metaphysischen Realisten wird vorgeworfen, die Welt aus der Gottesperspektive betrachten zu wollen, um die einzig wahre Theorie zu erreichen, welche die Welt so abbildet, wie sie an sich ist. Demgegenüber behaupten die internen Realisten, daß sich die Welt nur innerhalb einer Theorie, innerhalb eines pragmatischen Kontextes, innerhalb einer Sprachform betrachten läßt. Über die geistunabhängige Welt jenseits aller Theorien und Sprachformen zu spekulieren, ergibt schlichtweg keinen Sinn. Eine mögliche Konsequenz dieser Auffassung ist es, daß mehrere miteinander unverträgliche Beschreibungen der Welt wahr sein können. Die Weltsicht der Physik und die Weltsicht der Alltagspsychologie können unvermittelt nebeneinander stehen, da sie verschiedenen Bereichen menschlicher Praxis und menschlichen Sprachgebrauches angehören. Eine Einheit hinter dieser Vielheit zu suchen, hieße einem metaphysischen Impuls nachzugeben, der – um es in wittgensteinscher Sprache auszudrücken – die Philosophie in vollständiges Dunkel führt.

Eine direkte Anwendung eines pragmatischen Realismus auf das Leib-Seele-Problem findet man beispielsweise in Baker 1995 und Brüntrup 1994, 1995. Es kann im Rahmen dieser Einführung nicht auf die erkenntnistheoretische und semantische Grundlegung einer solchen Position eingegangen werden. Nur zwei grundlegende Elemente sollen kurz Erwähnung finden: die Ablehnung der Idee einer geistunabhängigen Welt und die Ablehnung eines metaphysisch-realistisch verstandenen Kausalitätsbegriffes. Die Zurückweisung der Idee einer geistunabhängigen Welt impliziert natürlich nicht die absurde These, daß erst durch den bewußten menschlichen Geist die Welt erschaffen wird. Es geht vielmehr um die Frage der Sinnhaftigkeit der Idee einer absolut geistunabhängigen Welt. Wenn man beispielsweise den Wahrheitsbegriff als Übereinstimmung zwischen Aussage und geistunabhängiger Welt bestimmt, dann ergibt sich die Frage, ob wir diese Übereinstimmung feststellen können. Nach der anti-realistischen Auffassung gibt es keinen Standpunkt außerhalb unserer Begriffssysteme, von dem her wir diese Übereinstimmung überprüfen könnten. Innerhalb unserer Begriffsysteme können wir aber nicht mit absoluter Sicherheit feststellen, ob sie die Welt abbilden, wie sie ist.

Ein anschauliches Beispiel: Mit der aus heutiger Sicht falschen geozentrischen Weltsicht ließen sich dennoch alle Planetenbewegungen exakt vorhersagen. Auch eine falsche Theorie kann richtige Vorhersagen liefern. Wir können also aus dem praktischen Erfolg einer Theorie nicht direkt auf die Wahrheit der in ihr enthaltenen Aussagen schließen. Diesen Gedankengang kann man mit Hilfe einiger formaler Methoden so stark verallgemeinern, daß klar wird, daß wir prinzipiell niemals feststellen können, ob eine Theorie die Wirklichkeit „trifft". Es folgt aus einigen semantisch-modelltheoretischen Überlegungen, daß es immer eine Vielzahl möglicher Weltzustände gibt, welche z. B. eine gegebene Vorhersage wahr machen. Welcher davon die „Wirklichkeit an sich" ist, bleibt aus der Perspektive des Erkennenden unbestimmt. Unsere theoretischen und praktischen Kriterien zur Wahrheitsfindung reichen nicht aus, um hier zu einer Entscheidung zu gelangen. Daher könnte aus metaphysisch-realistischer Sicht selbst eine ideale Theorie, die ausnahmslos richtige Vorhersagen liefert, noch immer falsch sein. Die Kritik des metaphysischen Realismus fordert hingegen einen Wahrheitsbegriff nach menschlichem Maß. Die Suche nach der Realität jenseits aller menschlichen Begriffssysteme und jenseits aller menschlichen Praxis ist sinnlos.

Wenn diese Kritik des metaphysischen Realismus korrekt ist, entfällt eine Unterscheidung, die sich bei der Debatte um das Leib-Seele-Problem immer wieder aufgedrängt hat. Gemäß dieser Unterscheidung existierten die von der Alltagspsychologie (ATP) eingeführten Entitäten strenggenommen nicht, sondern waren nur Postulate innerhalb einer bestimmten epistemischen Praxis. Die wahre Beschreibung der Wirklichkeit, wie sie an sich und objektiv ist, kann hingegen nur durch die Physik und die darauf aufbauenden Wissenschaften geleistet werden. ATP-Entitäten wie Überzeugungen und Wünsche sind daher geistabhängig, die von der Physik beschriebenen Entitäten hingegen sind völlig geistunabhängig. Genau diese Unterscheidung ist aus der Sicht des pragmatischen oder internen Realismus sinnlos. Die naturwissenschaftlichen Theorien haben keinen privilegierten direkten Zugang zur geistunabhängigen Realität. Alle menschlichen Theorien repräsentieren die Realität nur aus der Perspektive menschlicher Begrifflichkeit, menschlicher Interessen und menschlicher Praxis. Trotzdem können solche Theorien nach menschlichem Maß objektiv sein.

Lynne Baker wendet sich in ihrem Buch „Explaining Attitudes" (BAKER 1995) gegen die Auffassung, nach der die objektive Beschreibung der Welt nur geistunabhängige Entitäten enthalten darf. Objektiv existierend ist gemäß dieser Auffassung nur das, das auch dann noch existierte, gäbe es keine menschlichen Begriffe mehr. Die ganze Alltagswelt des Menschen wäre dementsprechend nicht wirklich real und objektiv gegeben. Folgende Aktivitäten oder Zustände gäbe es strenggenommen gar nicht: Eine Arbeit haben, in Deutschland leben, zu einem Konzert gehen, Fußball spielen, einen Wunsch haben, eine Vorlesung halten, Geld sparen, zum Zahnarzt gehen. Diese Konsequenz bestätigt die Kritiker des metaphysischen Realismus darin, die Unterscheidung „geistabhängig – geistunabhängig" fallenzulassen. Blicken wir auf eine genauere Definition von „geistunabhängig":

(GU) *F* ist geistunabhängig, genau dann wenn *F* in einer möglichen Welt existiert, in der es keine Begriffe von irgendetwas gibt.

Es gibt in unserer Alltagswelt viele Entitäten, die gemäß dieser Definition nicht geistunabhängig sind. Nehmen wir beispielsweise technische Artefakte wie ein Thermometer, einen Motor oder einen Computer. Es ist schwer einzusehen, warum diese Objekte weniger real sein sollten als Sterne und Steine. Dann ist aber auch nicht einzusehen, warum die von der ATP eingeführten Entitäten aufgrund ihrer „Geistabhängigkeit" nicht wirklich real sein sollen. Die Unterscheidung „geistabhängig – geistunabhängig" erweist sich als metaphysisch wenig fruchtbar.

Ein letztes Argument der Kritiker des metaphysischen Realismus sei noch erwähnt. Das Leib-Seele-Problem wurde auch im vorliegenden Einführungsbuch als ein kausalitätstheoretisches Problem präsentiert. Viele metaphysische Realisten gehen davon aus, daß die Kausalrelation der „Zement des Universums" ist, der die objektive, geistunabhängige Realität zusammenhält. Kausalität wird dann meist physikalistisch verstanden, beispielsweise als Energieübertragung. Gemäß des Prinzips der Exklusivität von Kausalerklärungen kann es für ein Ereignis nicht zwei voneinander unabhängige und vollständige Kausalerklärungen geben. Der Grund dafür ist leicht einzusehen: Wenn man (aus der Gottesperspektive) in perfekter Weise die ganze kausale Vorgeschichte eines Ereignisses beschrieben hat, dann bleibt kein Raum für eine weitere davon unabhängige Kausalerklärung desselben Ereignisses. Anders ausgedrückt: Nach der metaphysisch-realistischen Auffassung ist die Welt so beschaffen, daß sie sich durch genau *eine* ideale und vollständige Theorie exakt beschreiben läßt. Das ist die wahre Theorie. Es gibt also genau eine kausale „Geschichte", die den Zusammenhang aller realen Ereignisse dokumentiert. Physikalistische Metaphysiker nehmen an, daß es die perfekte physikalische Theorie ist, die diese Aufgabe erfüllt, imdem sie z. B. alle Energieübertragungen beschreibt. Für eine kausale Rolle des Mentalen *qua Mentalen* bleibt dann, wie weiter oben gezeigt wurde, kein Platz. Die Realismuskritiker bestreiten, daß Kausalität der geistunabhängige „Zement des Universums" ist. Hilary Putnam hat immer wieder argumentiert, daß jeder explantorisch nutzbare Kauslitätsbegriff eine epistemische Komponente enthält und auf pragmatisch gerechtfertigte Erklärungszusammenhänge bezogen ist (Putnam 1990).

Ein Beispiel: Nehmen wir an, ein Druckbehälter sei explodiert, weil sein Überdruckventil verklemmt war. in Bezug auf Übertragung von Energie geschah am Ventil nichts Spezielles, was das Herausgreifen des

Ventils als Ursache für die Explosion rechtfertigen würde. Jede beliebige Stelle des Behälters war in dieser Hinsicht kausal ebenso relevant. Dasselbe ließe sich vom Druck der Atmosphäre und vielen anderen Hintergrundbedingungen sagen. Was solche grundlegenden Vorgänge wie beispielsweise die Übertragung von Energie angeht, ist letztlich immer der Kosmos als ganzer am Geschehen beteiligt. Es bleibt also nichts anderes übrig, als die gesamte Verteilung von Werten der dynamischen physikalischen Variablen des gesamten Ausschnittes des Kosmos, der (ohne die Lichtgeschwindigkeit zu überschreiten) dieses Ereignis beeinflußt haben könnte, als die totale Ursache anzunehmen. Diese totale Ursache ist dann aber nicht mehr hinreichend definiert (abgegrenzt von anderen Entitäten), um eine explantorisch gehaltvolle Funktion übernehmen zu können.

Die Kritiker des metaphysischen Realismus ziehen daraus die Konsequenz, daß ein Kausalitätsbegriff ohne Rücksicht auf Erklärungskontexte vollständig nichtssagend ist. Kausalität ist nicht ein geistunabhängiger metaphysischer Klebstoff zwischen Ereignissen, sondern eine Kategorie, die zutiefst an menschliche Handlungszusammenhänge gebunden ist. Einige Autoren haben sogar argumentiert, daß der Kausalitätsbegriff aus dem Handlungszusammenhang gewonnen wird. Wenn der Mensch der Natur gegenüber völlig passiv wäre, ohne über die Fähigkeit zu verfügen, in den Ablauf der Dinge einzugreifen, dann könnte er den Begriff der Verursachung nicht bilden. Wenn wir eine Art „intelligenter Bäume" (Michael Dummett) wären, wäre uns die Vorstellung von Verursachung fremd. Der Begriff der Ursache setzt den Begriff der Handlung voraus. Diese Gedanken sollen zeigen, daß sich der Kausalitätsbegriff nicht zur Grundlegung einer Metaphysik der geistunabhängigen Welt eignet. Außerdem soll gezeigt werden, daß das nomologische Kausalitätskonzept, das Verursachung allein aus dem Zusammenhang einer gesetzmäßig verknüpften Ereigniskette verstehen will, nur abgeleitet und nicht grundlegend ist. Wenn diese Einsichten korrekt sind, dann fällt ein völlig neues Licht auf das Problem der mentalen Verursachung und das Leib-Seele-Problem überhaupt. Wenn die Idee der einen und einzigen wahren Theorie, die das gesetzesmäßige Netzwerk aller geistunabhängigen Kausalrelationen beschreibt, keinen Sinn mehr ergibt, dann stehen die Türen offen für einen *Pluralismus* der Kausalerklärungen. Ein Ereignis wie beispielsweise das Heben meines Armes kann in einem Kontext durch neurophysiologische Ereignisse in meinem Organismus erklärt werden, in einem anderen Kontext durch Hinweis auf meinen Wunsch, mich bemerkbar zu machen. Wenn Kausalerklärungen immer kontextrelativ sind, dann besteht zwischen physischen und mentalen

Erklärungen keine wirkliche Konkurrenz. Das Leib-Seele-Problem verschwindet als metaphysisches Problem, weil die metaphysische Idee einer einzigen geistunabhängigen Welt aufgegeben wurde. Ausgangspunkt des Philosophierens wurde vielmehr die Pluralität menschlicher Begriffssysteme und Handlungszusammenhänge.

Ein pragmatischer Ausweg aus dem Leib-Seele-Problem in der hier in aller Kürze angedeuteten Weise übt in einer Zeit „nachmetaphysischen Denkens" eine große Faszination aus. Er trifft den Zeitgeist. Aber man sollte sich über die Grenzen dieses Ausweges im Klaren sein. Der amerikanische Philosoph Nicholas Rescher hat dem internen Realismus vorgeworfen, daß er durch seine Metaphysikkritik den Menschen zum Maß aller Dinge mache, es handele sich um einen „Homo-Mensura-Realismus". Selbst Wahrheit soll auf das dem Menschen zugängliche Maß zurückgeschraubt werden. Es findet eine kopernikanische Wende statt, die das handelnde und erkennende Subjekt in das Zentrum stellt. Diese Wende verletzt einige unsere tiefsten metaphysischen Intuitionen: Wir sind nicht das Zentrum der Welt. Was existiert oder nicht existiert, hängt nicht davon ab, ob wir es prinzipiell verstehen und beschreiben können. Es kann im Letzten keine Pluralität miteinander unverträglicher Beschreibungen der Wirklichkeit geben. Die innere Einheit der Wirklichkeit verlangt nach einer inneren Einheit der Theorie, die sie beschreibt. Der Anti-Realist wird diese Intuitionen nur für „mehr Theorie" halten, die einer epistemologischen Rechtfertigung bedürfen. Wenn man sich aber von diesen Intuitionen leiten läßt, so können Anti-Realismus, interner Realismus und Pragmatismus nicht wirklich befriedigen, gerade weil sie das Ende der Metaphysik verkünden. Im folgenden will ich in einem allerletzten Anlauf eine Metakritik am ganzen bisher entwickelten Gedankengang üben, der vielleicht wenigstens in die Richtung eines tieferen Verständnisses der Leib-Seele-Einheit des Menschen führen könnte.

Von einem Bild gefangen

Den Ausgangspunkt unserer Analysen markierte die Darstellung einer Dualität in der Erfahrung. Vorsichtigerweise wurde jedoch gleich vermerkt, daß es keinen theoriefreien, neutralen Boden der Phänomenbeschreibung gibt. Unsere heutige Sicht der Leib-Seele-Dualität ist bis hinein in unser Alltagsbewußtsein geprägt von einem kartesischen Dualismus. Selbst die materialistischen Gegenentwürfe befinden sich in einer Art negativen Abhängigkeit von dem, was sie eigentlich zu überwinden glaubten. Dies zeigt sich vor allem in der fragwürdigen Annahme, der

Substanzdualismus sei die einzige Alternative zum Physikalismus. John Searle hat immer wieder darauf hingewiesen, daß die modernen Formen des Materialismus noch immer dem kartesischen Dualismus verhaftet seien (SEARLE 1992, Kap.1). Mit der kartesischen Tradition haben wir ein bestimmtes Vokabular geerbt und mit diesem bestimmte Kategorien. Diese Erbschaft ist nicht harmlos, denn sie enthält eine Menge von angeblichen Gegensätzen: physisch versus mental, Körper versus Geist, Materialismus versus Mentalismus. Die implizite Annahme ist, daß dasselbe Phänomen nicht unter beide entgegengesetzen Kategorien fallen kann. Wenn etwas mental ist, dann kann es nicht physisch sein – und umgekehrt. Daher die Befürchtung vieler Philosophen, daß mit der Anerkennung eigenständiger, irreduzibler mentaler Phänomene sofort ein unplausibler Substanzdualismus einhergehe.

Es bleibt daher nichts anderes übrig, als das Mentale vollständig auf die Seite des rein Physischen zu ziehen (Reduktion) oder seine Realität ganz abzustreiten (Elimination). Diese Denkweise bewegt sich aber immer noch im kartesischen Schema. Es wird angenommen, daß es den (kausal geschlossenen) Bereich des „Rein-Physischen" gibt. Das Mentale soll gerettet werden, indem es in diesen Bereich angesiedelt wird, ohne ihn allerdings in seinem rein-physischen Charakter zu beeinträchtigen. Man kann leicht einsehen, daß dies nicht gelingen kann. Wie bereits erwähnt wurde, charakterisierte Jaegwon Kim den Versuch, kausale Wirksamkeit über Reduktion zu garantieren, mit der sogenannten „Vietnam Metapher": *Saving a village by destroying it* – ein Dorf vor den Vietcong retten, indem man es vernichtet.

In einer kritischen Analyse der aktuellen Debatte des Leib-Seele-Problems hat David Braine (BRAINE 1992) die Abhängigkeit des Physikalismus vom kartesischen Schema folgendermaßen analysiert: Damit der Physikalismus in der zeitgenössischen Form überhaupt vertreten werden kann, muß man zunächst eine *dualistische* Analyse der menschlichen Person voraussetzen. Bevor man mentale Zustände oder Ereignisse mit Gehirnzuständen oder Ereignissen identifizieren kann (oder als in ihnen „realisiert" betrachten kann), muß man sie als rein mentale Zustände identifiziert haben. Es wird unterstellt, daß man in der menschlichen Aktivität das Mentale Element vom Physischen Element begrifflich trennen kann, um dann die Relation zwischen beiden zu bestimmen. Der Mensch wird zunächst als ein Kompositum von Mentalem und Physischem dargestellt, um dann den Geist mit dem Gehirn zu identifizieren. Die mentalen Zustände werden ganz in der kartesischen Tradition als *innerliche* Zustände beschrieben. Das kartesische Bild vom menschlichen Geist als Steuermann in einer Maschine bleibt erhalten. Allerdings ist jetzt das Gehirn der zentrale Prozessor der Körpermaschine. Es werden also zunächst mentale Zustände oder Ereignisse reifiziert, um sie dann mit Gehirnzuständen gleichzusetzen.

Diese Tendenz der *Verdinglichung* des Mentalen ist kartesischem Dualismus und Physikalismus gemein. Ein großer Traditionsstrang, der von Aristoteles über Thomas von Aquin bis sogar zu Ludwig Wittgenstein reicht, sah im Mentalen eher ein Ensemble von Fähigkeiten, Dispositionen und Kapazitäten eines gesamten Organismus in seiner (sozialen) Umwelt als irgendeinen internen, abgrenzbaren und verdinglichten Steuerungsmechanismus innerhalb dieses Organismus. Eliminative Physikalisten haben darauf hingewiesen, daß sich die von der Alltagspsychologie eingeführten Entitäten nicht auf diese Weise (im Gehirn) verdinglicht antreffen lassen. Sie folgern konsequent, daß es das Mentale gar nicht gibt. Wenn man der Analyse David Braines zustimmt, kann man also provokativ sagen, daß Descartes nicht nur der Vater des modernen Dualismus ist, er ist ebenso der Großvater der Identitätstheorie und des eliminativen Physikalismus. Der argumentative Spannungsbogen dieser Einführung ist auf gewisse Weise ein Beleg für diese These. Es führte ein plausibler argumentativer Weg vom kartesischen Dualismus zum eliminativen Physikalismus.

Was aber könnte die Alternative zum kartesischen Weltbild sein? Würde nicht jeder Versuch, die Grenzen zwischen Mentalem und Physischem zu verwischen unweigerlich in eine Art Spiritualisierung der Materie, eine Art Panpsychismus führen? Die Alternative zu Substanzdualismus und Physikalismus scheint eine Art Zwei-Aspekte-Theorie zu sein. Die *eine* Wirklichkeit hat sowohl einen mentalen wie einen physischen Aspekt. Rein mentale und rein physische Entitäten sind Abstraktionen von dieser zugrundeliegenden Einheit. Vielleicht ist die Wirklichkeit bipolar, so daß es einen kontinuierlichen Übergang zwischen fast rein physischen und fast rein mentalen Entitäten gibt? Wie auch immer man das anti-kartesische Modell konzipiert, der Grundgedanke ist der einer radikalen mental-physischen Einheit der Wirklichkeit. In der gegenwärtigen Debatte macht Thomas Nagel sich für diese Sicht stark und bekennt sich zu einer Zwei-Aspekte-Theorie. (NAGEL 1986)

Es ist leicht zu sehen, warum sich diese Lösung für einen nicht-kartesischen Kritiker des Physikalismus aufdrängt. Wenn man den Substanzdualismus und eine stark dualistische Lesart der Emergenztheorie ablehnt, dann müssen die mentalen Eigenschaften eines Organismus aus den Eigenschaften seiner basalen Bestandteile resultieren. Wenn die basalen Bestandteile *rein physisch* wären, dann kann man nicht einsehen, warum ihre Kombination plötzlich etwas Mentales hervorbringen soll. Irgendwie müssen in den fundamentalen Bausteinen der Materie schon protomentale Eigenschaften vorhanden sein. Dieser Gedanke ist schwer zu akzeptieren. Wir können nicht (noch nicht?) verstehen, wie ein einzelner, integrierter mentaler Zustand (z. B. ein Erlebnis) aus einer unglaublichen Vielzahl kleinerer, protomentaler Zustände zusammengesetzt sein kann. Das Mentale erscheint teilbar in der Zeit, aber wir wissen nicht, wie es auch im Raum teilbar wäre. Deshalb können wir zwar verstehen, wie eine Muskelbewegung aus vielen einzelnen biochemischen Ereignissen synthetisiert wird, wir wissen aber nicht, wie die Einheit des Bewußtseins aus vielen Teilen zusammengesetzt wird. Nagel hat behauptet, daß wir im Bereich des Mentalen nicht über ein Verständnis der Teil-Ganzes-Relation verfügen. Neben diesen mehr philosophischen Problemen ergibt sich eine Spannung mit den empirischen Wissenschaften. Wenn es wirklich proto-mentale Eigenschaften gäbe, müßte die Physik sie dann nicht längst entdeckt haben? Ist es nicht so, daß sich in der Physik das kartesische Bild einer absolut „geistlosen", mechanistischen Materie bis auf den heutigen Tag bewährt? Interessanterweise kann man diese Frage nicht mit einem klaren „Ja" beantworten.

Es gab gerade in jüngster Zeit einige interessante Versuche mit dem Ziel aufzuzeigen, daß die radikale Trennung von Geist und Materie keinen überzeugenden Rückhalt in der Physik findet. Mit anderen Worten: Der Physikalismus in vielen verbreiteten Formen kann sich nicht auf den gegenwärtigen Forschungsstand der Physik berufen. Ein in den letzen Jahren viel diskutiertes Beispiel einer solchen Argumentation findet sich in Michael Lockwoods Buch „Mind, Brain, and the Quantum" (LOCKWOOD 1989). Lockwood versucht typisch mentale Phänomene (wie Standpunktbezogenheit) schon auf der Ebene der Mikrophysik grundzulegen. Es geht ihm darum, jene protomentalen Eigenschaften der physischen Welt aufzuzeigen, nach denen Thomas Nagel vergeblich suchte. Nach seiner Auffassung ist es nicht nötig, die mentalen Phänomene um der Einheit des wissenschaftlichen Weltbildes willen zu opfern oder auf dem Prokrustesbett eines reduktiven Physikalismus bis zur Unkenntlichkeit zu verstümmeln. Ich will hier jedoch noch einen anderen Ansatz in die Diskussion bringen, den der finnische Philosoph Paavo Pylkkänen jüngst vorgelegt hat (PYLKKÄNEN 1992).

Pylkkänen stellt interessante Anfragen an einige Voraussetzungen, die in früheren Kapiteln dieser Einführung gemacht wurden. Er stellt sich die Frage, welche Implikationen die sogenannte „ontologische Interpretation" der Quantenmechanik des Physikers David Bohm für die Philosophie des Geistes hat. Daß er gerade von dieser Interpretation ausgeht, ist bedeutsam. Während viele Physiker in gewisser Weise vor einer *ontologischen* Interpretation des mikrophysikalischen Bereiches kapitulierten und sich nur auf die *epistemische* Seite (Messergebnisse) beschränkten, legt Bohm ganz explizit eine Interpretation der Quantenmechanik vor, die in voller Übereinstimmung mit der klassischen Physik eine Darstellung der geistunabhängigen Welt versucht. Daß eine Theorie vom bohmschen Typ nicht zur Standardinterpretation wurde, hatte nur teilweise sachliche, zu erheblichen Teilen auch bloß historisch zufällige Gründe (Cushing 1994). In jüngster Zeit ist zu beobachten das die bohmsche Interpretation bei vielen Wissenschaftlern an Akzeptanz gewinnt, gerade weil sie eine Ontologie für den Mikrobereich liefert und zudem in vielfacher Hinsicht mehr Kontinuität mit dem klassischen Weltbild garantiert als ihre Konkurrenten (vor allem die Kollapstheorien). Wie in der klassischen Physik befinden sich die Teilchen an definiten Orten und nicht in mysteriösen „Überlagerungen" mehrer möglicher Aufenthaltsorte. Der hier entscheidende Schritt in Bohms Theorie ist die präzise begründete Einführung ganz neuartiger Entitäten. Er gelangt dazu, indem er die bereits erwähnte Wellenfunktion nicht bloß als eine mathematische Funktion auffaßt, von der man die statistischen Eigenschaften von Phänomenen ableiten konnte, sondern als eine eigenständig existierende Entität: das „Quantenfeld" oder die „Quantenwelle". Diese Welle läßt das sogenannte „Quantum Potential" entstehen, das auf Partikel so einwirkt, daß sie sich gemäß den Gesetzen der Quantenmechanik verhalten. Obwohl dieses Feld nicht bloß als mathematische Entität, sondern als physische Entität eingeführt wird, unterscheidet es sich doch drastisch von allen anderen physischen Entitäten, die wir kennen. Ein Beispiel: Die Stärke des Quantenpotentials hängt nicht ab von der Intensität der mit dem Teilchen (z. B. ein Elektron) assoziierten Welle, sondern von deren Form. Von daher hat das Quantenpotential auch dann einen ungeminderten Effekt, wenn die Welle sich über große Distanzen ausgedehnt hat und ihre Intensität sehr gering geworden ist. Darin unterscheidet es sich radikal von bisher bekannten Wellen und Feldphänomenen. Man stelle sich beispielsweise eine Wasserwelle vor, die auch nach großer Ausdehnung im Wasser einen Korken noch mit unverminderter Energie aus dem Wasser stoßen kann. Das Quantenpotential wirkt nicht wie eine klassische Kraft. Man kann das Feld mit einer Konstanten multiplizieren, ohne die Einwirkung auf das Elektron zu verändern. Es handelt sich dabei also nicht um etwas im klassischen Sinne Materielles, sondern um eine Art Informationsfeld.

Folgende Analogie mag zum Verständnis dienen: Man stelle sich ein Schiff vor, das durch Radarwellen gelenkt wird. Die Radarwellen werden in den Bordcomputer eingegeben, und das Schiff ändert seine Richtung entsprechend der Information, die in den Radarwellen enthalten ist. Das Quantenpotential in der böhmschen Theorie entwickelt sich aufgrund von Wellen, die diesen Radarwellen analog sind. Es überträgt *Informationen* über die (auch entfernte!) Umgebung in das Elektron, welches darauf hin seine Bewegung entsprechend ändert. Bohm spricht von „aktiver Information". Es ist nicht schwer, die Relevanz dieser These für die Thematik dieser Einführung zu sehen. Es ist der Informationsgehalt, der hier als solcher und unabhängig von einer klassischen Kraft kausal wirksam wird. Es handelt sich um eine rudimentäre Form verhaltenssteuernder Repräsentation. Daß diese (und andere hier nicht erwähnte) Aspekte der bohmschen Theorie Rückwirkungen auf das Problem mentaler Verursachung haben, ist offensichtlich. Bohm hat die Relevanz seiner Theorie für das Leib-Seele-Problem genau gesehen (z. B. BOHM 1990). Er sprach davon, daß das Phänomen der aktiven Information ein rudimentäres geistartiges („mind-like") Verhalten der Materie impliziere. Könnten wir hier einer der proto-mentalen Eigenschaften auf der Spur sein, nach denen Thomas Nagel auf der Suche nach einer einheitlicheren Sicht der Wirklichkeit vergebens Ausschau gehalten hatte? Das ist eine schwer zu beantwortende Frage, die nur im Rahmen einer hier nicht möglichen ausführlichen und kritischen Analyse des bohmschen Ansatzes angegangen werden kann.

Ohne an dieser Stelle also irgendwelche Schlüsse ziehen zu wollen, sei wenigstens auf einen im vorliegenden Zusammenhang wesentlichen Aspekt hingewiesen. Von Kennern der Theorie wird zugegeben, daß das bohmsche Modell der Wirkungsweise des Quantenpotentials eine Art „Downward-Causation" beinhaltet (MCLAUGHLIN 1992, 53). Es sind nichtlokale, die Konfiguration der ganzen Versuchsanordnung betreffende Eigenschaften, die das Teilchen kausal beeinflussen. Das Teilchen wird mittels des Quantenpotentials über die gesamte Konfiguration informiert und entsprechend gelenkt. Weiter oben wurde der Emergentismus gerade deshalb kritisiert, weil er in seiner klassischen Form eine Abwärts-Verursachung postuliert, welche das Prinzip der kausalen Geschlossenheit des physischen Bereichs verletzt. Es ist aber gerade die Vorstellung der kausalen Geschlossenheit des physischen Bereichs, die in Bohms Konzeption auf sehr spezifische Weise problematisiert wird.

In Bohms Ontologie können physische Wirkungen eine *qualitativ* neue Art von Ursachen haben. Es ist eine *Informationseigenschaft* (im Gegensatz zu bloßer Energieübertragung), die das Verhalten des Elektrons beeinflußt. Es wird angenommen, daß es „Kräfte" gibt, die von der *Form* und damit dem Informationsgehalt eines Feldes abhängen und nicht von seiner Stärke (Amplitude). Durch diese Idee wird unsere Vorstellung vom Universum signifikant erweitert, besonders in Bezug auf die kausal relevanten Eigenschaften. Wir können diese „neue" Art der Verursachung auch „physisch" nennen, aber sollten nicht vergessen, daß sie sich von der klassischen Vorstellung lokal interagierender Substanzen (nach Art von Billiardbällen) oder von Feldeffekten, die mit der Distanz abnehmen, radikal unterscheidet. Ein Fall mentaler Verursachung ist nach allgemeiner Auffassung dann gegeben, wenn ein Informationsgehalt als solcher kausal wirksam wird. Bohms Theorie legt also die Konsequenz nahe, daß es auf dem fundamentalsten Niveau des Physischen (der Quantenebene) eine Art mentaler Verursachung in genau diesem Sinne gibt. Pylkkänen zieht daraus die Konsequenz, daß die Physik selber es ist, die uns auffordert, die absolute metaphysische Unterscheidung zwischen physischen und mentalen Eigenschaften aufzugeben (Pylkkänen 2006). Die kartesische Trennung von Mentalem und Physischem muß radikal aufgegeben werden. Damit wird auch die Vorstellung einer kausalen Geschlossenheit des Physischen fragwürdig. Man sollte besser von einer kausalen Geschlossenheit der Welt reden in dem Sinne, daß alle Wirkungen zureichende Ursachen haben müssen.

Mit dieser Bemerkung sei der kurze Ausflug in die empirischen Wissenschaften abgeschlossen. Wie schon früher (bei der Darstellung der Theorie Eccles') erwähnt, ist allerhöchste Vorsicht geboten bei dem Versuch, aus umstrittenen empirischen Theorien weitreichende metaphysische Folgerungen zu ziehen. Solche weitreichenden Folgerungen nahezulegen, ist hier auch nicht beabsichtigt. Es geht darum, anhand möglichst konkreter Beispiele, die Plausibilität der wiederholt geäußerten These zu überprüfen, gemäß derer die ganze aktuelle Debatte des Leib-Seele-Problems bis hin zu den radikalsten Formen des eliminativen Physikalismus noch immer unter einer intellektuell einengenden Abhängigkeit vom neuzeitlichen Dualismus leidet. Eine Konsequenz aus diesem historischen Erbe ist ein simplifizierend mechanistisches Bild der Materie, das einer echten Naturalisierung des Geistes im Wege steht. Ich glaube, daß dieser Verdacht nicht unbegründet ist. Ob hingegen eine Überwindung dieses kartesischen Erbes die Lösung des Leib-Seele-Problems in all seinen Facetten vorbereiten kann, ist fraglich. Zu weit ist der Weg von den proto-mentalen Eigenschaften zur Einheit des menschlichen Bewußtseins und der ganzen Fülle menschlicher Rationalität. Im letzten Kapitel soll aber wenigstens ein Versuch unternommen werden, ein alternatives Bild der materiellen Welt zu entwerfen.

8
Geiststaub – Ein alternatives Bild der Materie

Das kartesische Erbe im Physikalismus

Am Ende des letzten Kapitels wurde der Verdacht geäußert, das kartesische Bild der Materie sei ein wesentliches Hindernis für ein tieferes Verständnis des Leib-Seele-Problems. Wir müssen daher an den Anfang dieser Einführung zurückkehren und uns nochmals mit den kartesischen Intuitionen befassen. Die in der kartesischen Tradition entwickelten Argumente für den Dualismus hatten folgende Grundstruktur:

> (1) Es gibt eine unüberwindbare epistemische Kluft zwischen den mentalen Fakten des bewußten Erlebens und rein physischen Fakten.
> (2) Wenn es eine unüberwindbare epistemische Kluft zwischen mentalen und physischen Fakten gibt, dann gibt es auch eine ontologische Kluft zwischen den beiden Bereichen.
> (3) Also ist der monistische Physikalismus falsch.

Auch heute haben materialismuskritische Argumente oft genau diese Struktur. Ein viel diskutiertes ist das der ex hypothesi perfekten Neurowissenschaftlerin mit Namen „Mary", die alle Fakten über Farbwahrnehmung im Gehirn kennt. Allerdings hat Mary noch nie selbst eine Farbe gesehen, sie hat ihr Wissen in einer Schwarz-Weiß-Welt erworben. Kann Mary nun aus diesem kompletten Wissen über die physikalischen Grundlagen der Farbwahrnehmung ableiten wie es sich anfühlt, zum Beispiel die Farbe „Blau" zu sehen? Unsere Intuition besagt, daß sich das Wissen darum, wie sich eine Blauwahrnehmung anfühlt, nicht aus dem Wissen um die Neurophysiologie der Farbwahrnehmung ableiten läßt. Mary muß tatsächlich eine Farbwahrnehmung erlebt haben, um diese Fakten des phänomenalen Farberlebens zu kennen. Also gibt es eine epistemische Kluft zwischen Fakten des bewußten Erlebens und rein physischen Fakten. Wenn man aus dieser epistemischen Asymmetrie folgert, daß die physischen von den mentalen Fakten verschieden sind, dann hat man in kartesischer Tradition gegen den Physikalismus argumentiert. Wenn man den Zeitpunkt, an dem Mary zum ersten Mal eine Farbwahrnehmung hat, „t" nennt, dann könnte man das Argument folgendermaßen rekonstruieren:

(1) Mary kennt vor *t* alle physikalischen Tatsachen über Farbwahrnehmung.
(2) Mary lernt zu *t* etwas.
(3) Also erwirbt Mary zu *t* propositionales Wissen.
(4) Also lernt Mary zu *t* eine neue Tatsache kennen.
(5) Also gibt es Tatsachen über Farbwahrnehmung, die keine physikalischen Tatsachen über Farbwahrnehmung sind.
(6) Wenn der Physikalismus wahr ist, dann gibt es keine nicht-physikalischen Tatsachen über Farbwahrnehmung.
(7) Also ist der Physikalismus falsch.

Dieses Argument ist an mehreren Stellen angreifbar, vor allem die These, daß Mary wirklich neue Tatsachen kennenlernt. Die Feinheiten des Argumentes sind an dieser Stelle aber nicht das Thema (vgl. Jackson 2004). Die hier interessierende These ist die, daß sich der physikalische Bereich gänzlich ohne Rekurs auf das phänomenale Bewußtsein beschreiben läßt, daß man also das Gehirn als physische Entität komplett beschreiben kann, ohne jemals auf das phänomenale Erleben zu Sprechen zu kommen. Die Fundamentalthese lautet, daß physischer Stoff, aus dem unsere Welt besteht, nicht phänomenales Erleben und Erfahren enthält (Strawson 2006).

(PnP) Physischer Stoff ist an sich etwas, das seiner fundamentalen Natur nach ganz und gar ohne phänomenale Erfahrung ist.

Das Material, aus dem unsere Welt zusammengesetzt ist, ist rein physisch und nicht mental. Dadurch wird die Frage aufgeworfen, wie aus diesen völlig erfahrungsfreien Bausteinen ein Wesen mit bewußter Erfahrung zusammengesetzt wird. Im Prinzip kann es auf diese Frage vier mögliche Antworten geben:

(1) Phänomenale Erfahrung emergiert plötzlich und radikal aus einer völlig nicht-phänomenalen Grundlage.

(2) Phänomenale Erfahrung existiert unabhängig von den physischen Grundbausteinen und geht nicht aus ihnen hervor.
(3) Es gibt gar keine phänomenale Erfahrung, kein bewußtes Erleben. Es gibt nur komplex angeordnete nicht-phänomenale Materie.
(4) Es gibt phänomenale Erfahrung selbst in den Grundbausteinen. Das Bewußtsein ist von Anfang an Teil der physischen Welt.

Emergenz noch einmal betrachtet

Die ersten drei Ansätze wurden in diesem Buch schon behandelt: radikale Emergenz, Substanzdualismus und eliminativer Physikalismus. Die Schwierigkeiten des Substanzdualismus bestanden vornehmlich darin, die nicht-räumlichen mentalen Ereignisse mit den räumlichen physischen Ereignissen zu kausalen Paaren zu verbinden. Die Schwierigkeit des eliminativen Physikalismus bestand darin, daß er die solideste und sicherste Erkenntnis von allen, die Existenz meines eigenen phänomenalen Erfahrens, leugnen mußte. Man muß sich argumentativ in eine ausweglose Situation gebracht haben, um zu einer derart radikalen und kontraintuitiven These zu greifen. So gesehen scheint die ungewohnte These, daß phänomenales Erfahren schon in der fundamentalen physischen Ebene angesiedelt ist, vergleichsweise sogar weniger abwegig. Die Emergenzthese ist auf den ersten Blick vermutlich die verlockendste These. Gibt es nicht eine Vielzahl von emergenten Ebenen in der Natur? Lebende Organismen sind Systeme, die durch massive Aufnahme von Energie aus der Umwelt eine komplexe funktionale Ordnung aufrecht erhalten. Die Gesetzmäßigkeiten, denen die Entwicklung des Lebendigen unterliegt, sind für uns nicht direkt auf die fundamentalen Gesetze der Physik zurückzuführen. Man muß hier durchaus von etwas Neuartigem sprechen, von einer emergenten Ebene, wenn auch in einem schwachen Sinne. Die Emergenz ist schwach, weil wir annehmen müssen, daß eine perfekte Kenntnis der physischen Strukturen der Lebewesen zeigte, daß ihr physikalischer Aufbau all ihre biologischen Eigenschaften erzwingt. Wie weiter oben dargestellt, widerspricht das dem Gedanken radikaler Emergenz, denn hier ist prinzipielle Unableitbarkeit von unten nach oben gefordert. In einem schwachen Sinne sind viele makroskopische Objekte des Alltags emergent, sogar Wasser. Wenn man Wasserstoff und Sauerstoff zu H_2O verbindet und das in genügender Menge tut, so erhält man eine Flüssigkeit, mit der sich Feuer löschen läßt. Dieser feuerlöschende flüssige Stoff ist gegenüber seinen Bausteinen in einem schwachen Sinne emergent, weil er neue Eigenschaften besitzt. Die einzelnen Wasserstoff- und Sauerstoffteilchen sind weder flüssig noch feuerlöschend. Für den Naturwissenschaftler ist das Entstehen dieser Eigenschaften allerdings nicht rätselhaft. Er würde unter anderem darauf hinweisen, daß der Versuch Wasser zu verbrennen, also zum Beispiel zu Wasserstoffperoxid zu oxidieren, wegen der Energie- und Entropiebilanz der entsprechenden Reaktion nicht spontan ablaufen wird, man also sehr viel mehr Energie „hineinstecken" müsste als ein normales Feuer hergibt. Flüssig ist das Wasser dadurch, daß durch die Anziehung positiver und negativer Ladungen der Wassermoleküle Wasserstoffbrückenbindungen entstehen, welche die Beweglichkeit der Moleküle einschränken, sie verklumpen sozusagen ein wenig. Solche Wasserstoffbrückenbindungen spielen übrigens auch im Bereich des Lebendigen eine große Rolle, z. B. bei der komplementären Basenpaarung innerhalb der Doppelhelix der DNA. Die höherstufige Systemeigenschaft „ist lebendig" ist natürlich nicht so einfach zurückzuführen wie etwa „ist flüssig", da wir mit „Leben" ein ganzes Bündel von ihrerseits sehr komplexen Vorgängen bezeichnen wie beispielsweise Stoffwechsel, Reproduktion und Reparatur von Schäden. All diese Vorgänge sind allerdings nichts weiteres als komplexe funktionale Muster im physischen Geschehen, die jedenfalls prinzipiell in ihre kleinen chemischen und letztlich physikalischen Bausteine zerlegt werden können. Wenn sich trotzdem der Eindruck erhält, das Leben sei in einem starken Sinne emergent, dann vermutlich deshalb, weil man Kriterien wie „Reaktion auf Stimuli" als Kriterien des Lebendigen annimmt und damit verbindet, daß das Lebewesen etwas spürt oder erfährt. Der phänomenale Gehalt des Spürens oder Erfahrens ist aber genau das Problem, um das es hier geht. Warum fängt das Lebewesen an, etwas zu spüren, wenn es in den Atomen, Molekülen und Zellen nicht einmal die schwächsten Vorformen des phänomenalen Erfahrens gibt?

Das phänomenale Erleben taucht auf wie der Geist aus Aladins Wunderlampe. Diese Art von Emergenz ist ganz anders als die von „flüssig" oder sogar „lebendig" im funktionalen Sinne. Schwache Emergenz besagt, daß die Verbindung vieler kleiner funktionaler Strukturen ein größeres Muster ergibt, das dann funktionale Eigenschaften hat, die seine Substrukturen nicht hatten. Es handelt sich immer nur um Zunahme von funktionaler Komplexität innerhalb eines homogenen ontologischen Rahmens. Der qualitative Gehalt einer Empfindung ist aber, wie bereits bei der Kritik des Funktionalismus gezeigt wurde, nicht rein funktional charakterisierbar (vgl. BRÜNTRUP 2003). Phänomenale Erfahrungen passen nicht in den ontologischen Rahmen der rein funktional bestimmten physischen Entitäten. Eine Emergenz, bei der Entitäten einer ganz neuen Art plötzlich auftreten, ist aber nicht verstehbar. Selbst ein Wesen mit idealen kognitiven Fähigkeiten könnte diese Sprünge nicht ableiten. Sie müssen als facta bruta akzeptiert werden. Man kann die intellektuelle Zumutung, die ein solcher Emergenzbegriff beeinhaltet, mit einem Beispiel verdeutlichen: Nehmen wir an, es gäbe neben den konkreten Entitäten in Raum und Zeit noch abstrakte Entitäten, z. B. die Zahlen, die nicht in Raum und Zeit existieren. Eine radikale „pythagoreische" Emergenzthese wäre, daß unsere Welt fundamental aus Zahlen besteht. Wenn man nun Zahlen komplex genug anordnet, so die These, dann entstehen konkrete raum-zeitliche Entitäten. Der Übergang von einer abstrakten zu einer konkreten Entität ist allerdings nicht intelligibel. Der Übergang von Entitäten, die ihrer fundamentalen Natur nach ganz und gar ohne phänomenale Erfahrung sind, zu solchen, die phänomenale Erfahrung besitzen, ist ebenso unintelligibel. Es ergibt sich also folgendes Dilemma: Entweder wird die Emergenz zu schwach konzipiert und das Argument geht am Leib-Seele-Problem vorbei, oder ein starker Emergenzbegriff erfaßt zwar das Problem, ist aber keine Erklärung, sondern einfach ein Name für eine nicht erklärte Relation.

Präziser und in etwas mehr technischem Vokabular kann man diesen Zusammenhang auch mit dem Supervenienzbegriff erklären. Schwach emergente Eigenschaften sind in einem starken Sinne supervenient gegenüber ihren Basiseigenschaften. Es gibt keine mögliche Welt, die ein isomorphes Eins-zu-Eins-Abbild unserer physikalischen Welt ist, in der aber Wasser nicht flüssig ist. Die physikalische Ebene erzwingt das „Auftauchen" aller anderen Ebenen (chemisch, biologisch) mit logischer Notwendigkeit. Daher ist diese Art des Entstehens höherstufiger Eigenschaften nicht an sich rätselhaft, wenn auch in komplexen Fällen für uns im Detail nicht nachvollziehbar. Im Falle des bewußten Erlebens scheint es so zu sein, daß die rein physische, basale Ebene, die keinerlei phänomenale Erfahrung kennt, das Auftreten höherstufigen Erlebens nicht erzwingen kann. Damit bewußtes Erleben auftritt, bedarf es zusätzlicher Fakten, welche die Supervenienz erklären. In unserer Welt gäbe es beispielsweise eine schwächere, nicht über alle mögliche Welten hin geltende Supervenienzbeziehung zwischen bestimmten physikalischen Fakten und dem Auftreten bewußten Erlebens, gerade weil in unserer Welt diese zusätzlichen Fakten gelten. Diese zusätzlichen Fakten, die über die physikalischen Fakten hinausgehen, führen natürlich über die Hintertreppe den Dualismus wieder ein. Der äußerst einflußreiche australische Philosoph David Chalmers hat in den letzten Jahren oft argumentiert, daß der Physikalist dieser Herausforderung am besten begegnen kann, indem er seinen Begriff des Physischen so erweitert, daß dieser die zusätzlichen Fakten, die das Auftreten bewußten Erlebens ermöglichen, bereits enthält. In diesem Sinne plädiert Chalmers also genau für das, worum es in diesem Kapitel geht: ein alternatives Bild der Materie. Es lohnt sich, einen etwas genaueren Blick auf Chalmers' Argumentation zu werfen, um den exakten logischen Ort für diesen argumentativen Schachzug zu bestimmen (Chalmers 1996, darüber hinaus sind zu erwähnen: Strawson 2006, Stoljar 2006, Rosenberg 2004, Griffin 1998, Lockwood 1989).

Zwei Begriffe des Physischen – Ein naturalistischer Ausweg aus dem Problem des Physikalismus

Erinnern wir uns, daß die Grundvoraussetzung das Prinzip (PnP) ist: Die grundlegenden physikalischen Fakten enthalten keine Fakten phänomenalen Erlebens (d. h. in der Welt der Physik kommt das Erleben nicht vor). Chalmers' Grundgedanke ist, daß eine Welt vorstellbar (möglich) ist, in der all diese fundamentalen physikalischen Fakten unserer Welt eins-zu-eins kopiert sind, aber in der es kein phänomenales Erleben gibt. Er nennt dies die Welt der metaphysischen Zombies. Dieser etwas malerische Name kommt daher, daß in dieser Welt natürlich alle stark supervenienten Fakten der Chemie, der Biologie etc. ebenfalls in perfekter Kopie zu unserer Welt entstehen würden. Damit kämen wir selbst in dieser Welt auch vor, allerdings ohne bewußtes Erleben; wir wären eine Art lebendiger Toter, eben „Zombies".

Das Argument sieht in seiner einfachsten Form so aus: Nehmen wir P als die logische Konjunktion aller physikalischen Tatsachen (oder einfach: die Menge aller physikalischen Tatsachen) und nehmen wir Q als eine beliebige Tatsache qualitativen, phänomenalen Erfahrens. (Das „Q" steht für „Qualia").

> (1) Es ist vorstellbar, daß <P und nicht Q>.
> (2) Wenn es vorstellbar ist, daß <P und nicht Q>, dann ist es metaphysisch möglich, daß <P und nicht Q>.
> (3) Wenn es metaphysisch möglich ist, daß <P und nicht Q>, dann ist der Physikalismus falsch.

Die nahe Verwandtschaft dieses Argumentes zu den Argumenten in kartesischer Tradition, die im 2. Kapitel dargestellt wurden, ist unübersehbar. Der dort kritisch hinterfragte modale Rationalismus, der logische und metaphysische Möglichkeit als deckungsgleich ansieht, fällt ebenfalls auf.

Chalmers hat den modalen Rationalismus verteidigt. In der Tat fragt man sich, wie ein „modaler Dualismus", also die Unterscheidung von logischer und metaphysischer Möglichkeit und Notwendigkeit, begründet werden soll, wenn diese Annahme nicht einfach nur eine Konsequenz eines schon vorher angenommenen Physikalismus ist (vgl. CHALMERS 1999). Der modale Dualismus trennt den epistemischen Bereich der Rationalität (Ableitbarkeit, Nicht-Widersprüchlichkeit) vom ontologischen Bereich dessen, was möglicherweise existiert. Das logische Denken bietet dann keinen Zugang mehr zu dem, was möglicherweise existieren könnte. Allein die empirische Untersuchung dessen, was de facto existiert, eröffnet auch den Raum der Möglichkeiten, denn diese beschränken sich darauf, was die aktuellen Naturgesetze zulassen. Fragen wie „Hätte eine andere logisch mögliche Welt realisiert werden können?" ergeben dann keinen Sinn mehr. Man muß Chalmers zugestehen, daß *prima facie* metaphysische Fragen über andere mögliche Welten nicht sinnlos erscheinen, selbst wenn wir uns dabei nur auf eventuell fehlerhafte Intuitionen verlassen können. Dieser im weiteren Diskussionsverlauf sehr komplexen und technischen Auseinandersetzung kann hier aber nicht im Detail nachgegangen werden (SZABO / HAWTHORNE 2002). Es soll allerdings gezeigt werden, wie Chalmers dem im 2. Kapitel dargestellten Einwand der wissenschaftlichen Essentialisten begegnet. Gemäß dieses Einwandes ist es möglich, *a posteriori* metaphysische Notwendigkeiten zu entdecken (im Widerspruch zu Kant), z. B. „Wasser ist identisch mit H_2O". Wenn die Identität von Schmerz mit einem bestimmten neurophysiologischen Zustand ebenso entdeckt würde, dann wäre bewiesen, daß durch alle möglichen Welten hindurch dieser Gehirnzustand mit Schmerz identisch ist. Damit wäre Prämisse (2) im obigen Argument falsch. Der interessante Punkt im Kontext dieses Kapitels ist nun, daß Chalmers argumentiert hat, daß dieser Einwand nur erfolgreich ist, wenn der Physikalist das Prinzip (PnP) aufgibt. Das ist zunächst überraschend, kann aber relativ einfach aufgezeigt werden. Erinnern wir uns an Putnams Beispiel von der Zwillingserde. Die Flüssigkeit, die man dort in den Seen und Flüssen findet, ist oberflächlich gesehen vom Wasser auf der Erde ununterscheidbar. Bei genauer chemischer Analyse zeigt sich jedoch, daß das Wasser auf der Zwillingserde eine andere chemische Struktur hat als das Erdenwasser, nennen wir sie „XYZ". Scheinbar widersprüchlich kann man nun doch die folgenden beiden Sätze für wahr halten:

(1) Das Wasser auf der Zwillingserde hat die chemische Struktur XYZ.
(2) Auf der Zwillingserde gibt es kein Wasser.

Die Sätze sind nicht widersprüchlich, da das Wort „Wasser" in ihnen in zwei verschiedenen Bedeutungen gebraucht wird. Die Bedeutung von „Wasser" in (1) ist eine Beschreibung dessen, was ein kompetenter Sprecher epistemisch mit dem Begriff „Wasser" verbindet: die klare, trinkbare geschmacksneutrale Flüssigkeit etc. Die Bedeutung von Wasser in (2) ist die chemische Substanz in der Welt, dasjenige, was wir mit dem Begriff „Wasser" getauft haben. Diese Zweidimensionalität in der Bedeutungstheorie war schon in der mittelalterlichen Scholastik detailliert ausgearbeitet worden, in der jüngeren Vergangenheit wurde sie vor allem durch Freges Unterscheidung von Sinn und Bedeutung wieder in die Diskussion eingebracht. Chalmers nennt die Bedeutung von „Wasser" in (1) „primäre Intension", die Bedeutung von „Wasser" in (2) „sekundäre Intension." Mittels dieser Unterscheidung wird klar, daß *a posteriori* notwendige Sätze wie „Wasser ist H_2O" mit der sekundären Intension von „Wasser" arbeiten. Wenn wir „Wasser" in seiner primären Intension verstehen, dann ist „Wasser ist H_2O" nicht notwendig, also kontingent. Aus dieser Analyse ergibt sich, daß jeder notwendige Satz *a posteriori* eine kontingente primäre Intension hat. Genau auf diese primäre Intension beziehen sich allerdings die Vorstellbarkeitsargumente. Die physikalistische Verteidigung besagt also, daß die Kritiker fälschlicherweise von der primären Intension ausgegangen seien. Das bedeutet aber, daß die *a priori* unterschiedlichen Begrifflichkeiten der Sprache über phänomenales Erfahren und der Sprache über funktional beschriebene physikalische Tatsachen dann doch *a posteriori* als über exakt dasselbe redend erwiesen werden können. Mary hat also nichts Neues gelernt, sondern nur dasselbe Faktum auf zwei verschiedene Weisen beschrieben. Das vermag aber im Kontext des Leib-Seele-Problems kaum zu überzeugen, da der Chemiker zwar alle Eigenschaften des Wassers ableiten kann, die Neurophysiologin aber nicht alle phänomenalen Eigenschaften des Schmerzes ableiten kann. Es bleibt dem Physikalismus wieder ein Ausweg: Mary hat nur einen neuen Aspekt derselben Sache kennengelernt. Inspiriert von Davidson ist man dann geneigt zu antworten, daß wenn ein Ereignis sich sowohl durch eine mentale als auch durch eine physische Beschreibung identifizieren lässt, dann ist es sowohl ein mentales wie ein physisches Ereignis; hat also sowohl einen mentalen wie einen physischen Aspekt. Das wäre aber kein Physikalismus, sondern eine Zwei-Aspekte-Theorie. Damit deutet sich an was Chalmers meint, wenn er behauptet, der Physilalismus müsse (PnP) aufgeben.

In den Vorstellbarkeitsargumenten nach der Art der metaphysischen Zombies geht es um logische Möglichkeit. Den Bereich des logisch Möglichen erreicht man aber über die primäre Intension. Keine Einsicht über

Notwendigkeiten *a posteriori* schließt irgendeine logisch mögliche Welt aus. Auch wenn es trivialerweise keine mögliche Welt gibt, in der das, was in unseren Flüssen fließt nicht H_2O ist, so gibt es doch mögliche Welten, in denen die durchsichtige, geschmacksneutrale Flüssigkeit in den Flüssen nicht H_2O ist. Außerdem greift gerade im speziellen Falle bewußter Erfahrung der Rekurs auf sekundäre Intensionen nicht. Ein Zustand in der aktuellen Welt ist genau dann eine bestimmte bewußte Erfahrung, wenn er sich auf eine bestimmte Weise anfühlt. Der phänomenale Gehalt macht das Wesen dieses Zustands aus. Auch in jeder anderen, kontrafaktisch angenommenen Welt wird ein bewußter Zustand ebenso durch seinen phänomenalen Gehalt bestimmt. Die Unterscheidung zwischen primärer und sekundärer Intension bei Begriffen wie „Wasser" wird durch die Einsicht begründet, daß es in einer anderen, kontrafaktisch angenommenen Welt etwas geben könnte, das zwar wie Wasser aussieht, sich wie Wasser anfühlt, in Wirklichkeit aber kein Wasser ist. Diese Unterscheidung macht im Falle phänomenaler Erfahrung gar keinen Sinn. Schon in Kapitel 2 wurde darauf hingewiesen, daß sich der Ausdruck „Schmerz" nicht in gleicher Weise starr auf eine physische Substanz bezieht wie der Ausdruck „Wasser". Etwas, das sich genauso anfühlt wie ein Schmerz, ist ein Schmerz, und zwar in jeder möglichen Welt. Es ergibt keinen Sinn zu behaupten, ein Schmerzerlebnis in einer anderen möglichen Welt, das sich genauso anfühlt wie Schmerz in der aktuellen Welt, sei überhaupt kein Schmerz, sondern etwas anderes. Die Einführung von *a posteriori* notwendigen Sätzen ist also keine geeignete Strategie, um den Übergang von der epistemischen auf die modale Ebene in Chalmers' Argument zu blockieren. Auf dem Hintergrund dieser Unterscheidungen sollte die Struktur des Argumentes nun noch deutlicher hervortreten. Nehmen wir wieder an:

> P = die logische Konjunktion aller wahren Aussagen über die fundamentalen physikalischen Tatsachen
> und
> Q = eine beliebige, wahre Aussage über eine Tatsache des qualitativen, phänomenalen Erlebens.
> Differenzieren wir aber jetzt:
> P', Q' = nur die primären Intensionen von P, Q.

Vier Prämissen sollen nun eingeführt werden: Die erste formuliert das Ergebnis der weiter oben dargestellten epistemischen Analyse, die zweite das der modalen Analyse. Die dritte definiert den Physikalismus. Die vierte, auf die noch einzugehen sein wird, besagt, daß die Aussagen über die fundamentalen physikalischen Tatsachen nicht verschiedene primäre und sekundäre Intensionen haben. Damit kann man Chalmers' Argument so konstruieren:

> (P1) Die physikalischen Wahrheiten enthalten nicht *a priori* die phänomenalen Wahrheiten.
> (P2) Wenn ein Satz S *a posteriori* ist, dann hat S eine kontingente primäre Intension.
> (P3) Wenn der Physikalismus wahr ist, dann erzwingen die physikalischen Tatsachen alle wahren Propositionen.
> (P4) P' = P
> (5) P → Q ist *a posteriori*. (aus (P1))
> (6) P → Q hat eine kontingente primäre Intension. (aus (P2) und (5))
> (7) Es gibt eine mögliche Welt W, in der gilt: P' ist wahr in W, Q' ist falsch in W. (aus (6))
> (8) Es gibt eine mögliche Welt, in der gilt: P ist wahr in W, Q' ist falsch in W. (aus (P4) und (7))
> (9) Also ist der Physikalismus falsch. (aus (P3) und (8))

Wenn also in der Zombiewelt die Entitäten, auf die sich die Aussagen der Physik beziehen, nicht das Auftreten von Bewußtsein erzwingen, dann ist dort der Physikalismus falsch. Unter der Annahme, daß die wahren Aussagen der Physik in unserer und der Zombiewelt ununterscheidbar sind und sich auf in jeder Hinsicht ununterscheidbare Entitäten beziehen, ist dann auch in unserer Welt der Physikalismus falsch. Aber, und das ist die entscheidende Frage, beziehen sich die Aussagen über physikalische Entitäten in der Zombiewelt wirklich auf Entitäten, die alle Eigenschaften mit den physikalischen Entitäten in unserer Welt gemeinsam haben? Auch die intrinsischen Eigenschaften, die von der Physik gar nicht beschrieben werden?

Der entscheidende Punkt ist der Übergang von (7) auf (8). Schritt (7) behauptet die Vorstellbarkeit der Zombiewelt. Schritt (8) behauptet, daß die physikalischen Wahrheiten in der Zombiewelt exakt dieselben Entitäten herausgreifen wie in unserer Welt (auch gemäß der sekundären Intension). Der Übergang gelingt nur wegen der vierten Prämisse, die besagt P' = P. Diese Prämisse muß der Physikalist aber anerkennen, wenn er an (PnP) festhalten will, also der These, daß die grundlegenden physikalischen Fakten keine phänomenalen Fakten enthalten. Würde man (P4) nicht anerkennen, so behauptete man, daß die grundlegenden physikalischen Wahrheiten verschiedene primäre und sekundäre Intensionen haben. Das bedeutet: Die Physik in der Zombiewelt kann über etwas anderes reden als die Physik in unserer Welt. Die Physik in der Zombiewelt ist aber ununterscheidbar von der Physik in der aktuellen Welt. Wenn P' aber nicht mit P identisch ist, dann gibt es einen Unterschied: Obwohl in beiden Welten dieselbe Menge physikalischer Aussagen wahr ist, beziehen sich diese Aussagen doch auf etwas anderes: In der nach unserem Begriff des Physischen konzipierten und mit unserer Welt auf der Ebene der physikalischen Beschreibung identischen Zombiewelt werden keine phänomenalen Fakten von P' erzwungen. In unserer aktuellen Welt werden aber von P die phänomenalen Fakten erzwungen. Also sind P und P' nicht identisch. Das bedeutet dann aber, daß die Sprache der Physik in unserer Welt sich auf etwas bezieht (sekundäre Intension), dessen Wesen sie nicht voll erfaßt. Die Natur des Physischen wird von der Begrifflichkeit der Physik nicht vollständig enthüllt. Die Beschreibung in der funktionalen Sprache der Physik läßt einen Aspekt der physischen Realität aus; und genau dieser ist es, der die ontologische Grundlage aller phänomenalen Fakten ist. Anders ausgedrückt: Wenn der Physikalist (P4) ablehnt, um das Argument zu blockieren, dann muß er zwei Begriffe des Physischen einführen: einmal einen Begriff des Physischen, so wie ihn die Physik entwirft, dann einen anderen Begriff des Physischen, der über das hinausgeht, was die Sprache der Physik direkt erfassen kann. Dieser „meta-physische" Begriff des Physischen hat dann (proto-)mentale Eigenschaften schon eingebaut, verwirft also (PnP) (vgl. STOLJAR 2001). Galen Strawson unterscheidet entsprechend den einzig realistischen Physikalismus („realistic Physicalism"), der auf die ganze Natur des Physischen zielt, von einem „physicSalism", der sich nur an der Physik orientiert (der betonte Buchstabe „S" ist das „s" im englischen Wort „physics" für „Physik"). Ein realistischer Physikalismus muß nach Strawson die unbezweifelbare Tatsache der Existenz phänomenaler Erfahrung annehmen und integrieren. Da die radikale Emergenzthese keine Erklärung darstellt und eine reduktive Erklärung phänomenaler Erfahrung in rein funktionaler Begrifflichkeit nicht gelingt, bleibt als Ausweg für einen „realistischen Physikalismus" nur, die phänomenale Erfahrung als einen fundamentalen Aspekt des Physischen selbst anzusehen (STRAWSON 2006, siehe auch: NAGEL 1996).

Man könnte argumentieren, daß eine neutraler Monismus eine weitere Alternative darstelle. Die Kernthese ist, daß mentale und physische Eigenschaften aus einem einheitlichen Ursprung hervorgehen, der weder mental noch physisch ist. Einflußreiche Varianten des neutralen Monismus wurden von Ernst Mach und Bertrand Russell vertreten (MACH 1886 / RUSSELL 1927). Wenn aber diese zugrundeliegende, neutrale Ebene keinerlei proto-mentale Eigenschaften enthält, so taucht das bekannte Problem erneut auf. Wie kann aus etwas, das mit dem Bereich des Mentalen nichts gemein hat, eine mentale Entität hervorgehen? Wenn also der neutrale Monismus proto-mentale Eigenschaften auf einer neutralen Basis zuläßt, dann ist er nur eine Variante der Position, die in diesem Kapitel behandelt werden soll.

Panpsychismus, Panprotopsychismus und Panexperientialismus

Die spontane Reaktion auf Theorien dieser Art ist ungläubiges Staunen, denn sie enthalten einen Panpsychismus, d. h. die These, daß auch die grundlegenden Entitäten, aus denen das Universum aufgebaut ist, mentale Eigenschaften haben. Die Vorstellung, daß beispielsweise Elektronen Empfindungen haben, ist aber ganz offensichtlich absurd. So überrascht es *prima facie*, daß der Panpsychismus eine philosophiehistorisch äußerst bedeutsame Position darstellt, man denke nur an Namen wie Spinoza oder Leibniz. Panpsychistische Ansätze wurden von den Vorsokratikern bis in die Gegenwart von einflußreichen Philosophen vertreten (vgl. dazu: Clarke 2004, Skrbina 2005, Skrbina 2008). Die erwähnte intuitive Schwierigkeit muß daher überwindbar sein. In der Tat wurde sie von den meisten Vertretern des Panpsychismus klar gesehen. Oft wird eine deutliche Unterscheidung gemacht zwischen bewußten Erfahrungen im Vollsinn und deren primitiven Vorgängern. Leibniz setzte bewußt Perzeption von voll bewußten Apperzeptionen ab, Whitehead führte den Begriff „Prehension" ein, um nicht-sensorische Wahrnehmungen zu beschreiben, die weit unterhalb der Schwelle bewußter Aufmerksamkeit liegen. Für Whitehead waren die mentalen Eigenschaften einfacher Entitäten vor allem Kreativität, Spontaneität und eine gewisse Informations-Rezeptivität gegenüber der Umwelt. Diese proto-mentalen Eigenschaften verortet er abgestuft in allen Schichten der Wirklichkeit. Wie bereits erwähnt, gibt es auch unabhängig von diesen traditionellen, metaphysischen Spekulationen in der Interpretation der Quantenmechanik Ansätze, die Elementarformen des Mentalen weit unten im Stufenbau der Wirklichkeit ansetzen.

Die logische Struktur all dieser Argumentationen beruht auf der Nicht-Transitivität der Ähnlichkeitsrelation. Nehmen wir eine Schichtung der Wirklichkeit an. Zwischen der untersten Ebene der Elementarteilchen und Ebenen höchster Komplexität, wie zum Beispiel einem menschlichen Lebewesen, liegen viele Zwischenstufen. In Bezug auf ihre mentalen Eigenschaften ist jede Stufe ähnlich mit ihren Nachbarn. Da Ähnlichkeit aber nicht transitiv ist, kann es sein, daß weit entfernte Stufen sich in Bezug auf ihre mentalen Eigenschaften nicht mehr ähneln. Dabei kann nicht nur die Komplexität der mentalen Eigenschaften radikal abnehmen, sondern ebenso die Intensität und zeitliche Häufigkeit, so daß beispielsweise ein zusammenhängender Strom mentalen Lebens gar nicht mehr auftritt. Daher impliziert der Panpsychismus auch nicht die absurde These, daß die mentalen Eigenschaften der untersten Komplexitätsschichten, also der Elementarteilchen, nach dem Modell menschlicher Subjektivität gedacht werden müßten (BRÜNTRUP 1998).

Völlig entgegengesetzt ist demgegenüber die moderne Variante des kartesischen Bildes. Zwar geht man hier nicht mehr von einer Geistsubstanz aus, aber man betrachtet das Auftreten mentaler Eigenschaften als ein singuläres, extrem seltenes Ereignis in der Natur, die auf der fundamentalen Ebene „geistlos" ist. Der Geist entsteht durch extrem hohe funktionale Komplexität. Der in der Neurophysiologie noch immer vorherrschende Funktionalismus führt daher zu der These, daß es allein die neuronale Rechenkraft sei, die das phänomenale Erleben erklären könne. Berechnet man die Zahl der Neuronen und Synapsen im menschlichen Gehirn und berücksichtigt die Schnelligkeit des „Feuerns", dann kommt man auf ungefähr 10^{16} Rechenschritte pro Sekunde, die das Gehirn leisten kann. Es wurde in der Tat behauptet, daß Computer ebenfalls die Schwelle zum phänomenalen Erleben durchbrechen, wenn sie entsprechende Rechenleistung aufbringen. Daß aber ein Mehr an rein funktionaler Komplexität ausreiche, um in einer Welt ohne mentale Eigenschaften plötzlich die mentale Dimension auftauchen zu lassen, ist nur eine neue Spielart der altbekannten und unintelligiblen radikalen Emergenzthese. Außerdem: Ein einfaches Pantoffeltierchen verfügt nicht über komplexe Informationsverarbeitung durch neuronale Vernetzung. Dennoch kennt es zielgerichtetes Verhalten, es weicht rückwärts aus, wenn es auf ein Hindernis stößt, es erkennt Artgenossen. Sollen wir vermuten, daß dem Einzeller aufgrund mangelnder neuronaler Rechenkraft jegliche Art von Wahrnehmung seiner Umwelt fehlt, daß es sich um einen geistlosen Mechanismus handelt? Im kartesischen Weltbild gibt es eine scharfe Grenze zwischen geistbegabten und geistlosen Entitäten. Die moderne Variante dieses Gedankens zieht diese scharfe Grenze bei Auftauchen hochkomplexer Informationsverarbeitung in Nervensystemen. Whitehead war ein scharfer Kritiker dieser „Bifurkation" der Natur (vgl. WHITEHEAD 1925). Für ihn wäre das Pantoffeltierchen ein geistbegabtes Wesen, das über mentale Eigenschaften wie Spontaneität und eine gewisse wahrnehmende Informations-Rezeptivität gegenüber der Umwelt verfügt. In der gegenwärtigen Debatte haben der Physiker Roger Penrose und der Anästhesist Stuart Hameroff ein auf Physiologie und Quantenmechanik gründendes Modell vorgelegt, welches das Entstehen bewußten Erlebens durch Rekurs auf die sogenannten Mikrotubuli, röhrenförmige Proteinfilamente in Zellen, erklärt. Diese Hypothese greift viel tiefer als das rein neuronale Modell und könnte auch erklären, warum man schon sehr einfachen Lebewesen proto-mentale Eigenschaften zuschreibt, wie Hameroff und Penrose am Beispiel des Fadenwurms Caenorhabditis elegans aufzeigen (Hameroff / Penrose 1996). Unter direktem, historischem Bezug auf Whitehead legen Penrose und Hameroff sogar eine Hypothese vor, die protomentale Eigenschaften auf tiefster Ebene mit der Raum-Zeit-Geometrie verbinden.

Zwei Einwände gegen die Idee von proto-mentalen Eigenschaften liegen auf der Hand. Zum einen scheint beim Übergang von Vorstufen des Bewußtseins zum vollen Bewußtsein das Problem der Emergenz des Bewußtseins wieder aufzutauchen. Zum anderen scheint das Problem der Einheit des Bewußtseins durch die Annahme von proto-mentalen Eigenschaften nicht gelöst zu werden. Diese beiden Kritikpunkte sind in der Tat schwerwiegend. In einem Ansatz, der die Quantenmechanik heranzieht, deuten sich aber Lösungsansätze für beide Probleme an. Abner Shimony (Shimony 1997) hat darauf hingewiesen, daß der Potentialitätsbegriff in der Quantenmechanik den Übergang zu bewußten Zuständen leichter verständlich mache. Ein quantenmechanisches System befindet sich in einem indefiniten Zustand der Überlagerung von Potentialitäten, bis es durch die Beobachtung (oder was auch immer die Kohärenz der Überlagerung auflöst) in einen definiten Zustand springt. Wie bereits bei der Darstellung des Dualismus erwähnt, sehen einige Physiker einen Zusammenhang zwischen diesem Kollaps der Möglichkeiten und dem Bewußtsein. Neben Penrose ist hier vor allem auch Henry Stapp zu nennen, der explizit einen Zusammenhang herstellt zwischen dem Kollaps der Wellenfunktion und dem mentalen Aspekt der Gesamtwirklichkeit (Stapp 2007). Man könnte nun den Übergang von einem nicht-bewußten zu einem bewußten Zustand in Verbindung setzen mit dem Übergang von einem indefiniten Zustand von Potentialitäten zu einem definiten Zustand der Auswahl aus den Potentialitäten. In einer einfachen Entität würden nur minimal-intensive und zeitlich unzusammenhängende momentane Erlebnisqualitäten auftreten. Nur eine sehr komplexe Entität vermag eine intensive, reiche und dauerhafte Erlebnisperspektive aufzubauen. Damit ist man auch beim zweiten Problem angelangt: der Einheit des Bewußtseins. In der Tat haben wir keinen klaren Begriff davon, wie jene Art von Einheit entsteht, die wir als Einheit des Bewußtseins erleben. Uns fehlt ein klares Verständnis der Teil-Ganzes-Relation im Bereich des Mentalen. Man spricht deshalb vom „Kombinationsproblem". Auch hier kann die Quantenmechanik wenigstens einen Hinweis geben. Der Begriff der quantenmechanischen Verschränkung, Überlagerung oder auch Kohärenz sprengt ebenfalls den Bereich des konkret Vorstellbaren, ist aber empirisch erhärtet. Wenn einzelne Entitäten quantenmechanisch miteinander verschränkt sind, so ergibt sich für die entstehende komplexe holistische Einheit ein reicheres Feld beobachtbarer Eigenschaften (SHIMONY 1997, 151.) William James hatte argumentiert, daß die Einheit des Bewußtseins unverständlich sei. In der Natur würden sich Entitäten nicht selbst zu wirklichen Einheiten zusammenschließen. Man solle nicht sagen, daß H2 und O sich zu Wasser verbänden und so neue Eigenschaften annähmen. Es liege lediglich eine bestimmte Anordnung vor, nämlich H-O-H, und die angeblichen neuen Eigenschaften seien nichts anderes als die kombinierten Effekte der ursprünglichen Teilchen (JAMES 1890, 158f.). Diese Sicht des mereologischen Reduktionismus ist allerdings durch die Entdeckung quantenmechanischer Überlagerungen widerlegt. Wie weiter oben im Kapitel über den Dualismus dargestellt wurde, verhalten sich die Teilchen im Doppelspaltversuch nicht einfach als additive Mischung (z. B. die Hälfte nimmt den oberen Weg, die Hälfte den unteren), sondern sie befinden sich in einer Überlagerung von mehreren möglichen Zuständen. In der Natur ist daher das Ganze mehr als die Summe der Teile (vgl. dazu: SEAGER 1999, 242f.).

Ein philosophischer Einführungstext läßt es nicht zu, den erwähnten empirischen Theorien im Detail nachzugehen. Es ist aber wichtig darauf hinzuweisen, daß die Kritik am kartesischen Bild der Materie sich auch in den empirischen Wissenschaften als eigenständige Position etabliert hat.

Man kann das alternative Bild der Materie „panexperientialistisch" nennen, da es postuliert, daß das Erfahren der Umwelt von einem Standpunkt her eine grundlegende Eigenschaft aller materiellen Entitäten ist. Aus philosophischer Sicht sind es vor allem zwei Argumente, die eine panexperientialistische Sicht nahelegen: das genetische Argument und das Argument aus den intrinsischen Naturen. Das genetische Argument wurde in diesem Kapitel bereits mehrfach implizit angewandt, ohne es explizit beim Namen zu nennen.

Die Genese des Geistes – Übergänge ohne Erklärungslücken

Das genetische Argument beruht auf der Intuition „*ex nihilo nihil fit*", aus nichts kann nichts entstehen. In seinem Aufsatz „Panpsychism" hatte Thomas Nagel argumentiert, daß das Entstehen mentaler Eigenschaften höherer Organismen aus Eigenschaften ihrer kleinsten Bauteile erklärbar sein müßte. Diese gesuchten Eigenschaften könnten aber nicht physischer Natur sein, da man dann nicht verstünde, wie das Mentale entstehen kann (Nagel 1996, 187-89). Im Hintergrund des genetischen Arguments steht ein Gedankengang, den man auch das „Fehlen-der-Analyse-Argument" genannt hat. Es besagt, daß das Auftauchen phänomenalen Erlebens aus einer Welt, in der es keine Vorformen des Erlebens gibt, vollständig unverständlich bleibt. Gregg Rosenberg, der eine sehr detailliert ausgearbeitete panexperientalistische Theorie vertritt, hat dieses Argument mit einem sehr anschaulichen Bild dargestellt (Rosenberg 2004, hier: 13-76). Es beruht auf der Idee der zellulären Automaten: Ein zellulärer Automat besteht aus Punkten oder „Zellen" in einem abstrakten Raum, die bestimmte Eigenschaften haben. Ganz grob kann man sich ein Schachbrettmuster vorstellen. Jedes Feld auf dem Schachbrett ist eine Zelle. Entscheidend ist nun, daß sich der zelluläre Automat schrittweise in der Zeit entwickelt. Die Eigenschaften verändern sich dabei nach bestimmten Regeln. Führen wir als Beispiel zwei primitive Eigenschaften ein: Jede Zelle kann entweder „aus" oder „an" sein. Außerdem nehmen wir drei Regeln an:

— Wenn genau zwei Nachbarn einer Zelle „an" sind, dann behält sie im nächsten Schritt ihre Eigenschaft „an" oder „aus" unverändert bei.
— Wenn genau drei Nachbarn einer Zelle „an" sind, dann ist sie selbst im nächsten Schritt „an".
— In allen anderen Fällen ist die Zelle im nächsten Schritt „aus".

Man stelle sich nun ein unvorstellbar riesiges Schachbrett mit solchen Zellen vor. Eine solche Welt besteht aus einer großen Zahl von Elementarteilchen und Gesetzen, die die Interaktion der Elementarteilchen festlegen. „An" und „aus" sind die grundlegenden Eigenschaften dieser Welt, die drei Regeln sind ihre fundamentalen Naturgesetze. Man erkennt gleich, daß der zelluläre Automat ein einfaches Modell einer (klassischen) physikalischen Theorie ist. In der gegenwärtigen Physik haben wir mehr als nur eine Art von grundlegenden Elementarteilchen (Bosonen und Fermionen) und diese haben mehr als nur zwei Eigenschaften (Spin, Ladung, Masse etc.). Aber die Grundstruktur ist dennoch sehr ähnlich zu dem simpleren Fall. Prinzipiell müßte man also einen sehr komplizierten zellulären Automaten auf einem Computer realisieren können, der in seiner Komplexität unserer physischen Welt schon recht nahe kommt. Es wurde bereits bewiesen, daß schon relativ einfache zelluläre Automaten eine enorme Vielfalt von komplexen Mustern hervorbringen können. In den zellulären Automaten entstehen relativ schnell Muster, die sich über mehrere Zellen erstrecken und dabei eine Tendenz zu nicht-trivialer Selbstreplikation zeigen. Es hat sich in der Forschung gezeigt, daß sich so sogar die bekannten selbstreplikativen Muster der DNA relativ schnell simulieren lassen. Deshalb nennt man diese zellulären Automaten auch „Life Worlds". Um das Entstehen dieser komplexen Muster in unseren zellulären Automaten zu erklären, brauchen wir keine Erweiterung seiner basalen Ontologie. Alle höherstufigen Eigenschaften sind nichts anderes als komplexe Muster, die sich aus dem regelgeleiteten Zusammenspiel der elementaren Teile vollständig ableiten lassen. Im zellulären Automaten gibt es keine starke Emergenz. Das Argument gegen den Physikalismus, das sich nun ergibt, ist ein Argument, das auf einen Mangel an Analyse, einen Mangel an Intelligibilität hinweist. Es hat folgende Struktur:

> (1) Die Fakten des zellulären Automaten enthalten keine Fakten über phänomenales Bewußtsein, weder *a priori* noch *a posteriori*.
> (2) Wenn die Fakten des zellulären Automaten keine Fakten über phänomenales Bewußtsein enthalten, dann enthalten auch rein physikalische Fakten keine Fakten über phänomenales Bewußtsein.
> (3) Also enthalten rein physikalische Fakten keine Fakten über phänomenales Bewußtsein.

Das Argument läßt sich auch anders entwickeln:

> (1) Die fundamentalen Eigenschaften des zellulären Automaten werden allein durch ihre dynamischen Relationen definiert.
> (2) Fakten des phänomenalen Bewußtseins sind intrinsisch qualitative Fakten, die nicht rein durch ihre dynamischen Relationen bestimmt werden.
> (3) Fakten über dynamische Relationen enthalten nicht (weder *a priori* noch *a posteriori*) intrinsisch qualitative Fakten.
> (4) Also sind die Fakten über phänomenales Bewußtsein nicht in den Fakten des zellulären Automaten enthalten.

Dieses Argument kommt vollständig ohne Spekulationen über metaphysisch mögliche Welten aus und ist daher dem Argument Chalmers'

(Zombies) in mancher Hinsicht vorzuziehen. Es formuliert die zentrale Intuition, daß rein funktional definierte Entitäten in keinem zwingenden begrifflichen Zusammenhang mit dem Auftauchen einer qualitativ bestimmten Erlebnisperspektive stehen. Dieselbe formale Struktur könnte ebenso mit anderen oder sogar überhaupt keinen qualitativen phänomenalen Gehalten verbunden sein. Bedenken wir noch einmal kurz unser Beispiel mit den Eigenschaften „an" und „aus". Wie sind sie definiert? Nur dadurch, daß sie verschieden sind und daß sie sich in der Zeit gemäß der drei Regeln entwickeln. Das ist eine rein strukturell-funktionale Sicht der Wirklichkeit, die keinen Ort hat für qualitatives Erleben. Genauso geht die Physik vor: Wenn man fragt, was ein Elektron ist, dann kann man antworten: Es ist ein Teilchen mit einer Masse von $9{,}10938188 \times 10^{-31}$ Kilogramm, einer elektrischen Ladung von -1e und einem Spin von ½. Jede dieser Eigenschaften kann nur rein relational definiert werden, denn die Masseneigenschaft beispielsweise ist nichts anderes als daß das Teilchen der Relation von Kraft und Beschleunigung $m=F/a$ folgt (vgl. dazu SEAGER 2006).

Wenn man dieses „Fehlen-der-Analyse-Argument" akzeptiert, dann liegt das genetische Argument sehr nahe. Nehmen wir an, die physikalische Welt sei auf ihren unteren Ebenen absolut frei von jeglichen Vorformen des qualitativen Erlebens. Nehmen wir weiterhin an, daß die Evolution in nachvollziehbaren kleinen Schritten verläuft, also keine komplett unverständlichen Sprünge vollzieht, dann folgt aus der Annahme des „Fehlen-der-Analyse-Arguments", daß die Genese des Bewußtseins vollständig unerklärlich bleibt. Der hier relevante Ausweg besteht genau darin, Vorformen des Erlebens auf allen Ebenen der physischen Welt anzunehmen. William James hat diesen Gedanken klassisch ausgedrückt: Wenn die Evolution glatt (smooth) verlaufen soll, dann muß das Bewußtsein in irgendeiner Form schon ganz am Anfang (the very origin of things) dagewesen sein (JAMES 1890, 149).

Man kann von dem genetischen Argument aus Sachgründen zum Argument aus den intrinischen Naturen überleiten. Hierbei kann ein Gedankengang herangezogen werden, der in verschiedenen Kontexten schon mehrfach entwickelt wurde: das Problem der zirkulären Interdependenz rein formaler Systeme (vgl. dazu: ROSENBERG 2004, Kap.12, HAUGELAND 1993, SELLARS 1963). Betrachten wir eine rein formale Struktur wie ein Schachspiel: Es besteht aus zirkulär interdependenten Typen: Bauern, Springer, Könige etc . Jeder Typ ist genau definiert durch die Züge, die er im Spiel als Ganzes durchführen darf. Ohne den Kontext des Spiels könnte keiner dieser Typen existieren. Es gilt aber auch umgekehrt: ohne diese einzelnen Typen könnte das Spiel als Ganzes nicht existieren. Wir haben hier eine zirkuläre Struktur vorliegen. Jedes Teil des Spiels setzt das ganze Spiel voraus, das ganze Spiel setzt jedes Teil voraus. Diese Zirkularität ist harmlos, weil jede konkrete Implementierung des Schachspiels auf externen Eigenschaften beruht, die Stück für Stück das Spiel einführen. Man hat zum Beispiel verschiedene, unterscheidbare physische Objekte, die für die einzelnen Typen stehen. Man hat ein Schachbrett, das eine bestimmte Position im Raum relativ zu den Spielern einnimmt. Wenn das Schachspiel auf einem Computer stattfindet, dann gibt es innerhalb des Computers bestimmte physische Zustände, die, extrinsisch gegenüber der logischen Struktur, dem Spiel einen festen Stand in der Realität geben. Die Existenz des Schachspiels ist abhängig von diesen externen Eigenschaften und Relationen. Die formale Struktur braucht einen Träger, der gegenüber der kategorialen Natur der formalen Struktur extern ist. Man findet in jeder Wissenschaft solche nahezu abgeschlossenen Systeme zirkulär interdependenter Begrifflichkeit. Daß dies harmlos ist, liegt darin, daß es für jede funktionale Begrifflichkeit einer Wissenschaft eine externe Ebene gibt, die intern so strukturiert ist, daß durch sie die formale Beschreibung in der Wirklichkeit verankert wird. Normalerweise geschieht das dadurch, daß man eine Ebene tiefer geht: z. B. vom Computerprogramm zur Hardware, von der biologischen Ebene zur Ebene der molekularen Biochemie. Dasselbe Phänomen zirkulärer Definitionen findet man in der Physik, da hier, wie bereits gezeigt, die Entitäten ebenfalls über ihre funktionale Rolle definiert werden. Eine physische Entität, sagen wir ein Elektron, wird definiert durch die kausale Rolle, die es im Gesamt der physikalischen Wirklichkeit spielt, und das Gesamt der physikalischen Wirklichkeit wird definiert durch einzelne Typen von physikalischen Entitäten, die in ihr vorkommen.

Aber welche Ebene ist extrinsisch gegenüber der Physik, so daß die Physik von ihr begründet werden könnte? Was trägt die Kontraste und Relationen der Physik? Wenn alle physikalisch beschriebenen Entitäten interdependent über ihre kausalen Rollen definiert werden, dann fragt sich, welche Eigenschaften der Träger dieser kausalen Rollen haben soll. Jede funktionalistische Beschreibungsebene verlangt eine Ebene der Realisierung (Instantiierung). Wenn aber die physikalische Ebene die letzte, fundamentale Ebene ist, dann gibt es für sie keine Träger. Man könnte nun behaupten, daß es immer feinere physikalische Ebenen gibt und man nie an ein Ende kommt. Das Planck'sche Wirkungsquantum scheint dem Aufteilen der physikalischen Wirklichkeit in immer kleinere Bausteine aber eine klar definierte Grenze zu setzen.

Die intrinsischen Naturen der Einzeldinge – dem Geist in der Welt einen Ort geben

Ein möglicher Ausweg bestünde darin, nach Trägern zu suchen, die gegenüber jedem funktional charakterisierten physikalischen System extern sind, weil sie ihrer Natur nach nicht funktional, sondern absolut intrinsisch sind. Der einzige Kandidat, mit dem wir vertraut sind, sind die Eigenschaften phänomenalen Erlebens. Ein Gedanke, den bereits Sir Arthur Eddington so formulierte: Physik ist die Erkenntnis struktureller Formen, nicht die Erkenntnis von Gehalt. Durch die ganze physische Welt zieht sich ein unbekannter Gehalt, der zweifellos die Grundlage unseres Bewußtseins sein muß (Eddington 1920, 200, ebenso: Whitehead 1933, 132). Auch Bertrand Russell hatte darauf hingewiesen, daß die Physik nur die formalen, mathematisch darstellbaren Strukturen der Wirklichkeit erfaßt, während alles, was uns über die intrinsischen Eigenschaften der Wirklichkeit bekannt ist, aus dem mentalen Erleben abgeleitet wird (Russell 1927, 270, 402, vgl auch: Sprigge 1983). Das Argument aus den intrinsischen Naturen für den Panexperientialismus besagt also, daß es eine rein relationale Wirklichkeit nicht gibt und daß die besten Kandidaten für die gesuchten intrinsischen Eigenschaften (proto-) mentale Eigenschaften sind. Wer diesen Schluß blockieren will, könnte nun einen radikalen Relationalismus vertreten. Der unterscheidet sich vom Funktionalismus dadurch, daß er die Idee aufgibt, jede funktional-relational bestimmte Struktur benötige einen Träger. Der radikale Relationalismus besagt hingegen, daß es in der Welt nur relationale Strukturen gibt. Es gibt weder eigenständig individuierte Relata, die durch die Relationen verbunden werden, noch irgendwelche den Relationen gegenüber externe Eigenschaften. Die ganze Welt ist wie ein Graph in der mathematischen Graphentheorie: eine Menge von Knotenpunkten, die durch Linien verbunden sind. Die Definition eines Punktes ergibt sich allein aus seiner Position im Netzwerk der Linien, er ist eben nur ein Knotenpunkt im Liniengeflecht. Er hat keine intrinsischen Eigenschaften, die ihn individuieren könnten, wenn er nicht mehr in eine relationale Umwelt eingebettet wäre. Intrinsische Eigenschaften sind solche, die eine Entität auch dann noch hätte, wenn sie alleine in der Welt existierte. Es wurde in der Tat vorgeschlagen, daß dies eine mögliche Ontologie sei (Dippert 1997). Die Vorstellung, daß es letztlich keine Relata mit individuierenden intrinsischen Eigenschaften, sondern nur Relationen und die durch sie definierten Punkte (Knoten) gibt, ist metaphysisch in vielfacher Hinsicht kontraintuitiv. Man fragt sich, wie aus dieser mathematischen Struktur eine reale Welt werden soll. Man kann nicht aus abstrakten Entitäten eine konkrete, raum-zeitliche Entität zusammensetzen, ohne unintelligible Emergenz zu postulieren. Man kann sich auch nicht wirklich vorstellen, daß es konkrete, raum-zeitliche Individuen gibt, die keinerlei intrinsische Eigenschaften haben. Die große Gegenintuition findet man bei Descartes. Das kartesische Subjekt kann sich vorstellen, daß es völlig allein existiert und sich die ganze Welt nur geistig ausmalt. Das kartesische „res cogitans" ist reich an intrinsischen Eigenschaften. Die kartesische Materie, die „res extensa", hingegen wäre im Modell relationalistischer Ontologie konstruierbar. Wiederum werden wir damit auf die Unvollständigkeit und Abstraktheit dieses Materiebegriffes gestoßen.

Aber auch auf rein mathematischer Ebene wirft der Relationalismus Probleme auf. Der Mathematiker Max Newman hat in der Auseinandersetzung mit Russell ein Argument vorgelegt, daß jedem reinen Relationismus erhebliche Schwierigkeiten macht (NEWMAN 1928). Sieht man nämlich von den intrinsischen Naturen der Relata ab, so sind Relationen einfach geordnete Mengen von Entitäten. Eine zweistellige Relation ist beispielsweise eine Menge geordneter Paare. Wenn Relationen nichts anderes sind als Mengen geordneter Folgen von Entitäten, dann existieren nach Newman zuviele solche Mengen. Wenn nämlich die Entitäten keine intrinsischen Naturen haben, die bestimmen, mit welchen anderen Entitäten sie in Beziehung treten können, dann folgt rein logisch, daß jede Entität mit jeder anderen in beliebige Beziehungen treten kann. Für jede Menge derartiger Entitäten gibt es also je nach ihrer Größe (Kardinalität) eine Vielzahl von Relationen, die trivialerweise auf sie zutreffen. Daraus folgt: Jede Menge von Entitäten kann so organisiert werden, daß sie eine bestimmte relationale Struktur hat, wenn die Menge nur genügend Elemente hat. Der realen Welt kommt aber diese Beliebigkeit nicht zu. Also gelingt es der relationalistischen Theorie nicht, die wirklichen Relationen referentiell herauszugreifen. Die Konsequenz ist eine Form des Anti-Realismus, der die Wirklichkeit hinter unseren theoretischen Konstruktionen für unerkennbar hält. Die offensichtliche Tatsache, daß sich der Wirklichkeit nicht beliebige relationale Strukturen zuweisen lassen wie einer rein abstrakten Menge mathematischer Punkte, sondern sie nur bestimmte Relationen zuläßt, kann nur dadurch begründet werden, daß die Relata selbst durch ihre intrinsischen Naturen die möglichen relationalen Strukturen festlegen (SEAGER 2006, 138f. / Brüntrup 2011b). Die Frage lautet nun: Was sind die intrinsischen Eigenschaften der Entitäten unserer Welt, und wie sehr bestimmen die intrinsischen Eigenschaften ihrerseits die externen, relationalen Eigenschaften? Die Metaphysik Leibnizens enthält die These, daß alle externen Eigenschaften in intrinsischen begründet sein müssen. Die besten Kandidaten intrinsischer Eigenschaften, die dies garantieren können, sind solche, die eine mentale Repräsentation der Außenwelt ermöglichen. So gelangt Leibniz zu einer Art Panexperientialismus, in dem jede Monade ein „lebendiger Spiegel" ist, der das Universum von seiner Perspektive her mental repräsentiert. Spätestens an diesem Punkt wird klar, daß uns das Argument aus den intrinsischen Naturen unsere Themenstellung von einem Spezialgebiet der Metaphysik (Leib-Seele-Problem) zu grundlegenden Fragen der allgemeinen Metaphysik erweitert. Diese können in dieser Einführung nur angedeutet werden.

Die Kritik des reinen Relationalismus beruht auf der metaphysischen Kernthese, daß die fundamentalen Entitäten der Welt konkrete Einzeldinge mit intrinsischen Naturen sind. Eine abstrakte Struktur ist hingegen nicht fundamental, sondern abgeleitet von den konkreten Einzeldingen. Eine abstrakte Struktur ist in diesem Sinne „unvollständig". Eine konkrete Entität mit einer geometrischen Form, sagen wir ein Würfel, hat eine bestimmte Kantenlänge, besteht aus einem bestimmten Material, etc. Der abstrakte Würfel hat hingegen nur die negative Eigenschaft, keine bestimmte Kantenlänge zu haben, aus keinem bestimmten Material zu bestehen. Eine der Hauptversuchungen des wissenschaftlichen Denkens besteht darin, die abstrakten Strukturen, die mathematisch erfassbar sind, für die Wirklichkeit selbst zu halten. Ein Fehler, den Whitehead als „fallacy of misplaced concreteness" charakterisierte und daraus die Konsequenz schloß, daß eine der Hauptaufgaben der Philosophie gerade in dem Kritisieren einseitiger Abstraktionen bestünde. Das moderne, kartesische Bild der Materie ist nun genau eine solche Abstraktion. Für Descartes besteht eine materielle Substanz nur aus Modi der Ausdehnung (Form, Größe, Bewegung im Raum). Daß dieses Bild der materiellen Welt eine Abstraktion ist, kann durch ein Gedankenexperiment von Peter Unger verdeutlicht werden (Unger 2006, 3-33). Er behauptet, daß zwei völlig verschiedene Welten, wenn sie rein als abstrakte Modi der Ausdehnung betrachtet werden, ununterscheidbar sind. Die erste Welt, die Partikelwelt, ist eine, in der Elementarteilchen sich gemäß der physikalischen Gesetze dieser Welt durch den leeren Raum bewegen. Die zweite Welt, die Plenumswelt, ist eine, in der sich winzige leere Räume anstelle der Partikel durch einen gefüllten Raum gemäß derselben physikalischen Gesetze bewegen. In ihrer formalen Gestalt sind die beiden Welten ununterscheidbar. Solange die Teilchen keine intrinsischen, nicht bloß relationalen Eigenschaften haben, bleiben sie, um wiederum einen Ausdruck Whiteheads zu benutzen, „leere Entitäten" (vgl. Brüntrup 2009).

Diese Kritik am kartesischen Bild der Materie war in der Philosophie der Moderne durchaus bekannt, vielleicht mehr als heute (vgl. Adams 2007). Im vierten Teil des „Treatise" von David Hume findet man einen Teil, der den Titel „Über die moderne Philosophie" trägt. Dieses Kabinettstück skeptischer Argumentation ist eine Abrechnung mit dem kartesischen Materiebegriff. Hume argumentiert, daß wenn man die erfahrungsbezogenen Eigenschaften wie Klang, Farbe, Geschmack und Geruch (die sogenannten sekundären Eigenschaften) von der geistunabhängigen Außenwelt abzieht, die gesamte Außenwelt dann komplett unintelligibel wird. Hume zeigt auf, daß die zentrale Intuition von Materialität, nämlich Solidität und Undurchdringlichkeit, ohne die Annahme qualitativ-intrinsischer Eigenschaften nicht explizierbar ist. Wenn wir die erfahrungsbezogenen Eigenschaften (sensible qualities) von der geistunabhängigen Außenwelt abziehen, dann, so Hume, bleibt nichts mehr übrig, dem man eine konkrete geistunabhängie Existenz zuschreiben kann. Auch Leibniz hatte die Haltlosigkeit des kartesischen Materiebegriffes erkannt. Reine Ausdehnung ist nichts als eine Wiederholung dessen, was ausgebreitet wird: eine Pluralität, Kontinuität und Koexistenz von Teilen. Das reicht aber nicht aus, um die Natur derjenigen Substanz zu erklären, die ausgebreitet und wiederholt wird. Deren Begriff liegt vor dem ihrer repetitiven Ausbreitung (Leibniz G IV, 467). Ausdehnung ist ein relativer Begriff, der nicht aus sich allein heraus explizierbar ist. Auch der frühe Kant kritisiert am modernen Materiebegriff, daß er rein relational sei und keine intrinsischen Naturen kenne. Es bleibt dann unklar, was die Substanzen seien, die in diesen Relationen stehen. (Kant 1756, 480). In der kritischen Philosophie argumentiert Kant, daß ein rein relationaler Begriff der Materie als undurchdringliche Ausdehnung in einem klassisch metaphysischen Verständnis nicht intelligibel sei, allein wenn man von bloßen Erscheinungen spricht, kann man ihm einen Sinn abgewinnen (KrV B340). Als Grundlage einer materialistischen Metaphysik taugt er also nicht, darin waren sich Leibniz, Hume und Kant einig. Daß aber der zeitgenössische wissenschaftsbezogene Physikalismus als metaphysische Theorie sich genau in dieser problematischen Abhängigkeit vom kartesischen Materiebegriff befindet, ist die Kernthese der hier behandelten Position (vgl. Whitehead 1925).

Die Frage nach dem Verhältnis von Geist und Materie wird so in den Kontext der allgemeineren metaphysische Frage gestellt: Was ist ein konkretes Einzelding? Die Kernthese der panexperientialistischen Position ist, daß jedes konkrete Einzelding sowohl (proto-)mentale als auch physische Eigenschaften besitzt. Die Position ist also eigenschaftsdualistisch, aber substanzmonistisch. Je nach Akzentuierung beim einzelnen

Autor kann man eher von einem neutralen Monismus oder einer Zwei-Aspekte-Theorie sprechen. Die Frage, ob das Mentale und das Physische jeweils Eigenschaften eines Dritten, ihnen zugrundeliegenden, oder aber einfach die Innen- und Außenseite ein und desselben sind, ist durch die panexperientalistische These nicht vorentschieden.

Die Erweiterung der Fragestellung in den Kontext der Metaphysik des konkreten Einzeldings erlaubt eine weitere Unterscheidung, die für die meisten Panexperientialisten von großer Bedeutung ist. Schon Leibniz hatte auf den Unterschied zwischen einem echten Individuum und einer bloßen Anhäufung, einem Konglomerat, hingewiesen. Es ist schon intuitiv einsichtig, daß ein einzelner Mensch in einem direkteren und unabgeleiteteren Sinne ein Individuum ist als ein Haufen von Menschen, selbst wenn letzterer, beispielsweise in einem Staatswesen, komplex angeordnet ist. Es kann gut sein, daß auch die kleinsten physikalischen Bausteine des Universums Individuuen sind, daraus folgt aber nicht, daß jede Anhäufung von solchen Partikeln auch im gleichen Sinne ein echtes Individuum ist. Aus der Sicht des Panexperientialismus hat jedes natürliche Individuum als solches eine Fähigkeit zur informationsverarbeitenden Rezeptivität und damit zur Repräsentation der Welt: Leibnizens „Monade", die „aktualen Ereignisse" Whiteheads oder die „natürlichen Individuen" bei Rosenberg. Anhäufungen fehlt dieser mentale Aspekt. Daher verhalten sie sich rein mechanisch und können innerhalb eines rein mechanistischen Verständnisses erklärt werden. Peter van Inwagen anerkennt in seiner einflußreichen Metaphysik materieller Objekte (van Inwagen 1995) nur zwei Arten von echten Individuen: die Grundbausteine der Materie (simples) und Lebewesen (a Life). Alle anderen Objekte sind nach seiner Auffassung keine natürlichen Individuen. Wirbelstürme, Berge und Computer sind einfach komplexe Anordnungen von Grundbausteinen, keine neue Einheiten. Allerdings bleibt er eine wirklich überzeugende Begründung für diese These nach Auffassung vieler Kritiker schuldig. Warum ist ein Wirbelsturm oder ein heutiger Computer kein natürliches Individuum, während ein Mensch ein solches darstellt? Aus der Sicht des Panexperientialismus ist dies so zu begründen: Weder der Wirbelsturm noch der Computer haben als solche (proto-) mentale Eigenschaften. Allenfalls die Elementarteilchen, aus denen sie bestehen, haben (proto-)mentale Eigenschaften. Damit ergibt sich ein differenziertes Bild der Natur. Überall dort, wo wir keine natürlichen Individuen vorfinden (Sterne, Wirbelstürme, Berge, technische Artefakte usw.) kann die Natur rein mechanisch erklärt werden. Einzig im Bereich der kleinsten Elementarteilchen und auch dem der Lebewesen versagt die mechanistische Erklärung, weil wir hier beispielsweise unableitbare

Spontaneität finden. Ein Weltbild, daß erstaunlich genau mit der nach der Entdeckung der Quantenmechanik entstandenen Situation übereinstimmt. In größeren Konglomeraten neutralisieren sich die quantenmechanischen Effekte, so daß sie rein klassisch mechanistisch beschreibbar sind. Für das Gehirn wird hingegen heute intensiv diskutiert, ob es trotz seiner makroskopischen Größe eine Art von Integration realisiert, die es für Effekte zugänglich macht, die sich einer klassisch mechanischen Beschreibung entziehen. Damit würde verständlich gemacht, warum der erlebende Organismus eine neue Einheit, ein neues Individuum in der Natur darstellt. Wie bereits erwähnt hat der Panexperientialismus allerdings ein doppeltes Erklärungsproblem:

(1) Wie entstehen höherstufige Individuen?
(2) Was genau sind die (proto-)mentalen Eigenschaften der basalen Entitäten?

Verschiedene Antwortversuche auf diese Fragen wurden in diesem Kapitel bereits erwähnt. Es besteht jedoch kein Zweifel, daß die Vertreter der panexperientialistischen Position noch weit davon entfernt sind, sie in einer wirklich zufriedenstellenden Weise beantwortet zu haben. Ihre Position stellt sich daher eher als ein Forschungsprogramm denn als eine detailliert ausgearbeitete Theorie dar. Eine dritte fundamentale Schwierigkeit soll abschließend noch erwähnt werden. Die anti-physikalistischen Argumente, die in diesem Kapitel vorgestellt wurden, beruhen auf der starken Intuition, daß sich das qualitative Erleben nicht völlig auf funktionale Strukturen reduzieren läßt. Kausale Strukturen sind aber funktionale Strukturen. Mithin scheint das phänomenale Bewußtsein als solches nicht in kausale Zusammenhänge eingebettet zu sein. Es droht der Epiphänomenalismus des Mentalen. Typischerweise gestehen Panexperientialisten in der Tat dem Mentalen keine wirkursächliche Kraft zu, die in das Netz physikalischen Gesetze verändernd (außer Kraft setzend) eingreifen könnte. Eine Möglichkeit besteht darin, neben der Wirkursächlichkeit auch eine andere Form der Verursachung anzuerkennen (Finalursächlichkeit), die aus den mentalen Eigenschaften her metaphysisch grundgelegt werden kann. Zunächst einmal bietet sich aber ein viel naheliegender Schachzug an. Der Panexperientialismus behauptet ja, daß die relationalen, kausalen Strukturen der Welt von den intrinsischen (mentalen) Eigenschaft der Entitäten mitbestimmt werden. Leibniz hatte bereits argumentiert, daß alle relational-funktionalen Eigenschaften einer Entität abhängen von ihrer intrinsischen Natur. Chalmers und Rosenberg haben in ähnlicher Weise argumentiert, daß die kausalen Relationen einer Entität logisch supervenient sind gegenüber der gesamten Entität, inklusive ihrer intrinsischen Eigenschaften (CHALMERS 1996, ROSENBERG 2004). Das bedeutet: Nehmen wir die intrinsischen (proto-)mentalen Eigenschaften weg und ersetzen sie durch andere, so haben wir auch eine andere Kausalbeziehung, denn die intrinsische Natur der Relata bestimmt mit, um welche Kausalbeziehung es sich handelt. In diesem Sinne sind auch die mentalen Eigenschaften trotz ihres intrinsischen Charakters indirekt an den wirkursächlichen Relationen der Welt beteiligt. Die intrinsische Natur der Relata bestimmt auch die Relationen zwischen ihnen. Die naturalistische These der kausalen Geschlossenheit des physikalischen Bereichs kann dann aufrechterhalten werden, denn die physikalischen Relationen werden von der mentalen Ebene nicht durchkreuzt, sondern die mentalen Eigenschaften gehen in die metaphysische Natur der physikalischen Entitäten ein. Man spricht daher beim Panexperientialismus auch von „liberalem Naturalismus". Das ist eine interessante These. Sie führt aber letztlich dazu, daß auch die physikalische Kausalrelation ihrer metaphysischen Natur nach nicht mehr rein physikalistisch verstanden werden kann (vgl. BRÜNTRUP 2005). Ein Argument, für das sich besonders Whitehead stark gemacht hatte. Die Entwicklung der hierzu erforderlichen Kausalitätstheorien ist allerdings keineswegs zu einem weithin anerkannten Ergebnis gelangt, obwohl Rosenberg einen imposanten Versuch unternommen hat (ROSENBERG 2004).

Abschließend läßt sich daher konstatieren: Unter dem Motto „Überwindung des kartesischen Materiebegriffes" findet man bisher bei vielen Autoren im Detail wenig ausgearbeitete Intuitionen. Einige Autoren im „Mainstream" der Debatte artikulieren ein Unbehagen am physikalistischen Materiebegriff, ohne jedoch eine alternative Theorie vorzulegen (z. B. SEARLE 2004). Die wenigen detailliert ausgearbeiteten Theorien bleiben in der heutigen Diskussion noch eher marginal. Ob aus diesem Ansatz eine weithin respektierte Theorie des psychophysischen Verhältnisses wird, die ihr gegenwärtiges Nischendasein überwindet, bleibt abzuwarten. Vielleicht werden erst weitreichende Paradigmenwechsel in den empirischen Wissenschaften, beispielsweise eine Überwindung des neuronalen Funktionalismus in den Neurowissenschaften, den Weg dahin bereiten. Die Möglichkeiten der Philosophie sollten hier nicht überschätzt werden. Sie kann bestenfalls in eine noch nicht genügend beachtete Richtung weisen. Oft wird ihr sogar nur die wenig dankbare Rolle des unbequemen Mahners bleiben, der darauf hinweist, daß trotz aller bemerkenswerter Fortschritte der „harte Kern" des Leib-Seele-Problems noch weit von einer Lösung entfernt ist.

Glossar

Abstrakta: Entitäten, die nicht in Raum und Zeit lokalisierbar und datierbar sind. Zum Beispiel mathematische Objekte wie Zahlen, Mengen, Relationen oder geometrische Figuren. Auch sprachlich-logische Entitäten wie Begriffe und Propositionen sind Abstrakta. Sie können nur durch Abstrakion vom Einzelfall begriffen werden: Der Kreis als Abstraktum hat nur diejenigen Eigenschaften, die allen konkreten Kreisen gemeinsam sind.

Abwärts-Verursachung: Das Einwirken einer höherstufigen Entität auf eine Entität auf einer fundamentaleren ontologische Ebene, so daß die fundamentalere Ebene nicht mehr als kausal geschlossen betrachtet werden kann. (↗Makrodetermination).

Algorithmus: Eine symbolverarbeitende Prozedur, mit der sich mittels einer endlichen Menge von Anweisungen in endlich vielen Schritten ein Problem lösen läßt. Rechenautomaten arbeiten Algorithmen ab, die in einer Programmiersprache maschinenlesbar abgefaßt wurden.

Behaviorismus, logischer: Eine These über die Bedeutung der sprachlichen Ausdrücke, die wir zur Beschreibung mentaler Zustände verwenden. Alle Ausdrücke in mentalistischer Sprache lassen sich übersetzen in Ausdrücke über beobachtbare Verhaltensweisen oder Tendenzen zu beobachtbaren Verhaltensweisen (Dispositionen).

Brückengesetz: Eine empirisch entdeckte oder definitorisch eingeführte strikte gesetzmäßige Korrelation der Begrifflichkeiten von zwei Theorien, so daß eine Übersetzung oder Reduktion der einen Theorie in die andere Theorie möglich wird. Die Brückengesetze sollen garantieren, daß die Gesetze der zu reduzierenden Theorie innerhalb der Reduktionstheorie ableitbar sind. (↗Reduktion)

Determinismus: Die Auffassung, daß durch den augenblicklichen Weltzustand zusammen mit der Gültigkeit strikter kausaler Sukzessionsgesetze genau eine Zukunft der Welt bestimmt wird. Ein Wesen, das den aktuellen Weltzustand und alle relevanten Gesetze kennt, kann die gesamte zukünftige Entwicklung der Welt vorhersagen.

Einstellung, propositionale: Eine Relation, in der sich ein Sprecher zu einer Proposition befindet. Man kann mit der Aussage „Es schneit in den Bergen" eine Überzeugung, einen Wunsch, eine Befürchtung, etc. ausdrücken. Derselbe propositionale Gehalt (z. B. „Es schneit in den Bergen") wird dann jeweils mit einer spezifischen Einstellung verbunden (z. B. „Ich wünsche, daß es in den Bergen schneit").

Emergenz: Das Auftauchen eines neuartigen Phänomens, sobald eine Struktur von hinreichender Komplexität vorliegt. Beispiel: Das Entstehen des Bewußtseins aus unbewußter Materie, wenn ein hinreichend komplexe Nervensystem vorliegt. Die Emergentisten behaupten, daß es dafür, warum eine Struktur von bestimmter Komplexität ein emergentes Phänomen erzeugt, keine befriedigende Erklärung gibt, die sich aus der Analyse dieser Struktur gewinnen ließe.

Epiphänomenalismus: Die Auffassung, daß es Entitäten gibt, die von anderen Entitäten verursacht werden, ihrerseits aber keine Ursachen für irgendwelche Effekte sind. Diese Entitäten sind also sozusagen „lose Enden" im kausalen Netz.

Exklusionsprinzip, kausales: Es kann für ein einzelnes Ereignis nicht zwei oder mehrere Kausalerklärungen geben, die sowohl vollständig als auch voneinander unabhängig sind.

Funktionalismus: Die Auffassung, daß das Wesen eines mentalen Zustandes durch seine kausale Rolle bestimmt wird. Wenn man einen mentalen Zustand definiert, muß man angeben a) was ihn verursacht hat, b) welche Effekte er auf andere mentale Zustände hat, c) welche Effekte er auf das sichtbare Verhalten hat. Zum Wesen eines mentalen Zustandes gehört also beispielsweise kein intrinsischer (= nichtrelationaler) Erlebnisgehalt.

Holismus, mentaler: Die These, daß zur Bestimmung des Gehaltes eines mentalen Zustands immer auf seine Relationen zu anderen mentalen Zuständen zurückgegriffen werden muß. Beispiel: Der Gehalt einer Überzeugung wird wesentlich bestimmt durch das Netzwerk von Überzeugungen, in das sie eingebettet ist. Es ist unmöglich, daß ein Wesen nur eine einzige Überzeugung von reichem semantischen Gehalt haben könnte.

Intrinsische, Eigenschaften: sind solche, die einer Entität ganz unabhängig von anderen Entitäten zukommen. Wenn man die Entität in eine andere Umgebung versetzte oder dort duplizierte, ja selbst wenn die Entität allein in der Welt existierte, behielte sie ihre intrinsischen Eigenschaften. Extrinsische Eigenschaften einer Entität beziehen sich hingegen auf andere Entitäten und sind abhängig von der Situierung der Entität. Für das Leib-Seele-Problem ist relevant, daß Eigenschaften, welche die kausale und funktionale Rolle spezifizieren, extrinsische Eigenschaften zu sein scheinen, während Eigenschaften, die den phänomenalen Gehalt des Erlebens spezifizieren, intrinsisch zu sein scheinen. Gemäß dem kartesischen Zweifel könnte mein mentales Leben unverändert bleiben, wenn die Außenwelt gar nicht existierte. Leibniz war der Meinung, dass alle extrinsischen Eigenschaften in intrinsischen Eigenschaften begründet sein müssen und daß nur Entitäten, die über mentale Repräsentationen verfügen, letztlich Extrinsisches auf Intrinsischem aufbauen können.

Makrodetermination: Der bestimmende Einfluß von Makroeigenschaften eines Systems auf dessen Mikroeigenschaften. Ein Beispiel: Das Rückwirken der konfigurativen Eigenschaften eines komplexen Systems auf die Elemente, aus denen es zusammengesetzt ist (ein rollendes Rad, das seine einzelnen atomaren Bauteile „versklavt", der Rollbewegung zu folgen). (↗Abwärts-Verursachung)

Mereologie: Die Logik und Ontologie des Verhältnisses von Teil und Ganzem.

Panpsychismus: Die These, daß auch die gesamte physische Welt von mentalen Eigenschaften durchdrungen ist. Die höheren mentalen Phänomene, wie das Selbstbewußtsein, treten nicht abrupt in der Evolution auf, sondern ergeben sich kontinuierlich aus der Kombination protomentaler Bausteine, die schon auf den fundamentalen Ebenen der Materie anzutreffen sind. Damit soll eine explantorisch unbefriedigende starke

(↗Emergenz) vermieden werden. Häufig werden die protomentalen Eigenschaften als ↗intrinsisch aufgefaßt.
Physikalismus: Ein moderner Ausdruck für „Materialismus". Die These, daß nur physische Entitäten real sind. Die ideale wahre Theorie, welche die Welt beschreibt, wie sie an sich ist, ist die perfektionierte Physik.
Realisierung, multiple: Die These, daß eine bestimmte höherstufige Systemeigenschaft auf ganz verschiedene Weise verwirklicht werden kann. Es könnte zum Beispiel sein, daß Wesen in einer anderen Galaxis auch Schmerzen empfinden, obwohl ihr Gehirn materiell ganz anders aufgebaut ist als alle uns bekannten Gehirne. Im Zusammenhang des ↗Funktionalismus: Die These, daß dieselbe kausale Rolle in verschiedenen Dingen oder Wesen unterschiedliche Okkupanten haben kann.
Reduktion: Das Ersetzen eines Ausdrucks oder ein Theorie durch einen anderen Ausdruck oder eine andere Theorie. Im Gegensatz zur Elimination wird der ersetzten Ebene ein Realitätsbezug zugestanden. Im Idealfall gelingt Reduktion durch die Entdeckung der Identität von auf den ersten Blick verschiedenen Entitäten, die von verschiedenen Theorien eingeführt wurden. So läßt sich beispielsweise die Rede über Wasser auf die Rede über H_2O reduzieren, da Wasser und H_2O identisch sind. Ein anderes Beispiel: Wenn man entdeckt hat, daß die absolute Temperatur eines hinreichend idealen Gases der mittleren Translationsenergie seiner Teilchen proportional ist, so läßt sich die Rede über die Temperatur von Gasen auf die Rede über die mittlere kinetische Energie der Gasmoleküle reduzieren. Auf diese Weise lassen sich beispielsweise die Gesetze der Thermodynamik auf die Gesetze der statistischen Mechanik reduzieren.
Referenz: Die Bezugnahme zwischen Zeichen und Bezeichnetem. Der einfachste Fall ist die Bezugnahme des Eigennamens auf das vom Eigennamen bezeichnete Objekt. Komplexere Fälle ergeben sich durch die Fragen, worauf sich Prädikate und ganze Sätze beziehen.
Supervenienz: Eine asymmetrische Kovarianzrelation zwischen zwei Bereichen. Eine Menge von Entitäten A ist gegenüber einer anderen Menge von Entitäten B supervenient, wenn es keine Veränderung in A gibt, ohne daß es eine Veränderung in B gibt, aber nicht umgekehrt. Ein Beispiel: Die mentalen Entitäten sind gegenüber den physischen Entitäten supervenient, wenn jeder Veränderung im mentalen Bereich eine Veränderung im physischen Bereich korreliert, während es im physischen Bereich Veränderungen gibt, denen keine Veränderung im mentalen Bereich korreliert. Den physische Bereich nennt man dann die „Supervenienzbasis" oder auch die „subveniente Ebene". Eine solche ganz allgemeine psychophysische Supervenienzthese kann man auch als „minimalen Materialismus" bezeichnen.
Token-Type-Unterscheidung: Nach Auskunft meines Computers kommen in den ersten sieben Kapiteln dieses Buches 48693 Wörter vor, davon aber nur 6482 verschiedene Wörter. Es gibt also 48693 einzelne Vorkommnisse (tokens) von 6482 verschiedenen Ausdrücken (types). Entsprechend dieser Unterscheidung ergeben sich zwei unterschiedlich starke psychophysische Identitätstheorien. Wenn die mentale Eigenschaft

Schmerz mit einer bestimmten neurophysiologischen Gehirneigenschaft XYZ identisch ist, so besteht zwischen beiden eine Typen-Identität. Immer, wenn ein Wesen Schmerz hat, hat es auch die Eigenschaft XYZ. Wenn hingegen zwischen mentaler und physischer Ebene nur eine Token-Identität besteht, so bedeutet das, daß jedes partikuläre Vorkommnis von Schmerz mit einem partikulären physischen Ereignis identisch ist. Es folgt dann nicht mehr, daß, immer wenn ein Wesen Schmerz hat, eine physikalisches Ereignis einer ganz bestimmten Art vorliegt. Von Fall zu Fall kann ein Schmerzvorkommnis einmal mit einem partikulären Ereignis in einem menschlichen Gehirn identisch sein, ein anderes Mal mit einem physischen Ereignis ganz anderer Art (z. B. in einer Fledermaus oder gar in einem Wesen aus einer anderen Galaxis, dessen Organismus gar nicht auf Kohlenstoffbasis aufgebaut ist). (↗Realisierung, multiple).

Vitalismus: Die Auffassung, daß es eine Eigenschaft lebender Organismen gibt, die sich nicht auf chemische oder physikalische Eigenschaften zurückführen läßt (↗ Reduktion). Diese Eigenschaft kann einfach als unerklärliche emergente Eigenschaft betrachtet werden (↗Emergenz) oder es kann neben den grundlegenden physikalischen Wechselwirkungen eine neue Kraft eingeführt werden, die das Entstehen des Lebens erklären soll (z. B. Élan Vital).

Welten, mögliche: Behauptungen wie „Es ist möglich, daß Angela Merkel die nächste Bundestagswahl gewinnt" oder „Es ist notwendig, daß 9 größer ist als 7" sind modaler Natur, d. h. sie enthalten Modaloperatoren wie „es ist möglich" oder „es ist notwendig". Obwohl wir solche modalen Behauptungen tagtäglich benutzen, ist es nicht einfach zu erklären, was sie wahr oder falsch macht, da sie sich je gerade nicht oder nicht nur auf unsere aktuelle Welt beziehen. Um die Semantik solcher Aussagen zu klären, hilft die Einführung von möglichen Welten. Eine mögliche Welt ist eine Menge von Sachverhalten, die jeder zur Debatte stehenden Proposition einen Wahrheitswert zumißt. Wir können jetzt ohne die direkte Benutzung von Modaloperatoren behaupten: „Es gibt mindestens eine mögliche Welt, in der Angela Merkel die nächste Wahl gewinnt", bzw. „In allen möglichen Welten ist 9 größer als 7". Dieser „Schachzug" erleichtert den Umgang mit Modalaussagen erheblich. Da aber Modalaussagen in fast allen metaphysischen Debatten benötigt werden, hat die Rede von „möglichen Welten" weite Verbreitung gefunden.

Zwei-Aspekte-Theorie: Die Auffassung, daß die Wirklichkeit weder in eine Dichotomie von interagierenden mentalen und physischen Substanzen zerfällt (interaktionistischer Dualismus) noch einheitlich materiell ist (physikalistischer Monismus), sondern, daß die substantiell einheitliche Wirklichkeit einen mentalen und einen physischen Aspekt aufweist.

Literaturverzeichnis

ADAMS, ROBERT 2007: Idealism Vindicated. In: van Inwagen, Peter / Dean Zimmerman (eds.): *Persons. Human and Divine*. Oxford 2007: OUP, 35-54.

ALBERT, DAVID 1992: *Quantum Mechanics and Experience*. Cambridge, MA 1992: Harvard University Press.

— 1994: David Bohms Quantentheorie. In: *Spektrum der Wissenschaft* 7/1994, 70-77.

ALBERT, DAVID / B. LOEWER 1988: Interpreting the Many-Worlds Interpretation. In: *Synthese* 77, 195-213.

ALEXANDER, SAMUEL 1927: *Space, Time and Deity*. 2 Vols. London 1927: Macmillan.

BAKER, LYNNE 1995: *Explaining Attitudes. A Practical Approach to the Mind*. Cambridge 1995: Cambridge University Press.

BEALER, GEORGE 1994: The Rejection of the Identity Thesis. In: Warner, Richard / T. Szubka (eds.): *The Mind-Body Problem: A Guide to the Current Debate*. Oxford 1994: Basil Blackwell, 355-388.

BECK, FRIEDRICH / J.C. ECCLES 1992: Quantum Aspects of Brain Activity and the Role of Consciousness. In: *Proceedings of the National Academy of Sciences of the USA* 89, 11357-11361.

BECKERMANN, ANSGAR 1986: *Descartes' metaphysischer Beweis für den Dualismus*. Freiburg 1986: Karl Alber.

— 1992: Supervenience, Emergence, and Reduction. In: Beckermann, Ansgar / Hans Flohr / Jaegwon Kim (eds.) 1992, 94-118.

BECKERMANN, ANSGAR / HANS FLOHR / JAEGWON KIM (eds.) 1992: *Emergence or Reduction - Essays on the Prospects of Nonreductive Physicalism*. Berlin 1992: Walter de Gruyter.

BIERI, PETER 1996: Was macht Bewußtsein zu einem Rätsel? In: Metzinger, Thomas (ed.): *Bewußtsein - Beiträge aus der Gegenwartsphilosophie*. Paderborn 1996: Ferdinand Schöningh (2. durchges. Aufl.), 61-77.

BOHM, DAVID 1990: A New Theory of the Relationship of Mind and Matter. In: *Philosophical Psychology* Vol 3 (2), 271-86.

BOHM, DAVID / B.J. HILEY 1993: *The Undivided Universe. An Ontological Interpretation of Quantum Mechanics*. London 1993: Routledge.

BRAINE, DAVID 1992: *The Human Person: Animal and Spirit*. Notre Dame, IN 1992: University of Notre Dame Press.

BROAD, CHARLIE D. 1925: *The Mind and its Place in Nature*. London 1925: Routledge and Keegan Paul.

BRÜNTRUP, GODEHARD 1994: *Mentale Verursachung. Eine Theorie aus der Perspektive des semantischen Anti-Realismus*. Stuttgart 1994: Kohlhammer.

— 1995: Mentale Verursachung und metaphysischer Realismus. In: *Theologie und Philosophie* 70 (2), 203-223.

— 1998: Is Psycho-physical Emergentism Committed to Dualism? The Causal Efficacy of Emergent Mental Properties. In: *Erkenntnis* 1998 (6), 1-19.

— 2003: Zur Kritik des Funktionalismus. In: Köhler, Wolfgang / Hans-Dieter Mutschler (eds.). *Ist der Geist berechenbar?* Darmstadt 2003: Wissenschaftliche Buchgesellschaft, 58-76.

— 2005: Liberaler Naturalismus und die Wirklichkeit des Phänomenalen Erlebens. In: Goebel, Bernd et al. (eds.): *Probleme des Naturalismus*. Paderborn 2005: Mentis, 183-210.

— 2009: Natural Individuals and Intrinsic Properties. In: Honnefelder, Ludger / Edmund Runggaldier / Benedikt Schick (eds.): *Unity and Time as Problems in Metaphysics*. Berlin / New York 2009: Walter de Gruyter, 237-252.

— 2011a: Alter Wein in neuen Schläuchen. Die Renaissance des Panpsychismus in der gegenwärtigen Philosophie des Geistes. In: Müller, Tobias / Heinrich Watzka (eds.): *Ein Universum voller ‚Geiststaub'? Der Panpsychismus in der aktuellen Geist-Gehirn-Debatte*. Paderborn 2011: mentis, 23-59.
[Es handelt sich um eine als eigenständigen Text konzipierte Version des achten Kapitels dieses Buches.]

— 2011b: Panpsychism and Structural Realism. In: Blamauer, Michael (ed.): *The Mental as Fundamental. New Perspectives on Panpsychism*. Frankfurt 2011: ontos, 15-35.

CHALMERS, DAVID 1998: *The Conscious Mind. In Search of a Fundamental Theory*. Oxford 1996: OUP.

— 1999: Materialism and the Metaphysics of Modality. In: *Philosophy and Phenomenological Research* 1999 (59), 473-93.

CHURCHLAND, PATRICIA S. 1986: *Neurophilosophy: Toward a Unified Science of Mind and Brain*.Cambridge, MA 1986: MIT Press.

CHURCHLAND, PAUL M. 1988: *Matter and Consciousness. A Contemporary Introduction to the Philosophy of Mind*. Cambridge, MA 1988: MIT Press (2. rev. Aufl.).

— 1994: Folk Psychology. In: Guttenplan, Samuel (ed.) 1994, 308-16.

CLARKE, DAVID S. 2004: *Panpsychism - Past and Recent Selected Readings*. New York 2004: State University of New York Press.

CUSHING, JAMES T. 1994: *Quantum Mechanics: Historical Contingency and the Copenhagen Hegemony*. Chicago 1994: The University of Chicago Press.

DAVIDSON, DONALD 1980: *Essays on Actions and Events*. Oxford 1980: Clarendon Press. Deutsch: Handlung und Ereignis. Frankfurt 1985: Suhrkamp.

— 1993: Thinking Causes. In: Heil, John F. / A. Mele (eds.). *Mental Causation*. Oxford 1993: Clarendon Press, 3-17.

— 1994: Davidson, Donald. In: Guttenplan, Samuel (ed.) 1994, 231-236.

DENNETT, DANIEL C. 1987: *The Intentional Stance.* Cambridge, MA 1996: MIT Press.

— 1994: Dennett, Daniel C.. In: Guttenplan, Samuel (ed.) 1994, 236-44.

DESCARTES, RENÉ: *Abhandlung über die Methode des richtigen Vernunftgebrauchs und der wissenschaftlichen Wahrheitsforschung.* Stuttgart 1993: Reclam.

— *Meditationes de prima philosophia.* Lateinisch/deutsch. Stuttgart 1986: Reclam.

DE WITT, BRYCE S. / N. GRAHAM 1973: *The Many-Worlds Interpretation of Quantum Mechanics.* Princeton 1973: Princeton University Press.

DIPPERT, R. 1997: The mathematical structure of the world: the world as graph. In: *Journal of Philosophy,* 1997 (94), 329-58.

DUMMETT, MICHAEL 1982: Realism. In: *Synthese* 1982 (52), 55-112.

ECCLES, JOHN C. 1989: *Evolution of the Brain: Creation of the Self.* London 1989: Routledge. Deutsch: Die Evolution des Gehirns - Die Erschaffung des Selbst. München 1989: Piper.

— 1994 *How the Self Controls its Brain.* Berlin 1994: Springer. Deutsch: Wie das Selbst sein Gehirn steuert. München 1994: Piper. Zitiert nach der dt. Ausgabe.

EDDINGTON, ARTHUR 1920: *Space, Time, and Gravitation.* Cambridge 1920: Cambridge University Press.

GOODMAN, NELSON 1978: *Ways of Worldmaking.* Indianapolis / Cambridge, MA 1978: Hackett. Deutsch: Weisen der Welterzeugung. Frankfurt 1984: Suhrkamp.

GRIFFIN, DAVID RAY 1998: *Unsnarling the World-Knot.* Berkeley 1998: University of California Press

GUTTENPLAN, SAMUEL 1994: *A Companion to the Philosophy of Mind.* Oxford 1994: Basil Blackwell.

HAKEN, HERMANN 1990: *Synergetik. Eine Einführung. Nichtgleichgewichts-Phasenübergänge und Selbstorganisation in Physik, Chemie und Biologie.* Berlin 1990: Springer (3.Aufl.).

HANNAN, BARBARA 1994: *Subjectivity and Reduction. An Introduction to the Mind-Body Problem.* Boulder, CO 1994: Westview Press.

HAMEROFF, STUART / ROGER PENROSE 1996: Conscious Events As Orchestrated Space-Time Selections. In: *Journal of Consciousness Studies,* 1996 (3-1), 36-53.

HAUGELAND, JOHN 1993: Pattern and Being. In: Dahlbom, Bo: *Dennett and His Critics.* Oxford 1993: OUP, 53-69.

JACKSON, FRANK / PETER LUDLOW / YUJIN NAGASAWA / DANIEL STOLJAR 1992: *There's Something About Mary: Essays on Phenomenal Consciousness and Frank Jackson's Knowledge Argument.* Cambridge 2004: MIT Press.

JAMES, WILLIAM 1890: *The Principles of Psychology, Volume I.* New York 1890, wieder abgedruckt New York 1950: Dover

KANT, IMMANUEL 1756: Metaphysicae cum geometria iunctae usus in philosophia naturali, cuius specimen I. continet monadologiam physicam. *Akademie Ausgabe, Bd. 1.,* 473-88.

— 1787: Kritik der reinen Vernunft. *Akademie Ausgabe, Bd. 3.*

KIM, JAEGWON 1988: Explanatory Realism, Causal Realism, and Explanatory Exclusion. In: *Midwest Studies in Philosophy* 12, 225-240. Minneapolis 1988: University of Minnesota Press.

— 1992a: Emergentism and Nonreductive Physicalism. In: Beckermann, Ansgar / H. Flohr / J. Kim (eds.) *1992*, 119-138.

— 1992b: Multiple Realization and the Metaphysics of Reduction. In: *Philosophy and Phenomenological Research* 52 (1), 1-26.

— 1993: *Supervenience and Mind. Selected Philosophical Essays.* Cambridge 1993: Cambridge University Press.

— 1994: Supervenience. In: Guttenplan, Samuel (ed.) *1994*, 575-84.

— 1996: *Philosophy of Mind.* Boulder, CO 1996: Westview Press.

KRIPKE, SAUL 1980: *Naming and Necessity.* Cambridge, MA 1980: Harvard University Press (2. erw. Aufl.). Deutsch: Name und Notwendigkeit. Frankfurt 1981: Suhrkamp.

LEIBNIZ, GOTTFRIED WILHELM: *Philosophische Schriften Bd. VI,* Akademie Ausgabe.

LEWIS, DAVID 1983: Mad Pain and Martian Pain (inkl. Postscript). In: *Philosophical Papers, Vol. 1.* Oxford 1983: Oxford University Press, 122-32. Deutsch: Lewis, David: Die Identität von Körper und Geist. Frankfurt am Main 1989: Vittorio Klostermann.

— 1994: Reduction of Mind. In: Guttenplan, Samuel (ed.) *1994*, 412-30.

LOCKWOOD, MICHAEL 1989: *Mind Brain and the Quantum.* Oxford 1989: Blackwell.

MACH, E. 1886: *Die Analyse der Empfindungen und das Verhältnis des Physischen zum Psychischen.* Darmstadt 1991: Wissenschaftliche Buchgesellschaft.

MARGENAU, HENRY 1984: *The Miracle of Existence.* Woodbridge, CT 1984: Ox Bow.

MCGINN, COLIN 1989: Can We Solve the Mind-Body Problem? In: *Mind* 98, 349-66.

MCLAUGHLIN, BRIAN 1992: The Rise and Fall of British Emergentism. In: Beckermann, Ansgar / H. Flohr / J. Kim (eds.) *1992*, 49-93.

MORGAN, C. LOYD 1923: *Emergent Evolution.* London 1923: Williams and Norgate.

NAGEL, THOMAS 1986: *The View from Nowhere.* Oxford 1986: Oxford University Press. Deutsch: Der Blick von Nirgendwo. Frankfurt 1992: Suhrkamp.

— 1996: Panpsychism. In: Nagel, Thomas (ed.): *Mortal Questions.* Cambridge 1996: Cambridge University Press.

NEWMAN, MAX 1928: Mr. Russell's causal theory of perception. In: *Mind* 1928 (37), 349-66.

POPPER, KARL R. / J.C. ECCLES 1977: *The Self and Its Brain.* Berlin / New York 1977: Springer. Deutsch: Das Ich und sein Gehirn. München / Zürich: Piper 1977.

PUTNAM, HILARY 1975: Mind, Language, and Reality. In: *Philosophical Papers Vol.2.* Cambridge, MA 1975: Harvard University Press.

— 1981: *Reason, Truth, and History.* Cambridge 1981: Cambridge University Press. Deutsch: Vernunft, Wahrheit und Geschichte. Frankfurt: Suhrkamp 1982.

— 1988: *Representation and Reality*. Cambridge, MA 1988: MIT Press. Deutsch: Repräsentation und Realität. Frankfurt 1991: Suhrkamp.

— 1990: Is the Causal Structure of the Physical Itself Something Physical? In: Putnam, Hilary: *Realism with a Human Face*. Cambridge, MA 1990: Harvard University Press 80-95.

— 1992: Why Functionalism Didn't Work. In: Earman, John (ed.): *Inference, Explanation and Other Frustrations. Essays in the Philosophy of Science*. Berkely, CA 1992: University of California Press, 255-70.

— 1994: Putnam, Hilary. In: Guttenplan, Samuel (ed.) 1994, 507-13.

PYLKKÄNEN, PAAVO 1992: Mind, Matter and Active Information. The Relevance of David Bohm's Interpretation of Quantum Theory to Cognitive Science. In: *Reports from the Department of Philosophy, University of Helsinki, No 2, 1992*. Helsinki 1992: University of Helsinki.

— 2006: *Mind, Matter and the Implicate Order*. Berlin 2006: Springer.

RESCHER, NICHOLAS 1991: *Baffling Phenomena and Other Studies in the Philosophy of Knowledge and Valuation*. Savage 1991: Rowman and Littlefield.

ROSENBERG, GREGG 2004: *A Place for Consciousness - Probing the Deep Structure of the Natural World*. Oxford 2004: OUP.

RUSSELL, BERTRAND 1927: *The Analysis of Matter*. London 1992: Routledge.

SEAGER, WILLIAM 1999: *Theories of Consciousness*. London 1999: Routledge.

— 2006: The Intrinsic Nature Argument. In: Galen Strawson. *Consciousness an its place in nature: does physicalism entail panpsychism?*. Exeter 2006: Imprint Academic, 129-145.

SEARLE, JOHN C. 1992: *The Rediscovery of the Mind*. Cambridge, MA 1992: MIT Press Deutsch: Die Wiederentdeckung des Geistes. München 1993: Artemis u. Winkler.

— 2004: *Mind. A Brief Introcution*. Oxford 2004: OUP.

SELLARS, WILFRIED 1956: Empiricism and the Philosophy of Mind. In: Feigl, Herbert / M. Scriven (eds.): *Minnesota Studies in the Philosophy of Science, Vol.1. The Foundations of Science and the Concepts of Psychology and Psychoanalysis*. Minneapolis 1956: University of Minnesota Press, 253-329. Deutsch, teilweise in: Bieri, Peter: Analytische Philosophie des Geistes, Königstein, Ts. 1981, 184-98.

— 1963: Some Reflections on Language Games. In: *Science, Perception, and Reality*. New York 1963: Humanties Press.

SHIMONY, ABNER 1997: On mentality, quantum mechanics and the actualization of potentialities. In: Penrose, Roger (et al.): *The Large, the Small and the Human Mind*, Cambridge 1997: Cambridge University Press, 144-160.

Skrbina, David 2005: *Panpsychism in the West*. Cambridge / London 2005: MIT Press.

— 2008: *Mind That Abides: Panpsychism in the New Millennium*. Amsterdam forthcoming 2008: John Benjamins.

SPERRY, ROGER 1980: Mind-Brain Interaction. Mentalism: Yes, Dualism: No. In: *Neuroscience* 5, 195-206.

SPRIGGE, TIMOTHY 1983: *A Vindication of Absolute Idealism*. London 1983: Routledge.

STAPP, HENRY 2007: *Mindful Universe: Quantum Mechanics and the Participating Observer.* New York 2007: Springer.

STEPHAN, ACHIM 1992: Emergence - A Systematic View on its Historical Facets In: Beckermann, Ansgar / H. Flohr / J. Kim (ed.) 1992, 25-48.

STOLJAR, DANIEL: Two Conceptions of the Physical. In: *Philosophical And Phenomenological Research* 2001 (62), 253- 281.

— 2006: *Ignorance and Imagination*. Oxford 2006: OUP.

STRAWSON, GALEN 2006: *Consciousness and its place in nature: does physicalism entail panpsychism?*. Exeter 2006: Imprint Academic, 11.

— 2006: Realistic Monism. In: Strawson, Galen: *Consciousness and its place in nature: does physicalism entail panpsychism?*. Exeter 2006: Imprint Academic.

SZABO GENDLER, TAMAR / JOHN HAWTHORNE 2002: *Conceivability and Possibility*. Oxford 2002: Clarendon Press

UNGER, PETER 2006: *All the Power in the World*. Oxford 2006: OUP.

VAN GULICK, ROBERT 1993: Who's in Charge Here? And Who's Doing all the Work? In: Heil, John / A. Mele (ed.). *Mental Causation*. Oxford 1993: Clarendon Press, 233-258.

VAN INWAGEN, PETER 1995: *Material Beings*. Ithaca, New York 1995: Cornell University Press.

VON KUTSCHERA, FRANZ 1981: *Grundfragen der Erkenntnistheorie*. Berlin / New York 1981: Walter de Gruyter.

VON NEUMANN, JOHN 1955: *Mathematical Foundations of Quantum Mechanics*. Princeton, NJ 1955: Princeton University Press.

Whitehead, Alfred North 1925: *Science and the Modern World*. New York 1997: The Free Press (Simon and Schuster).

— 1933: *Adventures of Ideas*. New York 1967 (1933): The Free Press (Simon and Schuster)

WIGNER, E.P. 1967: *Symmetries and Reflections*. Bloomington, IN 1967: Indiana University Press, 153-184.